银行业金融机构货币防伪反假业务培训用书

货币防伪与反假

《货币防伪与反假》编写组◎编

2021

中国金融出版社

责任编辑：杨　敏
责任校对：潘　洁
责任印制：陈晓川

图书在版编目(CIP)数据

货币防伪与反假. 2021 /《货币防伪与反假》编写组编. — 北京：中国金融出版社，2021.7

银行业金融机构货币防伪反假业务培训用书

ISBN 978-7-5220-1261-2

Ⅰ.①货… Ⅱ.①货… Ⅲ.①货币—鉴别—岗位培训—教材 Ⅳ.①F821

中国版本图书馆CIP数据核字 (2021) 第143328号

货币防伪与反假. 2021
HUOBI FANGWEI YU FANJIA. 2021
出版
发行 中国金融出版社
社址 北京市丰台区益泽路2号
市场开发部 (010) 66024766，63805472，63439533 (传真)
网 上 书 店 www.cfph.cn
(010) 66024766，63372837 (传真)
读者服务部 (010) 66070833，62568380
邮编 100071
经销 新华书店
印刷 涿州市般润文化传播有限公司
尺寸 185毫米×260毫米
印张 21
字数 376千
版次 2021年8月第1版
印次 2025年3月第8次印刷
定价 85.00元
ISBN 978-7-5220-1261-2

导言

自货币产生，假币就相伴而生。近年来，我国流通领域货币总量持续增长，假币滋生蔓延条件依然存在。假币危及国家金融安全、社会秩序和经济秩序，侵害公众切身利益。为了防范和抵制假币，中国人民银行始终秉持“假币零容忍”的态度，以“公众易于识别、造假分子难于伪造”为目标，防范阻截假币。通过发行新版第五套人民币，提高人民币自身防伪水平；推动制度标准建设、机具及人员鉴别能力管理、冠字号码系统建设，增强假币阻截能力。

银行业金融机构作为货币流通的重要环节，承担着阻截假币流通、净化货币流通环境的重要职能，是全社会假币阻截体系的重要组成部分。这其中，现金从业人员则是对货币真伪进行判断的重要关口，其鉴别能力及水平保持至关重要，有必要通过专业化培训以保障其能力满足反假货币工作的需要。

2019年，中国人民银行颁布了《中国人民银行货币鉴别及假币收缴、鉴定管理办法》(中国人民银行令〔2019〕第3号)，其中，第九条规定，银行业金融机构在履行货币鉴别义务时，应按照中国人民银行有关规定，负责组织开展机构内反假货币知识与技能培训，对办理货币收付、清分业务人员的反假货币水平进行评估，确保其具备判断和挑剔假币的专业能力。

同年，针对反假货币培训工作，中国人民银行发布《中国人民银行关于切实做好新形势下反假货币培训工作的通知》(银发〔2019〕319号)，进一步明确了对银行业金融机构反假货币培训工作的组织实施及现金从业人员鉴别能力的相关要求，强调了银行业金融机构在培训工作中的主体责任。

为进一步推进反假货币培训工作，助力金融机构培训工作的实施，提升我国反假货币队伍专业素质，满足银行业金融机构现金从业人员反假货币职业技能需求，有必要编写一本全面、科学、规范的货币防伪与反假培训辅导图书。在中国人民银行相关司局的指导下，由来自人民银行、中国印钞造币总公司及代表性银行业金融机构的反假货币业务骨干和行业专家，完成了《货币防伪与反假》的编写工作。

本书内容围绕现金收付人员、清分人员实际业务需求进行规划设计，分为反假业务与防伪知识两部分。业务部分在编写中摒弃了传统教材的制度罗列，采取精准聚焦于防伪反假业务、深挖制度内在联系的方式，结合业务实际，对知识体系进行了系统化重构，最大程度地展现业务的逻辑性和连续性，便于读者阅读和掌握；知识部分覆盖了近年新发行的本外币，结构化介绍了不同货币的防伪特征及识别方法，最后着重介绍了新发现的本外币假币的识别重点。

本书在知识点方面，分布科学合理，描述详略得当、重点突出；在表现风格上，语言精炼、图文并茂。其中还融入了很多鲜活的业务案例和丰富的背景资料，集货币防伪与反假知识性、实用性、系统性于一体。

本书凝聚了业内专家多年工作实践成果，具有很好的工作参考价值，非常值得学习和研究。它既可满足金融机构现金从业人员学习货币防伪与反假知识，提升知识技能的需要，也为社会公众提供了一个了解货币防伪知识的窗口。

“学海无边，书囊无底”，仓促之间，挂一漏万之处在所难免，敬请广大读者在悉心阅览之余提出宝贵意见，相信读者的反馈将会为未来本书的修订再版提供良好的帮助。

反馈邮箱：hbfwyfj@163.com。

《货币防伪与反假》编写组

2021年8月

目录

第九章　假　币

01 第一章 我国反假货币工作概况

第一节　人民币货币制度

货币制度是指一个国家（地区）以法律形式规定的本国（地区）境内货币流通的组织形式，简称币制。货币制度随着商品经济的发展而逐步形成和演变，到近代形成比较规范的制度。完善的货币制度能够保证货币币值稳定和货币流通正常，保障货币正常发挥各项职能。货币制度的基本内容包括：货币材质与货币单位，通货的铸造、发行与流通程序，发行准备制度等。

现钞货币制度是一个国家（地区）货币制度的集中体现，是指国家（地区）运用法律、经济与行政等手段，对构成现钞货币的一些要素加以规范，对现钞货币发行、流通等过程实行有效调控，以确保现钞货币币值稳定、流通正常的一系列制度的总称，是相对微观的货币制度。中国人民银行自1948年成立至今，借鉴国际先进的货币制度，人民币货币制度日益完善，为我国经济、金融、社会的发展与稳定起到了极大的促进作用。

一、货币名称、符号与单位

中华人民共和国法定货币的名称为人民币，货币符号为“¥”，国际货币标准代码为CNY。在国际经济往来中，也将人民币符号简写为“RMB”。人民币的单位为元，人民币辅币单位为角、分。

各国（地区）均立法规定本位币具有无限支付的能力，即无限法偿能力。无论金额大小，在本国（地区）境内任何单位和个人都不得拒绝接受。辅币主要是供日常零星交易和找零，一般国家（地区）规定辅币是有限法偿货币，即每次交付的辅币数量有一定限制，超过限额，收方可以拒收。也有不少国家（地区）规定辅币和主币一样具有无限法偿的能力，人民币采取了这种做法。

二、货币进位制与券别结构

货币进位制。货币进位制是指货币之间的计量关系，是规范货币数量计算方式所采用的准则或规制。在货币演化的进程中，由于各种货币单位的起源不同，非十进制曾经相当普遍，如英国、加拿大、澳大利亚等国家都曾经采用过非十进制。因为十进制计数系统的书写和计数有便于计算的优势，所以目前世界上绝大多数国家（地区）的货币都采用十进制，仅少数国家，如毛里塔尼亚和马达加斯加的货币采用非十进制。我国的人民币采用十进制，1元等于10角，1角等于10分。

券别结构。货币券别结构体系是以现钞的票面金额首位数字作为基准，经过合理筛选而构成的货币券别结构框架。主要有1、2、5奇偶数混合券别结构体系和1、5奇数券别结构体系，其中，采用1、2、5奇偶数混合券别结构体系的占世界货币体系的90%以上，人民币也采用这种券别结构体系。

例如，客户以一张100元纸币购买商品，商品价格为11.8元，找零88.2元。其现钞货币形态表现为：1张50元纸币、1张20元纸币、1张10元纸币、1张5元纸币、3张（枚）1元纸（硬）币、2枚1角硬币，货币券别结构较合理。

三、货币发行制度

货币发行制度，是指一国（地区）政府对本国（地区）银行券的发行权限、发行额度及其他发行条件用法律形式加以规定的一种制度。又称银行券发行制度、银行券保证制度或银行券发行准备制度。

为保证币值稳定，防止滥发纸币，政府采用法律形式对银行券的发行作出限制。一般情况下，各国家（地区）法律都规定由中央银行负责发行本国（地区）货币，但各国（地区）的货币发行制度因国（地区）情不同而内容各异。美联储是美元的发行机构，美元纸钞由美国财政部印制局印刷，而硬币由造币局铸造。中国香港则采取的是发行局制度，香港特区金融管理局统领全辖货币发行与流通管理工作，并且负责发行10元纸币。经它授权批准，香港上海汇丰银行有限公司、标准渣打银行（香港）有限公司、中国银行（香港）有限公司在香港特区辖内发行带有自身行名的流通纸币。

我国采取的是集中统一的货币发行制度，人民币依法由中国人民银行统一印制、发行，任何单位和个人不得印制、发售代币票券，以代替人民币在市场上流通。自1948年中国人民银行成立至今，中国人民银行已陆续发行了五套人民币，形成人民币纸币与硬币、普通纪念币与贵金属纪念币等多品种、多系列的货币体系。

人民币作为我国的法定货币，具有以下特征：第一，人民币是中华人民共和国的法定货币。国家授权中国人民银行统一印制、发行人民币，在中华人民共和国境内流通，行使货币的各项职能。第二，人民币是价值符号，是商品价值计价的尺度。第三，人民币是币值相对稳定的货币，即人民币能够保持相对稳定的购买力。第四，人民币是独立自主的货币，是国家经济主权的象征。中华人民共和国境内一切货币收付、计价单位和汇价的确定均使用人民币。人民币作为法定货币，在购买商品或劳务、清偿债务、支付税款、租金、工资等方面发挥货币职能，具有无限法偿能力。以人民币支付中华人民共和国境内一切公共的和私人的债务，任何单位和个人不得拒收。

第二节 我国反假货币工作整体框架

印制、发行货币是一项重要的国家行为。伪造、变造货币严重扰乱国家金融秩序，损害国家货币信誉，危害国计民生。新中国成立以来，在党中央和国务院的重视和领导下，在人民银行及各方的推动下，我国逐渐形成了各级政府主导、人民银行牵头组织、各有关单位协同作战、全社会共同参与的系统化反假货币工作框架体系。

一、反假货币联席会议工作机制

（一）反假货币工作联席会议工作制度

1994年9月，针对假币犯罪频发危及人民币流通秩序的情况，国务院批准成立了国务院反假货币工作联席会议，作为我国反假货币工作的最高组织形式，主要负责组织和协调各有关部门做好打击、防范假币犯罪活动工作。其日常办事机构——国务院反假货币工作联席会议办公室设在中国人民银行，负责处理反假货币的日常工作。目前，国务院反假货币工作联席会议共有28家成员单位，其中包括中国工商银行、中国农业银行、中国银行、中国建设银行。国务院反假货币工作联席会议为定期会议制度，中国人民银行行长任联席会议召集人。

国务院反假货币工作联席会议成立后，各级地方政府根据《国务院批转国务院反假货币工作联席会议关于进一步加强反假货币工作意见的通知》（国发〔1996〕8号）要求，开始建立各地反假货币工作联席会议机制。各地联席会议召集人一般由地方政府的负责人或秘书长担任，各地联席会议办公室均设在人民银行当地分支机构，接受国务院反假货币工作联席会议办公室领导。

（二）银行业金融机构反假货币联络会议工作制度

2013年7月，根据国务院反假货币工作联席会议第44次联络员会议提议，银行业金融机构反假货币联络会议工作机制正式建立，并作为国务院反假货币工作联席会议机制的重要补充，发挥银行业金融机构（以下简称金融机构）堵截假币的主力军作用，在国务院反假货币工作联席会议办公室指导下开展工作。

联络会议成员单位包括联席会议办公室和中国工商银行等18家全国性金融机构。联席会议办公室是联络会议的牵头单位，联席会议办公室主任为联络会议召集人，联席会议办公室秘书处为联络会议日常办事机构。

联络会议不定期召开，由全部或部分成员单位参加，通过会议、简报、文件等形式，交流工作经验与动态，通报假币发现情况，商讨工作难点，提出改进意见等。

二、反假货币工作的主要手段

反假货币工作是关乎国计民生的一项重要工作，中国人民银行从成立之初就非常重视此项工作，在反假货币斗争实践中不断改进、完善和丰富货币防伪与反假手段。到目前为止，已建立多部门参与、协作的，集“打、防、宣、教、管”等手段为一体的立体化反假货币工作措施体系。

（一）加强防伪技术的研发与应用

货币防伪技术是指为达到货币防伪目的而采用的一系列原材料、工艺、设备综合应用的组合，是反假货币的第一道防线，也是最重要的一道防线。在实际工作中，中国人民银行不仅要致力于货币防伪技术的提升，还要关注其他国家（地区）防伪技术发展情况及犯罪分子造假技术情况。一方面，加强防伪技术的研发和管理工作，不断提高货币的防伪水平，设计和生产出高水平、易识别、难仿制的防伪特征。同时，从源头上堵截专有设备和技术被伪造者掌握利用的渠道，增加造假分子仿制的难度。另一方面，做好防伪技术储备工作，做到应用一批、储备一批、研发一批，不断提升人民币防伪技术水平，抵御假币威胁。在纪念钞（币）上实验应用新型防伪技术，为后期人民币的改版、升级提供必要的准备。同时，建立完善的真币评价体系和假币仿真度评估体系，科学、客观地对各国货币防伪技术及各种假币的仿真程度进行评价，以此来判断是否有必要对现行流通的人民币进行改版、升级，提升防伪技术水平。

（二）开展打击假币违法犯罪活动

制贩假币不仅是一种经济犯罪，还会严重影响人们对一国货币信用乃至政治、经济实力的信赖。针对近年来的反假货币形势，中国人民银行联合公安部、最高人民法院、最高人民检察院等部门先后开展了“09行动”“假币危害突出县（市、区）重点整治工作”“打击整治假币违法犯罪集中行动”“打击整治假币违法犯罪专项行动”等，有力地打击了假币犯罪。

为了给公安机关打击假币违法犯罪活动提供更好的资讯支持，推动反假货币工作重心适度前移，2009年，公安部和中国人民银行联合发文建立了金融机构柜台发现假币快速反应机制，督促金融机构及时提供制造、贩卖假币警情线索；2015年，中国人民银行与公安部联合建立了银警联动假币监测反应工作机制，强化假币信息研判，搭建反假币大情报、大数据平台，形成银警打击合力。

（三）强化流通领域假币堵截能力

除公安机关进行源头打击外，对流通领域中的假币进行拦截和治理，也是维护人民币法定货币地位和良好信誉、保护人民群众合法权益的必要举措。治理假币非法流通主要发挥现金回笼中的重要节点——金融机构网点对假币的拦截和过滤作用，防止假币在流通领域对人民群众造成侵害。在治理假币非法流通方面，中国人民银行主要采取以下举措：

一是强化反假货币制度建设。中国人民银行自成立以来，结合不断变化的反假货币形势需要，建立了一整套反假货币法律制度体系，内容涵盖货币鉴别，假币收缴、鉴定，假币实物保管和解缴，违反相关法律规定所应承担的法律责任等方面。同时，还督促指导金融机构建立健全内部管理制度和操作规范。

二是增强现金从业人员业务技能。一方面加大对人民银行分支机构反假货币专职人员的技术培训，不断提升他们的货币鉴别能力；另一方面要求金融机构通过组织参加培训测评和建立经常性的业务培训制度，督促现金从业人员掌握履职所必需的反假货币知识和实际操作技能，不断提升金融机构工作人员堵截假币的能力。同时，组织金融机构对开立基本户单位的财会人员、社会特定人群进行反假货币培训，进一步拓宽反假货币“人防”防线。自2019年以来，中国人民银行着力改进和完善反假货币培训工作机制，结合当前反假货币工作面临的新形势、新问题和新挑战，建立并实施新的反假货币培训工作机制，落实金融机构反假货币培训主体责任，强化人民银行事中事后监管责任。

三是强化现金机具管理工作。针对国家标准仅适用于特定机型，无法适用于所有现金机具的不足，中国人民银行于2017年发布金融行业标准《人民币现金机具鉴别能力技术规范》（JR/T 0154—2017）。明确了金融机构现金机具类产品的标准和机具鉴伪性能管理要求，完善人民币现金机具的评估、检测、推荐机制，支持和鼓励企业加快人民币现金机具的研发进程，不断提高现金机具的鉴伪能力。要求金融机构配备符合国家或行业标准的现金机具，不断增强反假货币“技防”能力。

四是加强冠字号码管理系统建设。中国人民银行自2012年4月起，指导金融机构开展对外误付假币专项治理工作（2013年起称“人民币净化工程”），推进冠字号码查询工作，督促金融机构利用冠字号码查询技术，指导金融机构建立涉假纠纷解决机制，较好地解决了金融机构涉假纠纷责任认定问题。

（四）开展反假货币宣传活动

营造反假货币社会氛围，努力提高社会公众防范假币侵害的意识，增强其识别假币的能力，在全社会范围内编织一张社会性的反假货币网络，让假币无处遁形，失去赖以生存的土壤。从1996年至今，为提高公众识假、防假能力，营造出“人人识假、人人反假”的社会氛围，反假货币宣传经历了从人民银行孤军奋战到28家联席会议成员单位共同参与，反假货币宣传的形式由全国集中宣传日、宣传周、宣传月，到建立宣传常态化、检查制度化的长效机制的过程。目前，反假货币宣传的内容既有真假人民币鉴别知识，也有发生在全国各地的典型案例，还有反假工作应遵守、维护的法律法规和规章制度；反假货币宣传的载体也随着新媒体的快速发展日益多样化，反假货币宣传工作全民化、常态化、制度化的长效机制逐步建立。

（五）拓展反假货币国际交流与合作

随着假币违法犯罪国际化趋势的发展，我国逐步与其他国家和地区建立多层次的反假货币机制。自1991年开始，人民银行先后与越南、蒙古国、俄罗斯、朝鲜等周边国家的中央银行签署了边境贸易本币结算的协议，逐步在跨境贸易本币结算协议下增加反假货币条款，并以签订纪要等形式明确交流与合作机制。同时，不断深化与美国、欧洲等国家和地区的对话，积极参与国际双边交流与合作，并取得积极成果，为反假货币国际交流与合作营造了良好的外部环境。今后，我国将继续积极开展反假货币国际交流与合作，扩大境外人民币反假宣传覆盖范围，逐步建立境外假人民币监控体系，建立多层次、常态化的反假货币国际交流合作机制。

三、反假货币工作综合治理考核评价机制

为了打造反假货币群防群治的社会氛围，2012年2月，中央社会管理综合治理委员会办公室印发《2011年省、自治区、直辖市社会治安综合治理工作考核评比实施细则》（中央综治办〔2012〕12号），首次将反假货币工作列入考核评比范围。国务院反假货币工作联席会议办公室指导各地建立反假货币综合治理考核评比办法、评比标准和评比细则，组织各地反假货币工作联席会议办公室从反假货币机制建设、打击假币违法犯罪、反假货币宣传教育等方面，每年年末对辖内各地反假货币工作开展情况进行考核评价。

目前，滋生和影响我国假币犯罪的各种主客观因素和条件依然存在。假币的收缴量短期内不会减少，假币发案率不会明显降低，犯罪分子不会因为打击力度不断加强而完全销声匿迹，也不会因为防伪技术的不断进步而停止伪造货币活动。我们要充分认识反假货币工作的广泛性、长期性、复杂性和艰巨性，维持较高的反假货币强度，给假币违法犯罪行为以持续而沉重的打击，减少假币对社会经济秩序和人民币信誉、人民群众利益带来的冲击和侵害。

四、金融机构的职责义务

金融机构作为货币流通的重要一环，在反假货币工作中有着不可或缺的作用。根据《银行业金融机构反假货币工作指引》（以下简称《指引》）规定，金融机构应承担

以下反假货币工作职责：

（一）贯彻执行国家反假货币相关的法律法规及规章制度；

（二）堵截、收缴流入银行业金融机构的假币；

（三）做好货币现钞处理设备日常管理和升级，防止假币误收误付；

（四）开展反假货币宣传活动，增强社会公众防假识假的能力；

（五）确保现金从业人员学习并具备反假货币知识与技能；

（六）及时向公安机关提供假币案件线索，配合公安机关开展打击假币犯罪活动。

《指引》同时还指出金融机构要做好冠字号码管理和信息管理工作。

第三节 与金融机构相关的反假货币法规制度

根据《中华人民共和国立法法》的规定，我国的法律层次由高到低依次为：法律、行政法规、部门规章、地方性法规、自治条例和单行条例。与金融机构反假货币相关的法律制度按照效力层级高低依次是《中华人民共和国中国人民银行法》《中华人民共和国人民币管理条例》《中国人民银行货币鉴别及假币收缴、鉴定管理办法》、中国人民银行制定的有关规范性文件及其他文件。这些法律法规制度共同构成了我国金融机构反假货币的制度框架，确保反假货币工作的顺利开展。

一、《中华人民共和国中国人民银行法》

1995年3月18日，第八届全国人民代表大会第三次会议通过《中华人民共和国中国人民银行法》，首次以国家立法形式确立了中国人民银行作为中央银行的地位。2003年12月27日，第十届全国人民代表大会常务委员会第六次会议审议通过了《中华人民共和国中国人民银行法（修正案）》，其中进一步明确"发行人民币，管理人民币流通"是人民银行应履行的法定职责。

2003年修正后的《中国人民银行法》共八章五十三条，其中五条与反假货币相关，涉及内容主要是对假币相关行为的禁止性规定、对中国人民银行检查监督金融机构执行有关人民币管理规定的行为的赋权规定、对假币违法犯罪行为以及金融机构未执行人民币管理相关规定行为的法律责任的规定。

二、《中华人民共和国人民币管理条例》

《中华人民共和国人民币管理条例》（以下简称《条例》）于2000年5月1日起施行。后来进行过两次修改：2014年7月29日《国务院关于修改部分行政法规的决定》将《条例》原第十三条“未经中国人民银行批准，任何单位和个人不得研制、仿制、引进、销售、购买和使用印制人民币所特有的防伪材料、防伪技术、防伪工艺和专用设备”，修改为“除中国人民银行指定的印制人民币的企业外，任何单位和个人不得研制、仿制、引进、销售、购买和使用印制人民币所特有的防伪材料、防伪技术、防伪工艺和专用设备。有关管理办法由中国人民银行另行制定”。2018年3月19日《国务院关于修改和废止部分行政法规的决定》删除了《条例》原第二十六条“装帧流通人民币，应当经中国人民银行批准”。

现行《条例》共六章四十七条，其中与反假货币相关的共计十一条。主要内容涉及以下几个方面：

（一）禁止性规定。禁止伪造、变造人民币。禁止出售、购买伪造、变造的人民币。禁止走私、运输、持有、使用伪造、变造的人民币。

（二）义务性规定。单位和个人持有伪造、变造的人民币的，应及时上交中国人民银行、公安机关或者办理人民币存取款业务的金融机构；发现他人持有伪造、变造的人民币的，应当立即向公安机关报告。

（三）假币没收规定。中国人民银行、公安机关发现伪造、变造的人民币，应当予以没收，加盖“假币”字样的戳记，并登记造册；持有人对公安机关没收的人民币的真伪有异议的，可以向中国人民银行申请鉴定；公安机关应当将没收的伪造、变造的人民币解缴当地中国人民银行。

（四）假币线索报告和收缴规定。办理人民币存取款业务的金融机构发现伪造、变造的人民币，数量较多、有新版的伪造人民币或者有其他制造贩卖伪造、变造的人民币线索的，应当立即报告公安机关；数量较少的，由该金融机构两名以上工作人员当面予以收缴，加盖“假币”字样的戳记，登记造册，向持有人出具中国人民银行统一印制的收缴凭证，并告知持有人可以向中国人民银行或者向中国人民银行授权的国有独资商业银行的业务机构申请鉴定。金融机构应当将收缴的假币解缴当地中国人民银行。假人民币收缴及鉴定的具体办法由中国人民银行制定。

（五）人民币鉴定规定。中国人民银行和其授权的国有独资商业银行应无偿提供鉴定人民币真伪的服务。对盖有“假币”戳记的人民币，经鉴定为真币的，由中国人民银行或其授权的国有独资商业银行按照面额予以兑换；经鉴定为假币的，由中国人民银行或其授权的鉴定机构予以没收。中国人民银行授权的国有独资商业银行的业务机构应当将没收的假币解缴当地中国人民银行。

（六）人民币鉴别服务规定。办理人民币存取款业务的金融机构应采取有效措施，防止对外支付伪造、变造的人民币，并且应当在营业场所无偿提供鉴别人民币真伪的服务。

（七）假币销毁规定。伪造、变造的人民币由中国人民银行统一销毁。

（八）反假鉴别仪标准化生产规定。人民币反假鉴别仪应当按照国家规定标准生产。中国人民银行负责会同有关部门制定人民币反假鉴别仪的国家标准，并协助组织实施。

（九）相关罚则。《条例》第四十四条规定了办理人民币存取款业务的金融机构、中国人民银行授权的国有独资商业银行的业务机构违反有关假币报警的规定、违反有关假币收缴的规定、违反有关人民币鉴定和鉴别的规定、过失将假币对外支付等违法行为的法律责任。第四十六条规定了违反有关假人民币禁止性规定所应承担的法律责任。上述法律责任详见本章第四节。

同时，第四十五条规定了中国人民银行、公安机关、工商行政管理机关及其工作人员违反《条例》有关规定的法律责任，即对直接负责的主管人员和其他直接责任人员，依法给予行政处分。

三、《中国人民银行货币鉴别及假币收缴、鉴定管理办法》

货币鉴别及假币收缴、鉴定管理工作是反假货币工作的重要组成部分，是阻止假币流通的重要环节。中国人民银行高度重视货币鉴别及假币收缴、鉴定工作的规范化管理，早在2003年就制定了《中国人民银行假币收缴、鉴定管理办法》（中国人民银行令〔2003〕第4号，以下简称老《办法》）。随着社会经济金融的迅猛发展、科学技术的不断进步，老《办法》已不能适应不断变化的反假货币工作新形势，经研究修订，中国人民银行于2019年颁布了《中国人民银行货币鉴别及假币收缴、鉴定管理办法》（中国人民银行令〔2019〕第3号，以下简称新《办法》）。

新《办法》共七章三十八条，以金融机构反假业务办理流程为主线，涵盖了金融机构的货币真伪鉴别、假币收缴、假币鉴定、数据报送以及监督检查的整体内容，明确了包括金融机构、中国人民银行授权鉴定机构、相关主管人员和其他直接责任人乃至中国人民银行及其分支机构工作人员的法律责任。

与老《办法》相比，新《办法》主要有以下几个方面的变化：

（一）进一步明确中国人民银行及其分支机构职责，新增金融机构、鉴定单位的权责和义务。

（二）重新定义了外币、假币等概念，新增鉴别、鉴定、误收、误付等概念。

（三）对原有的假币收缴、假币鉴别业务规定进行增补修订：新增清分中发现假币的收缴流程，监控录像保管时间要求，假币账实分管要求等，调整发现假币报告数量起点，明确了行政复议的期限要求；明确鉴定机构受理鉴定申请时的告知义务，取消鉴定行为的行政复议诉讼规定，为被收缴人提供向人民银行各分支机构直至总行申请再鉴定的渠道；明确规定人民银行及其分支机构应当公示授权鉴定机构名录，鉴定单位的设置条件及公示鉴定业务范围的义务等。

（四）增加货币鉴别义务，加强事前防范管理：明确金融机构在现金机具配备标准、从业人员培训评估和冠字号码采集储存等方面的主体责任。

（五）增加监督管理内容：明确要求金融机构的反假货币业务要建立内部管理制度和操作规范，对反假货币业务数据进行全面管理并按要求报送人民银行分支机构，开展相关自查和接受人民银行检查。

（六）新增以《中国人民银行法》《商业银行法》为依据，充分运用现有法律赋予人民银行的处罚权，细化原有罚则，在规章权限内加大对某些违法行为的处罚力度，实现违法行为打击全覆盖。

四、有关反假货币业务的规范性文件及其他文件

除上述法律规章外，根据反假货币业务实际情况，中国人民银行针对金融机构反假货币业务工作内容，制定了一系列文件制度。

（一）综合管理类

中国人民银行于2016年2月4日下发了《中国人民银行关于印发〈银行业金融机构反假货币工作指引〉的通知》（银发〔2016〕29号），对金融机构反假货币工作进行系统化、规范化指导，明确了金融机构反假货币职责，从日常防范、业务培训、收缴鉴定、假币监测、冠字号码管理、反假货币宣传、机具管理、信息管理和监督管理九个方面细化了反假货币工作要求、任务和操作规范。

（二）专项管理类

1. 反假货币培训。《中国人民银行关于切实做好新形势下反假货币培训工作的通知》（银发〔2019〕319号），明确各金融机构在反假货币培训方面的主体责任，对培训、评测、考核机制的建立、培训对象与周期、培训人员信息管理等作出规定性要求。

2. 假币堵截能力。2013年相继下发了《中国人民银行办公厅关于银行业金融机构对外误付假币专项治理工作的指导意见》（银办发〔2013〕14号）和《中国人民银行办公厅关于进一步明确全额清分和冠字号码查询工作有关事项的通知（银办发〔2013〕197号）》，有计划、分步骤地推进金融机构对外支付现金的全额清分工作，提出以冠字号码查询为手段，解决银行涉假币纠纷的举证和责任认定问题，并对冠字号码记录、存储、管理及系统开发作出规定。2018年，《人民币现金机具鉴伪能力技术规范》（JR/T 0154—2017）开始实施，有效促进了现金机具鉴别能力的提升。针对假外币误收等情况，人民银行制定并下发了《中国人民银行货币金银局关于进一步强化假币堵截能力的通知》（银货金〔2018〕6号），要求金融机构要在3年内完成存量机具更新，新增机具配备全部满足《人民币现金机具鉴伪能力技术规范》，在从业人员测试和现金机具现场检查测试中要增加假外币内容，将主要货币纳入冠字号码查询解决假币纠纷工作，付出美元实现全额清分。

3. 假币纠纷解决。在《中国人民银行货币金银局关于印发〈银行业金融机构人民币冠字号码查询解决涉假纠纷工作指引（试行）〉的通知》（银货金〔2013〕165号）

文件中，人民银行对查询冠字号码解决涉假纠纷的流程进行了规定。2014年又下发了《中国人民银行货币金银局关于开展银行业金融机构冠字号码查询分类贴标工作的通知》（银货金〔2014〕105号），提出在两年内完成对柜台和柜员机渠道张贴冠字号码查询标识。

第四节 与假币相关的刑事与行政处罚

假币危害国家货币管理权，任何国家政府对于伪造货币犯罪都是采取坚决打击、严惩不贷的高压态势，并制定相应的惩处法律条文。目前我国《刑法》中涉及假币的犯罪共有六种类型，每种假币犯罪都规定了相应的刑罚。金融机构是堵截假币的重要防线，如果未能正确履行防范假币的职责，也有相应的行政处罚规定。

一、假币犯罪类型和处罚规定

我国《刑法》设定的假币犯罪类型有：伪造货币罪，走私假币罪，出售、购买、运输假币罪，持有、使用假币罪，变造货币罪，金融机构工作人员购买假币、以假币换取货币罪。此外，同时采用伪造和变造手段，制造真伪拼凑货币的行为，以伪造货币罪定罪处罚。

对于假币犯罪的处罚形式有拘役、有期徒刑、无期徒刑、罚款、没收财产。2015年《刑法》第九次修正案，取消了走私假币和伪造货币的死刑罪。目前假币犯罪数额特别巨大的最高刑罚是无期徒刑并处罚款或没收财产。

6类假币犯罪中，“金融机构工作人员购买假币、以假币换取货币罪”与金融机构工作人员直接相关。现金业务是金融机构的基础业务。金融机构每日办理大量的现金收付业务。如果其工作人员利用职务便利，购买假币或者以假币换取真币，将会产生更大的社会危害性。对于此类假币犯罪，最高人民检察院和公安部设定了立案追诉标准：银行或者其他金融机构的工作人员购买伪造的货币或者利用职务上的便利，以伪造的货币换取货币，总面额在2000元以上或者币量在200张（枚）以上的，应予以立案追诉。

对于上述犯罪行为，《刑法》第一百七十一条第二款和2000年发布的《最高人民法院关于审理伪造货币等案件具体应用法律若干问题的解释》第四条规定，银行或者其他金融机构的工作人员购买伪造的货币或者利用职务上的便利，以伪造的货币换取货币的，总面额在4000元以上不满50000元或者币量在400张（枚）以上不足5000张（枚）的，处3年以上10年以下有期徒刑，并处20000元以上200000元以下罚金；数额巨大

（总面额在50000元以上或者币量在5000张/枚以上）或者有其他严重情节的，处10年以上有期徒刑或者无期徒刑，并处20000元以上200000元以下罚金或者没收财产；总面额不满人民币4000元或者币量不足400张（枚）或者具有其他情节较轻情形的，处3年以下有期徒刑或者拘役，并处或者单处10000元以上100000元以下罚金。

2010年发布的《最高人民法院关于审理伪造货币等案件具体应用法律若干问题的解释（二）》界定了普通纪念币、贵金属纪念币、停止流通货币的涉假犯罪惩处等相关问题的法律适用范围。

假外币犯罪刑罚：外币是指正在流通的境外货币。假外币犯罪是以外币为侵害对象的假币犯罪。假外币犯罪依照《刑法》有关假币犯罪的规定定罪处罚。犯罪数额应按案发日的汇率折算成人民币。

假纪念币犯罪刑罚：假纪念币犯罪依照《刑法》有关假币犯罪的规定定罪处罚。假普通纪念币犯罪的数额，以面额计算；假贵金属纪念币犯罪的数额，以贵金属纪念币的初始发售价格计算。

伪造停止流通货币犯罪刑罚：以使用为目的，伪造停止流通的货币，或者使用伪造的停止流通的货币的，依照《刑法》第二百六十六条的规定，以诈骗罪定罪处罚。

二、涉假行为的行政处罚规定

（一）对涉假行为行政处罚的依据和种类

关于反假货币的行政处罚，主要依据《中国人民银行法》《人民币管理条例》和《货币鉴别及假币收缴、鉴定管理办法》。

1.《中国人民银行法》中的行政处罚规定

（1）由公安机关执行的行政处罚：《中国人民银行法》规定，“伪造、变造人民币，出售伪造、变造的人民币，或者明知是伪造、变造的人民币而运输”“购买伪造、变造的人民币或者明知是伪造、变造的人民币而持有、使用，构成犯罪的，依法追究刑事责任；尚不构成犯罪的，由公安机关处十五日以下拘留、一万元以下罚款”。

（2）由人民银行或其他行政机关执行的行政处罚：《中国人民银行法》第四十六条规定：“本法第三十二条所列行为违反有关规定，有关法律、行政法规有处罚规定的，依照其规定给予处罚；有关法律、行政法规未作处罚规定的，由中国人民银行区别不同情形给予警告，没收违法所得，违法所得五十万元以上的，并处违法所得一倍以上五倍以下罚款；没有违法所得或者违法所得不足五十万元的，处五十万元以上二百万元以下罚款；对负有直接责任的董事、高级管理人员和其他直接责任人员给予警告，处五万元以上五十万元以下罚款。”这是《中国人民银行法》对于金融机构以及其他单位和个人违反有关人民币管理的规定，人民银行行使检查监督权实施行政处罚的原则性规定。其中特别明确了法律法规对违法行为未作出处罚规定的情形下的行政处罚标准。由于涉及假币的违法行为形式多样，法律法规很难全面涵盖对应的处罚条款。如果相关法律和法规未对相关违法行为作出具体处罚规定的，可以依照本条有关规定进行处罚。

2.《人民币管理条例》中的行政处罚规定

《人民币管理条例》第四十四条规定："办理人民币存取款业务的金融机构、中国人民银行授权的国有独资商业银行的业务机构违反本条例第三十三条、第三十四条和第三十五条规定的，由中国人民银行给予警告，并处1000元以上5万元以下的罚款；对直接负责的主管人员和其他直接责任人员，依法给予纪律处分。"

3.《货币鉴别及假币收缴、鉴定管理办法》中的行政处罚规定

我国《行政处罚法》规定，国务院部、委员会制定的规章可以在法律、行政法规规定的给予行政处罚的行为、种类和幅度的范围内作出具体规定。尚未制定法律、行政法规的，前款规定的国务院部、委员会制定的规章对违反行政管理秩序的行为，可以设定警告或者一定数量罚款的行政处罚。《货币鉴别及假币收缴、鉴定管理办法》（以下简称《办法》）作为部门规章，其处罚依据主要来源于相关的法律法规。对其中个别法律法规没有规定的事项，也设定了一定金额的罚款。具体来看，其处罚来源相应地有三类。

第一类是法律和行政法规对违法行为有具体处罚规定的，依照法律和法规的处罚规定进行处罚。《办法》第三十三条规定"金融机构……尚未构成犯罪，涉及假人民币的，按照《中华人民共和国人民币管理条例》第四十四条的规定予以处罚"。

第二类是行为违反了相应的管理要求，但法律和行政法规对违法行为没有明确处罚规定，依照《中国人民银行法》中对于无处罚依据的相关规定处罚。《办法》第三十四条规定"金融机构……尚未构成犯罪，涉及假人民币的，按照《中华人民共和国中国人民银行法》第四十六条的规定予以处罚"。

第三类是《办法》设定的处罚。主要有两种情况，一是违规行为涉及假外币的，均给予"1000元以上3万元以下的罚款"。二是金融机构拒绝、阻挠、逃避中国人民银行及其分支机构检查，或者谎报、隐匿、销毁相关证据材料，且有关法律、行政法规未作处罚规定的，由中国人民银行及其分支机构"予以警告，并处5000元以上3万元以下的罚款"。

（二）应给予处罚的涉假行为

对于金融机构涉及假币行为的具体处罚标准，在各相关章节均有详细介绍。此处只对涉假违规的行为作一概述。

1. 违反货币鉴别有关规定的行为。违反货币鉴别相关规定导致金融机构堵截能力不足，在用现金机具鉴别能力不符合国家标准和行业标准，未按要求组织开展机构内反假货币知识与技能培训，未按要求采集、存储人民币和主要外币冠字号码等。

2. 违反假币收缴有关规定的行为。涉及的行为主要有：发现假币而不收缴、未按

规定收缴假币、未按要求将假币解缴中国人民银行分支机构、应当向公安机关和人民银行报告而不报告等。

3. 违反假币鉴定有关规定的行为。无故拒绝受理收缴单位或者被收缴人提出的货币真伪鉴定申请、未按规定鉴定假币、授权鉴定机构未按规定公示鉴定机构授权证书或者鉴定业务范围等。

4. 违反数据管理与报送有关规定的行为。金融机构未按要求对现金机具、人员培训、冠字号码以及假币收缴、鉴定业务等进行数据管理，或者未按规定向当地人民银行分支机构报送数据，报送数据存在漏报、误报、迟报行为等。

5. 违反内控制度建设有关规定的行为。金融机构未建立货币鉴别及假币收缴、鉴定内部管理制度和操作规范，或者已建立相关的内控制度，但制度依据不符合规定或与要求不一致等。

02 第二章 银行业金融机构的假币堵截能力建设

金融机构在办理现金收付业务中堵截假币是其应尽的职责，从实践看，他们也是堵截假币流入社会的中坚力量。对于金融机构而言，要有效堵截假币，应形成内部控制健全有效、现金机具鉴别性能优良、现金从业人员能力专业和信息传递顺畅的堵截机制。

第一节 反假内控制度建设与监督检查

《货币鉴别及假币收缴、鉴定管理办法》（以下简称《办法》）第三十条规定："金融机构应当按照《中华人民共和国人民币管理条例》和本办法的相关规定，建立货币鉴别及假币收缴、鉴定内部管理制度和操作规范。"金融机构在构建本单位反假货币内控制度时，应按照全面覆盖、统分结合的基本原则进行。既要避免出现制度规定的缺漏，也要防止出现制度规定，尤其是具体的操作规定互相重叠甚至冲突的现象。

一、内控制度建设的必要性和基本原则

反假货币关系到人民群众的切身利益，与国家经济秩序和金融安全也密切相关。金融机构作为堵截假币的第一道防线，作用越来越突出，《办法》新增了货币鉴别作为金融机构在现金收付业务中的法定职责，也充实了金融机构违反规定所应承担的法律后果，压实了金融机构做好反假货币工作的主体责任。面对当前反假货币工作的新职责、新挑战，建立健全内控制度是金融机构确保现金机具能力达标、现金从业人员具备相应的专业能力、冠字号码规范采集存储的前提，对金融机构履行反假货币职责、

防范自身运营风险与适应外部刚性监管都尤为重要。

内控制度涉及的内部管理关系相对复杂，金融机构要根据管理层级、网点分布等多种因素，建立本机构反假货币制度体系。原则上，全国性金融机构的总行应依据《人民币管理条例》和《办法》，结合货币鉴别及假币收缴、货币真伪鉴定的工作实际，统一制定制度框架。这样，有利于构建完善的内控制度体系，加强对各级分支机构的管理，也为分支机构制定具体实施细则和业务操作规范提供依据。其省级分支机构（或一级分支机构）应在认真贯彻实施总行统一制定的反假内控制度的基础上，结合办理存取款、货币兑换等业务实际，制定具体实施细则和业务操作规范。跨省的地方性法人机构，分支机构较多、地区差异较大，可以参照全国性金融机构的方式，建立分级的反假货币内控体系。非跨省的地方法人机构，根据实际，既可以采用总行制定框架、分支机构制定细则的方式建立反假内控机制，也可以由总行直接制定各项具体的操作细则。

二、内控制度的主要内容

金融机构反假内部控制制度应至少包括货币鉴别制度、假币收缴制度、货币鉴定制度三个方面。

（一）货币鉴别制度

1. 现金机具鉴伪能力管理制度。随着技术的进步，现金机具已逐渐成为金融机构堵截假币的重要支撑。金融机构应坚持识别准确、技术先进、工艺可靠、性能稳定的原则，建立现金机具鉴别能力管理制度，对在用各类现金机具的启用、维护、抽检、升级、报废，以及机具达标等作明确规定，确保现金机具能满足反假货币工作需要。

2. 现金从业人员鉴伪能力管理制度。作为货币鉴别的最后一道关口，现金从业人员的反假知识与技能水平直接关系到反假货币相关业务的合规性，金融机构应按照《中国人民银行关于切实做好新形势下反假货币培训工作的通知》（银发〔2019〕319号）要求，承担反假货币培训主体责任，制定现金从业人员鉴伪能力管理制度，规范培训周期管理、培训效果测评与应用、岗位履职考核、新上岗或调岗人员培训、培训计划报备等工作，确保现金从业人员具备货币鉴伪和假币收缴的业务能力。

3. 冠字号码系统建设与应用制度。制定冠字号码信息系统管理办法作为涉假纠纷预防机制，建立误收、误付假币处理制度作为涉假纠纷解决机制。其中，冠字号码信息系统管理办法应对冠字号码信息采集、数据要素与格式、数据导出、数据集中、数据保存期限、数据检索等作出明确规定。误收、误付假币处理制度则应包括冠字号码查询与再查询的受理与处理、误付责任确定、误付赔付、舆情预防与处置、误收误付报告与实物解缴等。

（二）假币收缴制度

1. 假币收缴操作规范。包括柜面收缴、清分收缴、监控设置、录像保存时间、向人民银行和公安机关报告、向被收缴人告知权利等流程操作规范。

2. 假币实物保管与解缴制度。包括误收或误付假币与日常收缴假币的保管、账实分管、代保管登记、内部集中交接手续、向人民银行集中解缴的交接等内容的具体规定。

（三）货币鉴定制度（仅针对鉴定机构）

1. 鉴定机构鉴定能力管理制度。包括鉴定场地管理制度和鉴定人员管理制度。鉴定场地管理制度主要涉及不同类别和等级的鉴定机构的场地理化指标、授权鉴定范围与授权书的公示与管理的规定、重要物品和档案管理规定等，以及鉴定设备相关技术能力、鉴定设备维护与更新等方面的规定。鉴定人员管理制度主要涉及人员资质、培训考核等方面的规范性要求。

2. 货币真伪鉴定流程管理制度。对鉴定申请与受理、通知收缴单位送达实物、双人办理、人机结合原则、鉴定完成时效、鉴定书制作、不同鉴定结果处理、向被收缴人告知权利、鉴定实物与档案的管理等各环节作出明确规定。

三、反假货币业务监督检查

制度的生命力来自执行，如果制度执行流于形式，甚至有章不循，有可能给金融机构带来操作风险、法律风险或其他风险。对制度执行情况经常性地开展检查，监督制度有效落实是确保制度有效执行的必要手段。《办法》第三十二条要求金融机构应当定期对相关内部管理制度和操作规范的执行情况进行自查，并接受中国人民银行及其分支机构的检查。

（一）内部自查

此处的自查是指金融机构内部对内控制度的检查，包括制度制定层面和执行层面开展的检查。金融机构建立的反假货币内控制度，要通过内部监督检查机制评估内控制度的可操作性和执行的有效性。从制定制度角度看，对检查发现的制度与实际脱节、难以执行的部分以及与监管机构要求不相符的部分要及时加以修订，以切合实际需求。对检查发现的制度缺陷与漏洞，要及时进行纠正弥补。从执行角度看，既要对检查发现的违规问题予以必要的处理，强化制度的执行力，也要对检查中发现的问题加以梳理分析，判定问题的性质、有风险隐患的环节或流程，如对误收误付问题，监督检查部门要通过调阅各种原始资料分析判定问题的原因，是从业人员识假能力水平与岗位不匹配，还是在用现金机具鉴别能力不达标，或者是执行货币鉴别制度不到位，柜面或清分人员责任心不强。通过监督部门的分析评估，找到真正的原因，提出针对性措施加以改进。

（二）外部检查

《中国人民银行法》对人民银行履行的职责赋予了相应的检查监督权，其中也包括对执行人民币管理（含反假货币）规定行为的检查权。金融机构应当主动接受、积极配合人民银行组织开展的反假货币规定执行情况检查，按照要求提供相应的检查环境、数据、资料等。

人民银行对金融机构开展的反假货币执法检查分为综合执法检查和专项执法检查。综合执法检查按照“分级负责”“法人监管”的原则开展，人民银行总行主要负责全国性银行业机构检查的组织工作。人民银行地市级以上分支机构，根据上级行检查计划，对当地的法人机构开展综合执法检查。具体被检查单位和检查人员，按照“双随机”方式抽取。

专项执法检查是在年度检查基础上，对以下几种情况有针对性地开展：发现相关金融机构风险情况突出，需要进行现场执法检查；通过日常监管、受理举报投诉等方式，发现相关金融机构违法违规线索；根据相关部门移送的案件材料，对相关金融机构需要进行现场执法检查；总行另行布置专项执法检查任务。

除现场检查外，人民银行对金融机构的反假货币工作检查也有非现场形式，如反假货币培训工作，通过金融机构定期报送的年度培训计划、人员参训情况、测评结果、考核结果等信息，结合日常假币收缴工作与真伪鉴定、投诉等情况，对金融机构开展反假货币培训工作情况进行评估考核，并以适当方式对检查情况进行通报。

人民银行对检查中发现被查金融机构有违反法律、行政法规或者人民银行规章中有关反假货币规定的行为，并且依法应当由人民银行及其分支机构给予行政处罚的，依照规定的程序进行处理；发现被查金融机构有违法行为，并且应当由其他部门查处的，依法移送有关部门处理。

第二节　现金机具鉴别能力管理体系

一、我国现金机具鉴别能力管理发展概况

从堵截假币能力角度出发，现金机具指的是以现金为处理对象，具备真假鉴别功能的设备，按鉴别对象可分为纸币鉴别机具和硬币鉴别机具两大类别，主要包括纸币点验钞机、自动存取款一体机、纸硬币清分机、自助售货机、自助售票机等。

从20世纪90年代初开始，中国人民银行和国家有关部门先后制定了有关点验钞机的行业和国家标准。近年来，随着现钞使用量的不断增加，各种具有鉴伪功能的现金机具被广泛使用，原有标准的局限性和滞后性凸显：一是覆盖面狭窄，不能适用于所有的现金机具，而现金机具标准的制定也明显滞后；二是包容性差，无法客观反映不

断出现的新鉴别技术；三是不能适应新版人民币防伪技术的新形势。

在国家质检总局、国家标准化管理委员会等部门的大力支持下，中国人民银行借鉴国外中央银行的管理经验，结合国内实际情况，制定了金融行业标准《人民币现金机具鉴别能力技术规范》（JR/T 0154—2017，以下简称《机具鉴别规范》），于2017年7月6日正式发布，2018年1月1日起施行。

《机具鉴别规范》属于推荐性金融行业标准，适用于所有具有人民币真伪鉴别功能的现金机具，金融机构配置现金机具应遵照该标准施行，其他现金机具使用者参照执行。

二、《机具鉴别规范》主要内容

2017年7月6日公布的《机具鉴别规范》，开启了人民币现金机具检测体系的新篇章，作为金融行业现金机具类的一本全能型“白皮书”，旨在指导人民银行、金融机构及第三方现金处理机构等单位标准化、规范化地开展人民币真伪鉴别工作。标准的发布与实施，有利于更加科学地评定现金机具的鉴别能力、引导公众更好地选择现金机具，对于现金机具行业的健康发展具有良好的促进作用。同时，为社会公众使用人民币现金机具、企业生产现金机具提供指导，对提升我国反假货币水平、保障货币流通秩序与国家金融安全发挥重要作用。

与此前发布的几个现金机具标准相比，《机具鉴别规范》具有以下特点。

（一）现金鉴别机具全覆盖

现金机具的种类繁多，不同的应用环境和使用对象，对现金机具的鉴别能力需求也不同。为加强对现金机具鉴别能力的管理，适应不断涌现的新型现金机具鉴别能力管理的需要，《机具鉴别规范》依据检测对象、工作方式、人工干预模式、设备特点、应用场景等因素，将所有具备货币真伪鉴别性能的现金机具分为两大类12种，以货币防伪特征分类作为检测鉴别能力的依据，改变了以往的标准只针对某种现金机具制定规则的做法，使现金机具管理更具前瞻性。现金机具分类如表2-1所示。

（二）可机读防伪特征的广泛性

人民币防伪特征是人民币的固有属性，也是现金机具鉴别人民币真伪的基础。《机具鉴别规范》列出18项纸币防伪特征和13项硬币防伪特征（如表2-2、表2-3所示），不但涵盖了目前流通人民币所具备的防伪特征，如尺寸、厚度、印刷图文、水印、光变图文等，还前瞻性地包含了如透明视窗、安全线（贴膜）等防伪特征，根据鉴别技术和表现形式的不同对防伪特征进行了细化分类。纸币和硬币鉴别机具必须识别的防伪特征，由中国人民银行组织专家评审的鉴别测试样张和样币确定，测试样张、样币则依据我国反假货币形势需求由中国人民银行统一设计和制作。

表2-1 现金机具分类

<table>
<tr><td rowspan="14">现金机具</td><td rowspan="7">纸币鉴别机具</td><td rowspan="2">单张纸币鉴别装置</td><td colspan="3">纸币自动鉴别仪</td></tr>
<tr><td colspan="3">集成单张鉴别模块的机具</td></tr>
<tr><td rowspan="4">批量纸币鉴别机具</td><td rowspan="3">非自助纸币鉴别机具</td><td rowspan="2">无拒钞仓的鉴别机具</td><td>金融机构用无拒钞仓的鉴别机具</td></tr>
<tr><td>非金融机构用无拒钞仓的鉴别机具</td></tr>
<tr><td colspan="2">有拒钞仓的鉴别机具</td></tr>
<tr><td colspan="3">自助纸币鉴别机具</td></tr>
<tr><td colspan="4">其他纸币鉴别机具</td></tr>
<tr><td rowspan="7">硬币鉴别机具</td><td rowspan="2">单枚硬币鉴别装置</td><td colspan="3">硬币自动鉴别仪</td></tr>
<tr><td colspan="3">集成单枚鉴别模块的机具</td></tr>
<tr><td rowspan="4">批量硬币鉴别机具</td><td rowspan="2">非自助硬币鉴别机具</td><td colspan="2">金融机构用硬币鉴别机具</td></tr>
<tr><td colspan="2">非金融机构用硬币鉴别机具</td></tr>
<tr><td rowspan="2">自助硬币鉴别机具</td><td colspan="2">具有硬币自循环功能的自助硬币鉴别机具</td></tr>
<tr><td colspan="2">无硬币自循环功能的自助硬币鉴别机具</td></tr>
<tr><td colspan="4">其他硬币鉴别机具</td></tr>
</table>

表2-2 纸币可机读识别防伪特征

序号	防伪特征	序号	防伪特征
1	纸币外形尺寸（长、宽）	10	安全线（贴膜）光学特征
2	可见光反射图文	11	精细镂空图文
3	可见光透视图文	12	电学特征
4	红外反射图文	13	光谱吸收特征
5	红外透视图文	14	透明视窗特征
6	荧光图文	15	水印特征
7	磁性图文	16	冠字号码
8	安全线磁性特征	17	厚度特征
9	印刷光变图文	18	其他防伪特征

表2-3　硬币可机读识别防伪特征

序号	防伪特征	序号	防伪特征
1	硬币外形尺寸（直径）	8	单一合金币电磁特征
2	硬币厚度	9	金属电镀币电磁特征
3	硬币单枚质量特征	10	金属复合材料币电磁特征
4	硬币表面图文	11	双金属结构币电磁特征
5	硬币边部图文	12	硬币磁性特征
6	硬币缩微图文	13	其他特征
7	硬币隐形图文		

（三）现金机具鉴别能力指标统一

对于纸币和硬币鉴别机具鉴别能力是否符合要求，《机具鉴别规范》规定从鉴别速度、漏识率、误识率、冠字号码字符误读率、拒钞率五个方面进行检测，其中硬币鉴别机具只检测鉴别速度、漏识率和误识率3项。每种现金机具所应用的场景，均有对应的鉴别测试样张，能够准确识别对应机型的所有鉴别测试样张，即满足《机具鉴别规范》对鉴别能力的要求（如表2-4、表2-5所示）。

表2-4　纸币鉴别机具鉴别能力要求

<table>
<tr><th colspan="3" rowspan="2">设　备</th><th colspan="5">项　目</th></tr>
<tr><th>鉴别速度（张/分钟）</th><th>漏识率（%）</th><th>误识率（%）</th><th>冠字号码字符误读率（%）</th><th>拒钞率（%）</th></tr>
<tr><td colspan="3">纸币自动鉴别仪</td><td>—</td><td>0</td><td>0</td><td>—</td><td>≤0.2</td></tr>
<tr><td colspan="3">集成单张鉴别模块的机具</td><td>—</td><td>0</td><td>0</td><td>—</td><td>≤0.2</td></tr>
<tr><td rowspan="3">非自助纸币鉴别机具</td><td rowspan="2">无拒钞仓的鉴别机具</td><td>金融机构用无拒钞仓的鉴别机具</td><td>≥900</td><td>0</td><td>≤0.02</td><td>≤0.03</td><td>≤0.2</td></tr>
<tr><td>非金融机构用无拒钞仓的鉴别机具</td><td>≥900</td><td>0</td><td>≤0.05</td><td>≤0.03</td><td>≤0.2</td></tr>
<tr><td colspan="2">有拒钞仓的鉴别机具</td><td>≥750</td><td>0</td><td>≤0.02</td><td>≤0.03</td><td>≤0.2</td></tr>
<tr><td colspan="3">自助纸币鉴别机具</td><td>≥300</td><td>0</td><td>≤1</td><td>≤0.03</td><td>≤5</td></tr>
</table>

表2-5 硬币鉴别机具鉴别能力要求

设备		鉴别速度（枚/分钟）	漏识率（%）	误识率（%）
硬币自动鉴别仪		—	0	≤1
集成单枚鉴别模块的机具		—	0	≤1
非自助硬币鉴别机具	金融机构用硬币鉴别机具	≥600	0	≤1
	非金融机构用硬币鉴别机具	≥600	0	≤1
自动硬币鉴别机具	具有硬币自循环功能的自助硬币鉴别机具	≥60	0	≤1
	无硬币自循环功能的自助硬币鉴别机具	≥300	0	≤1

三、现金机具鉴别能力管理要求

现金机具作为金融机构鉴别货币真伪的重要工具，金融机构从采购到使用、维护，都应该加强管理，确保其鉴伪性能正常，可以准确鉴别假币。中国人民银行《银行业金融机构反假货币工作指引》（银发〔2016〕29号）和《中国人民银行货币金银局关于进一步强化假币堵截能力的通知》（银货金〔2018〕6号）等文件对此进行了较为详尽的规定。

（一）现金机具的配置

1. 招标检测。在自主招标采购现金机具前，参照国家标准、行业标准或相关管理要求，制订现金机具检测方案。实施招标要对投标的现金机具组织检测，并将检测情况及结果通报中国人民银行总行或中国人民银行当地分支机构。《机具鉴别规范》实施后，金融机构采购的现金机具应符合《机具鉴别规范》的要求。

2. 新现金机具启用检测。在现金机具投入使用之前，对现金机具进行鉴伪功能检测，检测不符合相关标准或达不到反假货币工作要求的现金机具，要求供应商进行维护，经维护仍不达标或不能满足反假货币工作需要的，不得投入使用。

3. 存量现金机具更新。对于金融机构存量现金机具，以“自然淘汰”为基本原则，以不得对外付出假币为底线，做好各类现金机具更新进度安排。

（二）现金机具鉴别能力日常抽检、维护升级

1. 抽检制度。对于在用的现金机具，金融机构每半年开展一次鉴伪功能抽样检

测，抽检率不低于现金机具总量的10%。对检测不符合相关标准或达不到反假货币工作要求的现金机具，要求供应商进行维护，经维护仍不达标或不能满足反假货币工作需要的，不得投入使用。

2. 定期维护。对于已经投入使用的现金机具，每半年对其鉴伪性能进行一次维护，经维护不达标或不能满足反假货币工作需要的，不得继续使用。建立现金处理机具维护登记簿（如图2-1所示），详细记载现金机具维护时间、维护内容、维护结果、维护人员等内容。

3. 技术升级。根据货币防伪技术变更情况和反假货币工作实际，及时对现金机具进行技术升级。对于无法识别新版货币和假币的机具，暂停使用并立即对该机具及同类机具进行升级。经升级仍不能达到反假货币工作要求的机具不得使用，同时将升级等相关情况报送中国人民银行当地分支机构。

现金处理机具维护登记簿

机具厂家：__________ 机具类型：__________ 机具型号：__________

使用单位：__________ 启用日期：__________

维护时间	维护内容			维护结果	维护人员	备注
	日常维护	功能检测	软件升级			

图2-1 现金处理机具维护登记簿

第三节 反假货币培训工作机制

《办法》第九条第二款规定，金融机构应按照中国人民银行有关规定，负责组织开展机构内反假货币知识与技能培训，对办理货币收付、清分业务人员的反假货币水平进行评估，确保其具备判断和挑剔假币的专业能力。2019年12月25日，中国人民银行印发了《关于切实做好新形势下反假货币培训工作的通知》（银发〔2019〕319号，以下简称《通知》），对反假货币培训机制进行了重新设计，反假货币培训进入了新的阶段。

一、总体原则

《通知》针对当前反假货币工作面临的新形势、新问题和新挑战，改进和完善了反假货币培训工作机制。在新的反假货币培训机制下，对人民银行和金融机构的权责做了明显调整，更强调金融机构反假货币培训主体责任，同时强化了人民银行事中事后的监管责任。

反假货币培训主体责任由金融机构承担，负责组织开展机构内反假货币知识与技能培训，对人员反假货币水平进行评估，确保现金收付人员、清分人员、鉴定人员三类现金从业人员均具备判断和挑剔假币的专业能力。

为确保金融机构现金从业人员的培训效果，人民银行主要承担对金融机构培训工作事中事后的监管职责，着重加强业务督导与业务检查，并依法依规为金融机构开展培训提供培训资料、培训实物、货币防伪知识集中答疑、假币风险警示教育等多方面业务支持与指导。

二、对金融机构的要求

金融机构应按照反假货币培训的新要求，组织开展反假货币日常培训和集中培训，不断提高现金从业人员反假货币工作素质，满足反假货币工作需要。

（一）制定反假货币培训工作制度

反假货币培训工作制度是现金从业人员鉴伪能力管理制度的重要组成部分，金融机构应建立涵盖培训计划、培训形式、培训内容、参训人员范围、员工培训建档管理、培训情况报备等内容的反假培训工作制度。

（二）组织反假货币知识技能培训与测评

金融机构应对当年已满3年培训周期的人员在期满前、对新上岗的现金从业人员在上岗3个月内，根据本行实际，通过搭建培训平台，通过开发内部师资、引进外部资源等多渠道，运用新媒体技术开设网课或远程培训等多方式，组织开展反假理论培训与假币识别技能培训，其中第三方清分服务外包人员的反假货币培训由金融机构与第三方清分服务外包公司共同安排。

金融机构负责对所有现金从业人员的培训效果进行测评，合格及以上测评结果有效期为3年，不合格人员需要进行再培训且至测评合格前不得安排从事反假货币工作，确保不同岗位现金从业人员能满足人民银行制定的《金融机构现金从业人员货币鉴别能力要求》中的相应标准，具备判断和挑剔假币的专业能力。

三类现金从业人员的能力测评包括业务知识和工作技能两个方面。

1. 业务知识要求。现金从业人员的业务知识分为法规制度、真钞（币）防伪知识和假币伪造特点三个部分，各部分具体内容根据不同岗位，需求有所不同。对于法规制度，现金收付人员和清分人员侧重掌握货币鉴别及假币收缴知识，鉴定人员侧重掌握假币鉴定流程要求。对于人民币知识，收付人员和清分人员要掌握流通中人民币近3年纪念币（钞）的防伪特征，鉴定人员要全面掌握人民币纸币、硬币防伪特征、普通纪念钞（币）防伪特征等。不办理外币收付和清分的人员无须掌握外币防伪知识。

2. 工作技能要求。现金收付人员要熟练开展货币鉴别、假币收缴和涉假纠纷的具体处置。清分人员要熟练开展实物处置、上缴和信息报送工作。上述两类人员能够做到熟练操作现金机具。鉴定人员要严格按照鉴定流程操作，熟练使用鉴定仪器。

（三）现金从业人员岗位考核

金融机构应将现金从业人员上岗后的实际履职情况纳入本单位内部员工岗位管理与考核范畴，跟踪考核其通过培训后所学业务知识、工作技能与岗位的适应性以及开展工作的合规性，分档次对每位现金从业人员进行考核评价，以促进现金从业人员增强合规意识，规范假币收缴和鉴定行为。

第三方外包清分人员的培训效果、岗位考核由金融机构负责。实行社会化清分的地区，可以由人民银行当地分支机构结合当地金融机构培训师资、能力等情况指定一家金融机构负责。

（四）培训信息的报送

1. 培训信息报送种类。各金融机构需要报备两类资料，一是新机制下的反假货币培训内部控制相关文件，包括工作领导小组、工作制度、人员参加培训评价标准、岗位履职考核办法等；二是日常工作开展情况的报备。包括年度培训计划、人员参训情况、测评结果、考核结果等。

2. 培训信息报送期限。反假货币培训内部控制相关文件如有调整或修订，应在修订后及时报备。对于日常工作开展情况的报备，包括年度培训计划、人员参训情况、测评结果、考核结果等，应按照每年2月底前报备年度培训计划，当年7月10日、次年1月10日前报备人员参训情况、测评结果、考核结果的要求报备。报备采取纸质件并加盖部门印章方式，或按人民银行当地分支机构要求同时报备电子数据。

第四节 反假货币信息管理

一、反假货币工作信息的定义和分类

关于金融机构报送反假货币信息的要求，主要集中在《办法》以及《银行业金融机构反假货币工作指引》(以下简称《指引》) 等文件中。这些规章和规范性文件对金融机构报送信息的种类、情形、方式、时限等进行了规范，对不履行报告义务的，规定了相应的法律责任。

(一) 反假货币工作信息定义

反假货币工作信息是指在日常工作中通过数据、文本、声音、图像等载体或其组合发生的与反假货币相关的信息。主要包括假币收缴与鉴定、人员能力水平、机具维护与升级、冠字号码信息查询、假币信息监测等方面的内容。

(二) 反假货币信息分类

反假货币分为一般信息、敏感信息两类。

1. 一般信息。金融机构开展反假货币日常性工作形成的各种普通工作数据或信息，包括收缴鉴定、冠字号码查询、培训测评考核、公众宣传教育、机具维护升级、工作经验交流等。这类信息发生频率较高，需要定期或按时报送。

2. 敏感信息。专指有关假币活动或案件线索、涉假舆情等信息，其内容比较敏感，需要严格管控发布范围，以免带来较大社会影响或者影响公安机关办案。报送的时间期限也较短，根据内容最长不超过3个工作日。

目前反假货币工作的敏感信息包括以下几种：

(1) 一次性发现多张假币。"多张" 的含义有两种情况，一是根据《办法》规定，金融机构办理业务中一次性发现假币5张 (枚) 以上；二是金融机构所在地的中国人民银行分支机构及公安机关发文另有规定，发现假币要求立即报告的起点数量小于5张 (枚) 的，按当地规定执行。

(2) 发现新类型假币。如何判定办理业务中发现的假币是否属于新类型假币，有一个相对认识问题，一些假币上仿制的冠字号码、水印、安全线、光彩光变油墨等所应用的伪造技术可能在其他地方发现的假币上已经出现，但在本地区是首次发现，金融机构柜面作为一线堵截窗口，对于任何一种以前没有出现过的假币特征都不应该放过，尤其是对新版人民币的伪造更应引起重视，应积极主动向当地人民银行和公安机关报告。

（3）发现假币犯罪线索。金融机构在办理业务中如发现涉及制造、贩卖、运输、持有或者使用假币的可疑情况，应立即报告当地人民银行分支机构和公安机关，并设法稳住被收缴人了解相关线索，争取时间等待公安人员到场处理，也便于人民银行分支机构及时掌握情况。

相关线索是指被收缴人的姓名、住址、体貌特征等身份信息，以及银行账号、车辆型号、车牌号码等其他有助于公安机关寻找、发现被收缴人及其制假、贩假、运输、持有、使用假币等行为的信息。

（4）假币流失。假币流失是指未按规定要求保管假币实物，如真假币混杂摆放或者未入保险箱（柜）单独保管导致已收缴或没收假币重新流入市场。这种流失假币一般都盖有收缴单位的假币印章，标明收缴单位的金融机构编码，流入社会后会明显损害金融机构形象。

（5）本单位涉假舆情。媒体发布的假币信息与金融机构有关，如假币纠纷、假币流失等引发的舆情。

（6）误收误付假币。根据《办法》规定，金融机构如发生误收误付假币，都应当在3个工作日内向当地人民银行报告情况并解缴实物，以便人民银行及时研判此类假币可能带来的危害程度。如当地没有设立人民银行分支机构的，向其所在地上一级人民银行分支机构报告并解缴。

此外，根据《办法》规定，将被收缴人不配合金融机构收缴的情况，如在营业场所无理取闹、影响正常营业秩序甚至造成负面舆情等，也纳入应当向当地人民银行和公安机关报告的信息范围。

未经中国人民银行同意，金融机构不得对外发布假币收缴数量、假币伪造特征、假币犯罪案件内容（尤其是公安机关未结案的假币案件）等有关假币信息。

二、反假货币工作信息报送形式与要求

（一）反假货币一般信息报送时限与形式

金融机构日常工作中形成的反假货币工作一般信息，其报送形式有通过反假货币子系统生成电子信息上报，如收缴、鉴定、解缴等信息；有电子或纸质文本、影像等形式，如机具管理、培训测评、公众宣传等。报送的时间要求按照人民银行规定。

（二）反假货币敏感信息报送时限与形式

反假货币工作敏感信息报送的时间要求分为立即报告、1个工作日报告和3个工作日报告三种。详见《敏感信息报送时间表》（见表2-6）所列。

表2-6 反假货币敏感信息报送时间表

敏感信息内容	报送时间要求
一次性发现多张假币	立即报告
发现新类型假币	
发现假币犯罪线索	
被收缴人不配合金融机构收缴	1个工作日内报告
假币流失	
本单位涉假舆情	
误收误付假币	3个工作日内报告

报送敏感信息，需用固定格式的“敏感信息报送表”（见图2-2）。一般情况下应逐级报送，如遇特别重大、紧急的敏感信息，也可以越级报送，同时抄报上一级单位。

填报单位			
秘密等级		紧急程度	
信息来源			
敏感事件发生时间及地点			
敏感事件情况			
已采取的措施			

注：对表中“敏感事件情况”的介绍应包含以下内容：

1. 信息发生背景、经过和结果。所发现假币涉及制造、运输、买卖、持有、使用或者误收（误收场景）情况，发现地点、时间，假币是否已全部或部分查获收缴，相关人员基本情况（性别、年龄、职业等）。

2. 涉案假币情况。包括假币币种（人民币还是外币，哪种外币）、版别、面额、金额、冠字号码及相对应数量。

3. 对涉案假币的初步技术分析。即信息所指假币是伪造币还是变造币，是机制假币还是打印或复印的数码复制假币，对水印、安全线、主景图案的伪造情况。

图2-2 敏感信息报送表

（三）其他信息报送的时限与形式

1. 收缴时发现可疑情况报送时限与形式。在收缴过程中发现的可疑情况应当立即报送公安机关和人民银行当地分支机构。尤其对于有犯罪线索的事项，根据需要可以采取110报警、直接向属地派出所报告等形式。向人民银行报告，原则上应逐级报送，为确保信息的完整及时，可以比照报送敏感信息的要求上报“敏感信息报送表”。

2. 误收假币报送的时限与形式。金融机构确定发生误收假币后，应在3个工作日内向人民银行报告，并解缴假币实物，以便人民银行研判假币实物的危害程度。报告误收假币，也应遵循逐级报告的要求，未设人民银行分支机构地区，应由该金融机构向所在地上一级人民银行分支机构报告和解缴假币实物。

第五节　公众防伪知识普及宣传

反假货币工作的基本原则是“打防并举”，其中的“防”不仅是金融机构的堵截能力，也包括社会公众防范假币的意识和识别假币的能力。从长远来看，只有促进社会公众树立正确的法律法规意识和帮助普通公众掌握基本的反假、识假技能，才能从根本上压缩假币生存空间，减少假币的危害。因此，金融机构应注重开展反假货币法律法规和公众防伪知识两方面的宣传，而不应有所偏废。

一、反假货币宣传工作总体要求

金融机构应履行反假货币宣传责任和义务，促进社会公众增强防假反假货币意识，提高识假辨假能力；金融机构应遵循合法合规、导向正确、突出创新、注重实效的原则，结合当地货币流通特点和反假货币形势，组织开展反假货币宣传；金融机构应保障反假货币宣传投入，制订年度宣传计划，合理向各营业场所、宣传站点配置宣传资料、设备，满足反假货币宣传需要。

二、反假货币宣传内容与途径

金融机构向社会公众宣传反假货币的内容包括反假法律法规、规章制度、货币防伪知识、假币识别方法与技巧以及不法分子持假币实施犯罪的常用伎俩等。金融机构可以通过以下途径开展宣传。

（一）立足于营业网点开展宣传

金融机构营业网点是日常办理现金业务的场所，对现金客户开展宣传有较强的针对性。目前不少金融机构在网点功能分区中，有明确的宣传教育区。客户等候办理业务时，在此区域中，可以通过观看反假宣传视频、取阅宣传资料等学习反假货币知识。金融机构也可以主动对客户开展有关反假货币方面的知识宣传。

（二）通过城市社区、农村乡镇宣传站点开展宣传

城市社区和农村乡镇的宣传站点，从某种角度而言是金融机构网点的延伸，特别是建立在农村助农取款点或综合金融服务站点的宣传点，可以直接办理小额现金存取业务。加之这些场所与所在地居民联系较为密切，也是一个较好的宣传途径。这些场所根据实际情况，可以通过发放宣传资料、播放反假视频等形式开展宣传。

（三）通过重点场所开展宣传

通过进社区、进街道、进企业、进农村等各种渠道开展“扫街式”反假货币宣传，对邮政、快递业开展宣传，在交通行业以及学校等开展宣传，进一步扩大宣传受众面。

（四）利用新媒体开展宣传

随着信息技术的不断发展，宣传的载体也不断发生变化。金融机构不仅可以通过传统的纸质宣传载体，还可以通过自身的官网、微信公众号等媒介向社会公众开展反假货币宣传，通过网络新形式宣传载体，满足不同人群的需要。

此外，金融机构应按照中国人民银行统一部署，组织开展集中宣传活动。宣传活动应因地制宜、注重创新、形式多样。

需要注意的是，金融机构不得在公开场合或通过公开渠道，发表与国家现行反假货币政策相悖的观点及有损人民币形象的言论。

第六节　法律责任与行政处罚规定

一、有关堵截能力的处罚规定

（一）不配合人民银行监督检查的行政处罚

按照《办法》第三十五条的规定，如果金融机构存在拒绝、阻挠、逃避中国人民银行及其分支机构检查，或者谎报、隐匿、销毁相关证据材料等情况，有关法律、行政法规有处罚规定的，依照其规定给予处罚；有关法律、行政法规未作处罚规定的，由中国人民银行及其分支机构予以警告，并处5000元以上3万元以下罚款。

有关法律、行政法规有处罚规定的，依照其规定给予处罚，是指《中华人民共和国商业银行法》第七十七条规定，金融机构“拒绝或者阻碍中国人民银行检查监督”“提供虚假的或者隐瞒重要事实的财务会计报告、报表和统计报表”任一情形的，人民银行可依法对违法机构处20万元以上50万元以下罚款。如现行有关法律法规处罚规定没有覆盖的违规行为，如销毁证据等，由《办法》设立罚则，对违规机构处以警告，并处5000元以上3万元以下罚款。

（二）在用现金机具鉴别能力不符合国家和行业标准

如果金融机构在用的纸币、硬币鉴别机具，其鉴别能力，识别券别、套别和版别的能力，以及鉴别速度、假币漏识率、真币误识率、冠字号码误读率和对真钞的拒钞率等指标不符合我国国家标准现行《人民币鉴别仪通用技术条件》（GB 16999—2010）或《机具鉴别规范》，如使用的A类点验钞机，其鉴伪技术未达到9种，无拒钞仓的纸币鉴别机具鉴别速度未达到大于或等于900张/分钟，冠字号码误读率未达到小于或等于0.03%，非自助硬币鉴别机具误识率未达到小于或等于1%的标准，均属于违规行为，应承担相应的法律责任。

（三）未按要求组织开展机构内反假货币知识与技能培训，未按要求定期对办理货币收付、清分业务人员的反假货币水平进行评估，或者办理货币收付、清分业务人员不具备判断和挑剔假币专业能力

金融机构应组织本机构相关人员进行反假能力培训、开展反假能力评估，这是金融机构的职责。人民银行在日常管理和执法检查中，如发现金融机构在反假培训和评估工作方面存在以下问题的，应承担相应的法律责任。

1. 落实新机制下反假货币培训工作的主体责任不到位；

2. 反假培训工作制度未建立健全，未按照培训周期规划反假培训管理，现金从业人员超过培训周期未接受轮训，新上岗或调岗人员上岗后超过3个月仍未进行培训；

3. 未按照《金融机构现金从业人员货币鉴别能力要求》组织培训效果评估，或者测评不合格人员未重新培训即安排从事反假货币工作；

4. 未将现金从业人员实际履职情况纳入本单位内部考核范畴，未组织对第三方清分服务外包人员的培训效果评估和岗位考核；

5. 未按要求向人民银行报备培训计划和参训、测评结果；

6. 人民银行现场检查中通过实际操作、书面问卷、口头询问、调阅相关登记簿和监控记录等方式，发现办理货币收付、清分业务人员不具备判断和挑剔假币专业能力。

（四）未按要求采集、存储人民币和主要外币冠字号码的违规行为

金融机构在办理现金收付和货币兑换业务中应当采集、存储人民币和主要外币冠字号码。如存在下列行为，应承担相应的法律责任。

1. 采集冠字号码的券别不符合人民银行的规定；

2. 采集冠字号码的币种不符合人民银行的规定。根据外币反假的需要，外币冠字号码的采集覆盖哪些币种将是一个动态调整过程，金融机构应当按照人民银行的要求及时调整需要采集冠字号码的币种；

3. 采集冠字号码所覆盖的支付渠道不全；

4. 采集的冠字号码数据未集中到上级行统一保管；

5. 冠字号码存储时间不符合人民银行要求。

（五）违规行为具体处罚标准

发生上述（二）至（四）项行为的金融机构，如果违规行为涉及假人民币，一是警告与罚款：人民银行对有违规行为的金融机构给予警告，并处1000元以上5万元以下的罚款。二是纪律处分：由金融机构对直接负责的主管人员和其他直接责任人员，依法给予纪律处分。涉及假外币的，处以1000元以上3万元以下的罚款。

二、有关数据管理与报送的处罚规定

金融机构如果未按要求对人员培训、现金机具、冠字号码以及收缴、鉴定业务等进行数据管理，并报送当地中国人民银行分支机构，应承担相应的责任。

如果金融机构有条件实施信息化管理却不主动开展反假数据管理的信息化、标准化和规范化建设，导致《办法》规定的各种反假信息无法在人民银行与金融机构之间有效共享利用，或者不向当地人民银行分支机构报送数据，报送的数据存在漏报、误报、迟报，或者报送数据内容不完整，均属于违规行为。

上述违规行为具体处罚规定：如果涉及的是假人民币，根据不同情形给予警告、罚款。罚款的标准为50万元以上200万元以下；对负有直接责任的董事、高级管理人员和其他直接责任人员给予警告，处5万元以上50万元以下罚款。涉及假外币的，处以1000元以上3万元以下的罚款。

三、有关内控制度建设的处罚规定

如果金融机构未建立货币鉴别及假币收缴、鉴定内部管理制度和操作规范，或者已建立相关的内控制度，但制度依据不符合《办法》规定，或者制度内容与《办法》要求不一致，均构成违规行为，应承担相应的责任。

具体处罚标准：如果违规行为涉及假人民币，一是警告与罚款。人民银行对有违规行为的金融机构给予警告，并处1000元以上5万元以下的罚款。二是纪律处分。由金融机构对直接负责的主管人员和其他直接责任人员，依法给予纪律处分。涉及假外币的，处以1000元以上3万元以下的罚款。

03 第三章
货币鉴别、假币收缴与鉴定

第一节　货币鉴别

金融机构办理现金业务时对货币真伪进行鉴别，是现金业务的基本要求，也是收缴假币的前置程序。货币鉴别工作是金融机构担负的假币堵截能力建设责任的开始，人民银行对发现金融机构回笼款夹杂假币的处理流程，金融机构自身发现误收、误付后的处理流程，以及金融机构发生误收、误付行为承担的法律法规责任等方面作出了明确的规定。

一、货币鉴别的定义、义务与职责

（一）相关概念

1. 鉴别。鉴别是指金融机构在办理存取款、货币兑换等业务过程中，对货币真伪进行判断的行为。货币鉴别的主体是金融机构从事现金收付、整点、清分处理的业务人员。鉴别的场景是在办理存取款、货币兑换或者清分整点业务时。鉴别的具体行为是业务人员根据掌握的真币特征，通过感官或借助鉴别设备，与待鉴别的货币进行对照与识别，进而认定待鉴别货币真假性质的过程。

2. 误收。误收是指金融机构在办理存取款、货币兑换等业务过程中，将假币作为真币收入的行为。

3. 误付。误付是指金融机构在办理存取款、货币兑换等业务过程中，将假币付出给客户的行为。

（二）货币鉴别的义务和职责

金融机构在办理存取款、货币兑换等业务时，应当准确鉴别货币真伪，采取以下措施防止误收及误付假币：

1. 确保在用现金机具的鉴别能力符合国家和行业标准；

2. 按照中国人民银行有关规定，组织开展机构内反假货币知识与技能培训，对办理货币收付、清分业务人员的反假货币水平进行评估，确保其具备判断和挑剔假币的专业能力；

3. 按照中国人民银行有关规定，采集、存储人民币和主要外币冠字号码。

二、货币鉴别的工作要求

（一）内控制度要求

金融机构应当建立健全统一的内部控制制度，主要有以下几个方面：

1. 现金机具鉴伪能力管理制度，包括在用各类现金机具的启用、维护、抽检、升级、报废等规定。

案例一

现金机具鉴别能力不符合国家标准和行业标准

2020年6月1日，人民银行某中心支行在清分某金融机构解缴的回笼款中，发现一张冠字号码为H2N2222222的第五套人民币2015年版100元券假币，对该金融机构进行现场检查。

核查该金融机构的冠字号码查询系统，发现该张假币为其下属某支行于2020年5月20日上午11:50存入。调阅该时段监控录像时发现，柜员张某在办理包含该张假币的客户存款业务中，机具未报警，柜员也未手工点验。

调阅该金融机构现金机具档案资料，并与当地中国人民银行分支机构核对，发现未建立现金机具鉴伪能力管理相关制度，未报送现金机具统计表，并且未制订现金机具检测方案，《现金处理机具维护登记簿》为空白。询问现金从业人员，答复未开展检测。

检查该金融机构点验钞机和清分机等现金机具，发现点验钞机和清分机均不在《人民币现金机具鉴别能力技术规范》（JR/T 0154—2017）过检名录中。经现场检测，点验钞机和清分机鉴别能力不符合行业标准。

2. 现金从业人员鉴伪能力管理制度，包括培训周期管理、培训效果测评与应用、岗位履职考核、新上岗或调岗人员培训等规定。

自2019年以来，人民银行推动反假货币培训的机制创新，厘清人民银行和金融机构的权责，人民银行主要承担对金融机构培训工作的监管职责，金融机构承担落实反假货币培训的主体责任，负责组织开展机构内反假货币知识与技能培训。金融机构对现金从业人员培训应满足以下要求：

（1）定期开展培训，每年年初要制订当年的培训计划，有序对当年将满3年培训周期的人员在期满前、新上岗现金从业人员上岗3个月内完成培训。

（2）确保培训效果，金融机构要按照人民银行制定的《金融机构现金从业人员货币鉴别能力要求》开展有针对性的培训，保证上岗人员测评达标，确保其具备判断和挑剔假币的专业能力。

（3）实现现金从业三类人员（现金收付、清分、鉴定人员）全覆盖。人民银行各分支机构要为金融机构开展培训积极提供各项支持，加大现场和非现场监管力度，督促金融机构反假货币培训全面落实、取得实效。

3. 冠字号码相关管理制度。

（1）冠字号码记录存储管理制度，包括冠字号码信息采集、数据要素与格式、数据导出、数据集中、数据保存期限、数据检索等规定。

（2）冠字号码查询解决涉假纠纷工作制度及误收误付假币处理流程，包括冠字号码查询与再查询的受理与处理、误付责任确定、误付赔付、舆情预防与处置、误收误付报告与实物解缴等规定。

（二）假币纠纷解决机制

1. 承担举证责任。一是金融机构在接到涉假纠纷的投诉时，应承担举证责任。二是在发生涉假纠纷时，金融机构应提供相应的业务记录。记录内容主要包括：各类业务凭证、冠字号码记录和业务录像等资料。其中，冠字号码记录保存时间不少于3个月，业务录像资料的保管期限不少于3个月。三是金融机构应按照规定的流程和形式提供资料和记录。按照《银行业金融机构人民币冠字号码查询解决涉假纠纷工作指引（试行）》（银货金〔2013〕165号）的要求，在客户按照规定提供相应资料并提交查询冠字号码的申请后，金融机构在规定的期限内使用规定的格式文书反馈查询结果。

2. 及时处理误付。按照《银行业金融机构人民币冠字号码查询解决涉假纠纷工作指引（试行）》的规定，通过查询冠字号码等方式，确认为金融机构误付假币的，金融机构应承担等值赔付责任。应妥善做好涉假舆情的应对和处置。首先做好舆情防范工作。对客户误付假币投诉，应按规定流程开展冠字号码记录查询举证，并耐心解释、沟通防止矛盾激化，防止引发负面舆情。其次，在发生负面舆情后要积极应对。以主动沟通、积极引导、避免扩大为原则，积极消除负面舆情影响。

3. 回笼款夹杂假币处理流程。对于金融机构向中国人民银行分支机构解缴的回笼款，在清分、复点中发现其中夹杂的假币，由中国人民银行分支机构予以没收，向解缴单位开具《假人民币没收收据》，并要求其补足等额人民币回笼款。

人民银行分支机构的清分是指钞票处理部门对金融机构缴存的回笼券进行清点、挑剔、分类、封捆及联机销毁。复点是在残缺污损人民币销毁前，对金融机构缴存的残损人民币进行全额整点。

（三）误收或误付假币后报告和解缴实物的要求

金融机构误收或误付假币属于严重的业务差错。误收假币可能会带来误付，导致假币进入流通环节，或者缴存到人民银行。金融机构一旦发现自己误收或误付假币就应该及时予以处置，处置误收误付的时效性尤为重要。因此，《办法》规定，金融机构确认误收误付假币的，应当在3个工作日内向当地人民银行分支机构或向上一级人民银行（当地没有人民银行分支机构的）报告，并同时解缴假币实物。

案例二

误付假币未按规定处置

2020年10月8日，有人向人民银行A中心支行电话举报，称收到一张盖有“假币”字样戳记的钞票。A中心支行工作人员立即前往举报人提供的地址进行调查，经仔细鉴别，盖章钞票属于假币，且“假币”字样戳记清晰，通过查询中心支行辖区假币预留印鉴，发现不属于本中心支行辖区金融机构印鉴，A中心支行立即报告上级人民银行，经上级人民银行查询，确认该张假币上的印章编码属于人民银行B中心支行辖区某金融机构网点，于是责成B中心支行对该金融机构付出盖章假币事件进行调查。调查结果显示，该网点2020年8月8日收缴一张100元面额假币后，把加盖“假币”字样戳记的假币交给被收缴人查看，假币被其强行带离网点，致使已盖章假币又进入流通。且该网点未在时限要求内向当地人民银行分支机构报告情况，发现因工作失误向外付出假币未按规定处置的情况。

误收或误付假币实物解缴报送的基本要求是：发生误收假币的，由误收机构报送；发生误付假币的，如系客户自行发现，且经过冠字号码查询等方式确认的，由误付机构报送；如系客户在他行存款发现后被收缴的，由收缴单位报送；涉及的假币实物是金融机构误收误付造成的，对于研判假币犯罪活动有时效价值，规定要在确定后3个工作日内直接解缴。柜面日常收缴的假币实物，按《办法》第十八条规定由当地各家金融机构按月集中解缴。

三、法律责任和行政处罚

1. 根据《办法》第三十三条，金融机构开展货币鉴别和假币收缴，中国人民银行及其分支机构授权的鉴定机构开展假币鉴定业务，有下列行为之一，但尚未构成犯罪，涉及假人民币的，按照《中华人民共和国人民币管理条例》第四十四条的规定予以处罚；涉及假外币的，处以1000元以上3万元以下的罚款：

（1）在用现金机具鉴别能力不符合国家和行业标准；

（2）未按规定组织开展机构内反假货币知识与技能培训，未按规定对办理货币收付、清分业务人员的反假货币水平进行评估，或者办理货币收付、清分业务人员不具备判断和挑剔假币专业能力；

（3）未按规定采集、存储人民币和主要外币冠字号码；

（4）未按规定建立货币鉴别及假币收缴、鉴定内部管理制度和操作规范；

（5）发生假币误付行为；

（6）与客户发生假币纠纷，在记录保存期限内，未能提供相应存取款、货币兑换等业务记录。

2. 根据《办法》第三十四条，金融机构开展货币鉴别和假币收缴，中国人民银行及其分支机构授权的鉴定机构开展假币鉴定业务，有下列行为之一，但尚未构成犯罪，涉及假人民币的，按照《中华人民共和国中国人民银行法》第四十六条的规定予以处罚；涉及假外币的，处以1000元以上3万元以下的罚款：

（1）发生假币误收行为；

（2）误付假币，未对客户等值赔付，或者对负面舆情处置不力造成不良影响；

（3）误收、误付假币，应当向中国人民银行分支机构报告而不报告；

（4）违反规定，应当向中国人民银行分支机构报告而不报告；

（5）向中国人民银行分支机构解缴的回笼款中夹杂假币；

（6）未按规定对现金机具、人员培训、冠字号码以及假币收缴鉴定业务等进行数据管理，并报送中国人民银行或其分支机构。

第二节　假币收缴

假币严重影响人民币的信誉、危害金融安全、侵害人民群众切身利益。为了加强对人民币的管理，维护人民币的信誉，稳定金融秩序，《中华人民共和国人民币管理条例》规定了由中国人民银行制定伪造、变造的人民币收缴及鉴定的基本程序和具体办法，同时，明确了商业银行收缴假币、人民银行和公安机关没收假币的法定责任。为了进一步完善反假货币工作制度，规范金融机构货币鉴别及假币收缴、鉴定工作，中国人民银行于2019年10月16日发布了《中国人民银行货币鉴别及假币收缴、鉴定管理办法》，自2020年4月1日起施行。《中国人民银行假币收缴、鉴定管理办法》（中国人民银行令〔2003〕第4号）同时废止。

为进一步规范金融机构假币收缴工作，人民银行先后印发了《银行业金融机构现金清分中心发现假人民币处置工作规程（试行）》（银货金〔2013〕159号，以下简称《工作规程》）和《银行业金融机构反假货币工作指引》（银发〔2016〕29号，以下简称《指引》），从金融机构现金清分中心和柜面两个方面进一步强化假币收缴工作的管理，从收缴来源方面实现假币管理的全面覆盖。

一、假币收缴的相关概念

在中华人民共和国境内设立的办理存取款、货币兑换等业务的金融机构具有鉴别货币和收缴假币的职能。

这里的货币是指人民币和外币。人民币是指中国人民银行依法发行的货币，包括纸币和硬币。外币是指在中华人民共和国境内可存取、兑换的其他国家（地区）流通中的法定货币。

假币是指不由国家（地区）货币当局发行，仿照货币外观或者理化特性，足以使公众误辨并可能行使货币职能的媒介。假币包括伪造币和变造币。伪造币是指仿照真币的图案、形状、色彩等，采用各种手段制作的假币。变造币是指在真币的基础上，利用挖补、揭层、涂改、拼凑、移位、重印等多种方法制作，改变真币原形态的假币。

假币收缴是指金融机构在办理存取款、货币兑换等业务过程中，对发现的假币通过法定程序强制扣留的行为。

二、假币收缴的操作流程

（一）收缴程序及工作要领

1. 金融机构柜面发现假币的收缴程序和要求

（1）双人当面办理。金融机构柜面发现假币后，应当由2名以上具备货币鉴别能力的业务人员当面予以收缴。“双人”是指收缴假币要有两名或两名以上业务人员在场，互相复核；“当面收缴”是指假币收缴的所有环节必须在被收缴人视线范围内进行。

（2）被收缴人不能接触假币。在实际收缴过程中，被收缴人往往要求对收缴的假币进行再辨认，极个别的被收缴人可能会借机不再返还给收缴人员。因此，为防止假币再次流入社会，收缴人员不应将假币交回被收缴人，可以隔着柜台玻璃供其辨认，耐心解释假币特征，并向被收缴人告知申请鉴定和行政复议或提起行政诉讼的权利。

（3）被收缴假币的处理方式。对假人民币纸币，应该在被收缴人视线可及范围内加盖“假币”印章（如图3-1所示）；对假外币纸币及各种假硬币，要当面以统一格式的专用封装袋加封，封口处加盖“假币”印章，在专用袋上标明币种、券别、版别、张（枚）数、冠字号码、收缴单位等细项。并加盖经办人、复核人名章（如图3-2所示）。

假币印章规格尺寸为5厘米（长）× 2.5厘米（宽），其中印章上方为“假币”字样，下方为14位金融机构编码。印章使用蓝色油墨，在假币正面竖直压盖于票面左侧水印处，在背面平行压盖于票面中间位置。

假 币

× × × × × × × × × × × × × ×

1.“××××××××××××××”为金融机构编码；
2. 印章尺寸：5.0厘米（长）×2.5厘米（宽）；
3.“假币”字样为宋体小一号字加粗；
4. 若同一机构需刻制多个印章，印章编码为该金融机构编码后直接加一个大写英文字母（依照字母顺序从A开始），依此类推。

图3-1 “假币”印章式样

收缴（没收）假币专用封装袋样式

（正面格式）

收缴（没收）假币专用封装袋

本袋内所封假币：
收缴（没收）单位：________________
币种：__________ 版别：__________
券别：__________ 张（枚）数：__________
冠字号码（如有）：________________
____
经办人（名章）__________ 复核人（名章）__________
封装日期：________________
说明：1.根据《中国人民银行货币鉴别及假币收缴、鉴定管理办法》，银行业金融机构收缴假外币纸币和各种硬币，应当当面统一以本专用袋加封；银行业金融机构清分过程中发现的假币，应当统一以本专用袋加封。
2.中国人民银行分支机构没收钞票处理业务过程中发现的假币，应当统一以本专用袋加封。
3.封口处加盖“假币”字样戳记。

折叠封口

（专用袋尺寸规格为：22厘米×14厘米，材质规格为厚牛皮纸，透明区为塑料薄膜）

（背面格式）

透 明 区

（透明区尺寸规格为：14厘米×8厘米，位置居背面正中）

图3-2 收缴（没收）假币专用封装袋

（4）出具收缴凭证。收缴单位向被收缴人出具按照中国人民银行统一规范制作的《假币收缴凭证》。《假币收缴凭证》一式二份，应填写币种、券别、版别、张（枚）数、冠字号码、金额等，相同币种、版别、券别，且冠字号码重号或连号的，可合并张数、金额填写在同一栏内。凭证编号为14位金融机构编码+4位年份+4位（至少）业务流水号。经收缴人、复核人盖章，持有人签字，并加盖收缴单位业务公章后，收缴单位和被收缴人各持一份。收缴凭证如图3-3所示。《假币收缴凭证》之所以要注明以上项目，主要是要确定收缴凭证和假币形成一一对应的关系，确保收缴的钞票不可调换，防止造成纠纷。

假 币 收 缴 凭 证

______年____月____日　　　　　　　　编号：

收缴单位（盖章）：　　　　　　　　　　　　　　　　联系电话：

<table>
<tr><td rowspan="2">□被收缴人为个人</td><td colspan="2">姓名：</td><td colspan="3">联系方式（选填）：</td></tr>
<tr><td colspan="2">有效证件类型：</td><td colspan="3">有效证件号码：</td></tr>
<tr><td rowspan="3">□被收缴人为单位</td><td colspan="5">单位名称：</td></tr>
<tr><td colspan="2">单位经办人姓名：</td><td colspan="3">单位经办人联系方式（选填）：</td></tr>
<tr><td colspan="2">单位经办人有效证件类型：</td><td colspan="3">单位经办人有效证件号码：</td></tr>
<tr><td>币种</td><td>券别</td><td>版别</td><td>冠字号码（如有）</td><td>数量（张、枚）</td><td>金额（元）</td></tr>
<tr><td></td><td></td><td></td><td></td><td></td><td></td></tr>
<tr><td></td><td></td><td></td><td></td><td></td><td></td></tr>
<tr><td></td><td></td><td></td><td></td><td></td><td></td></tr>
<tr><td></td><td></td><td></td><td></td><td></td><td></td></tr>
<tr><td></td><td></td><td></td><td></td><td></td><td></td></tr>
<tr><td colspan="4">合　计</td><td></td><td></td></tr>
<tr><td colspan="6">备注：</td></tr>
<tr><td colspan="6">被收缴人（被收缴个人或被收缴单位经办人）签字：　　　　日期：</td></tr>
<tr><td colspan="3">经办:</td><td colspan="3">复核:</td></tr>
<tr><td colspan="6">说明：
1. 根据《全国人民代表大会常务委员会关于惩治破坏金融秩序犯罪的决定》《中华人民共和国人民币管理条例》《中国人民银行货币鉴别及假币收缴、鉴定管理办法》，对持有人所持假币予以收缴。
2. 被收缴人如对被收缴货币的真伪有异议，可自收缴之日起3个工作日内持本凭证直接或者通过收缴单位向当地鉴定单位提出书面鉴定申请。
3. 被收缴人如对收缴程序有异议，可自收到本凭证之日起60日内持本凭证向直接监管该银行业金融机构的中国人民银行分支机构申请行政复议，或者依法提起行政诉讼。
4. 本凭证一式二份，收缴单位和被收缴人各持一份。
5. “有效证件类型”包括中华人民共和国居民身份证、户口簿、港澳居民来往内地通行证、台湾居民来往大陆通行证、港澳居民居住证、台湾居民居住证及外国公民护照、外国人永久居留身份证。
6. “版别”栏填写纸币或硬币上的年号。
7. 银行业金融机构清分中心收缴假币使用此凭证。</td></tr>
</table>

图3-3 《假币收缴凭证》式样

如果被收缴人拒绝签字或拒绝提供身份信息，收缴人可以在收缴凭证上注明“被收缴人拒签”或“被收缴人拒绝提供”。

（5）收缴单位履行告知义务。被收缴人的权利有两项：一是鉴定权。被收缴人如对被收缴货币的真伪有异议，可以自收缴之日起 3 个工作日内，持《假币收缴凭证》直接或者通过收缴单位向当地鉴定单位提出书面鉴定申请。二是复议或诉讼权。被收缴人如对假币收缴的程序有异议，可在收到《假币收缴凭证》之日起60日内向直接监管该金融机构的中国人民银行分支机构申请行政复议，或者依法提起行政诉讼。告知可采取口头告知形式，也可以引导被收缴人阅读《假币收缴凭证》上的说明。

（6）金融机构在办理假币收缴业务时发现可疑情况的报告机制。金融机构在收缴假币过程中有下列情形之一的，应当立即报告当地中国人民银行分支机构和公安机关：①一次性发现假币5张（枚）以上和当地中国人民银行分支机构和公安机关发文另有规定的两者较小者；②利用新的造假手段制造假币；③获得制造、贩卖、运输、持有或者使用假币线索；④被收缴人不配合金融机构收缴行为；⑤中国人民银行规定的其他情形。

上述第一条强调“5张（枚）和当地人民银行分支机构和公安机关发文另有规定的两者较小者”，是考虑到不同地区业务实际需要，将报告数量的下限制定权交给地方，确保人民银行分支机构和地方公安机关掌握更全面的假币数据信息。

（7）假币收缴应当在监控下实施，监控记录保存期限不得少于3个月。

（8）收缴过程中要注意工作态度。在收缴过程中，被收缴人往往具有抵触情绪，这就需要办理收缴业务的工作人员在依法行使收缴权的同时，耐心细致地做好解释工作，做到有理有据有节，避免发生不必要的纠纷，影响工作开展和金融机构的声誉。

2. 金融机构清分中心发现假币的收缴程序和要求

金融机构现金清分中心（以下简称清分中心）是指金融机构设置的有专门场所、配备专职人员和现金清分设备、专门从事现金清分工作的部门。清分中心发现假人民币（以下简称假币）时应当按照《工作规程》进行收缴。

金融机构在清分过程中发现假币后，应当比照假外币纸币及各种假硬币的收缴方式，由2名以上业务人员予以收缴。清分中心发现假人民币纸币不加盖假币印章，比照《办法》中对假外币和假人民币硬币的收缴规定进行管理，主要目的是不破坏假币形态，以便用于现金处理设备检测和反假货币培训等相关工作。具体的收缴程序如下：

（1）清分中心操作员在清分回笼现金（包括从金融机构网点及上门收款的企事业单位缴存现金）中发现可疑的人民币，应立即向现场负责人报告，并换人复核，经鉴别确认是假币的，应比照假外币和假硬币的处理办法予以封装，并单独妥善保管。

（2）清分中心在清点网点缴存的现金中发现假币时，直接办理收缴并指定专人保管，不得退还给网点，应在3个工作日内向人民银行当地分支机构报告并报送假币实物。

（3）清分中心在上门收款的企事业单位缴存现金中发现假币时，直接办理收缴，开具《假币收缴凭证》。实行社会化清分的地区，由于社会化清分中心自身不具备假币收缴权，应按照“谁的钞票谁负责”的基本原则，由收入该假币的金融机构工作人员办理假币收缴业务。

（4）假币收缴应当在监控下实施，监控记录保存期限不得少于3个月。

（二）实物管理

金融机构应当对收缴的假币实物按照关注类和普通类分类进行单独管理，并建立假币收缴代保管登记制度，坚持账实分管原则，确保账实相符。

1. 假币实物的保管。金融机构保管假币应当遵守以下要求：

（1）单独保管假币实物，假币实物应入库（柜、箱）并由专人管理。

（2）建立假币收缴代保管登记制度，在《假币收缴代保管登记簿》（如图3-4所示）逐笔登记假币收缴情况，所登记的假币实物情况应与原始的收缴凭证记载一致。对于每笔解缴、接收业务，交接双方应分别及时在电子或纸质的假币代保管登记簿上记录解缴与接收的假币。

假币收缴代保管登记簿

单位名称　　　　　　　　　　　　　　　　　　　　　　　　　　年　　第　　页

日期	时间	版别	券别	冠字号码	张（枚）数	收缴凭证号码	收缴人	上缴日期	备注

注：此登记簿为参考格式。

图3-4　假币收缴代保管登记簿

（3）坚持账实分管，假币实物的保管人员与《假币收缴代保管登记簿》保管人员不得互相兼任。在办理假币解缴、接收业务时，账实人员应共同操作，及时登记《假币收缴代保管登记簿》，确保账实相符。

（4）金融机构清分中心发现假人民币不加盖“假币”印章，比照《办法》关于假外币和假人民币硬币的处理办法予以封存，应严格按照账实分开、定期核对的原则进行管理，确保假币账实相符。

2. 假币解缴。金融机构收缴的假币均需解缴到当地人民银行进行统一销毁。根据假币收缴来源的不同，对假币实物的解缴处置有所区别。

（1）金融机构柜面收缴假币的解缴应遵循以下要求：

①网点向上级行、金融机构向当地人民银行解缴假币应做到每月至少1次。

②严密假币解缴的交接手续，交接双方应使用《假币解缴清单》，要素包括：日期、编号、解缴单位、接收单位、经办、复核人员、调运人、接收单位经办人签收、签收日期等，统一用A4纸打印，解缴、接收双方单位印章（或业务用章）和经办人名章（如图3-5所示）。假币解缴单一式二联，第一联和第二联均应有解缴、接收双方单位印章（或业务用章）和经办人名章。对于每笔解缴、接收业务，交接双方应分别及时在各自的假币收缴代保管登记簿上登记解缴与接收假币的内容。

③解缴假人民币应将关注类和普通类分开上缴。

假币解缴清单

日　　期：　　　　　　　　　　　　　　　　　　编号：

解缴单位：

接收单位：

总量清单				
币种	券别	版别	制作方式	数量合计
数量合计：	（小写）：（张、枚）			
	（大写）：（张、枚）			

经办：　　　　　　　　　　　　　　　　　　　复核人员：

调运人：

接收单位经办人签收：　　　　　　　　　　　　签收日期：

图3-5　假币解缴清单（示例）

（2）金融机构清分中心发现假币的解缴按以下要求办理：

①对清分中心发现的假币集中整理。

②按伪造币和变造币分开封装，随同解缴单的电子和纸质文档，一并解缴到当地人民银行分支机构。

③县域银行清分中心发现假币解缴到当地人民银行的时间应适当提前。已接入人民银行反假货币信息系统（二代）的金融机构清分中心发现假币的收缴与解缴业务，应统一在本行反假货币信息系统中办理。

④金融机构清分中心在清分网点缴存现金中发现的假币，应按照规定在3个工作日内向人民银行当地分支机构报告并解缴假币实物。清分以上门收款等方式直接接受客户的现金，按月解缴。假币收缴工作流程如图3-6所示。

三、法律责任和行政处罚

1. 根据《办法》第三十三条的规定（收缴业务相关的），金融机构开展货币鉴别和假币收缴，中国人民银行及其分支机构授权的鉴定机构开展假币鉴定业务，有下列行为之一，但尚未构成犯罪，涉及假人民币的，按照《中华人民共和国人民币管理条例》第四十四条的规定予以处罚；涉及假外币的，处以1000元以上3万元以下的罚款。

……

（4）未按本办法规定建立货币鉴别及假币收缴、鉴定内部管理制度和操作规范的；

……

（7）发现假币而不收缴的；

（8）未按本办法规定收缴假币的；

（9）未按本办法规定将假币解缴中国人民银行分支机构的；

（10）违反本办法第十六条规定，应当向公安机关报告而不报告的；

……

（13）不当保管、截留或者私自处理假币，或者使已收缴、没收的假币重新流入市场的。

2. 根据《办法》第三十四条的规定（收缴业务相关的），金融机构开展货币鉴别和假币收缴，中国人民银行及其分支机构授权的鉴定机构开展假币鉴定业务，有下列行为之一，但尚未构成犯罪，涉及假人民币的，按照《中华人民共和国中国人民银行法》第四十六条的规定予以处罚；涉及假外币的，处以1000元以上3万元以下的罚款：

……

（4）违反本办法第十六条规定，应当向中国人民银行分支机构报告而不报告的；

……

（6）未按本办法规定对现金机具、人员培训、冠字号码以及假币收缴鉴定业务等进行数据管理，并报送中国人民银行或其分支机构的。

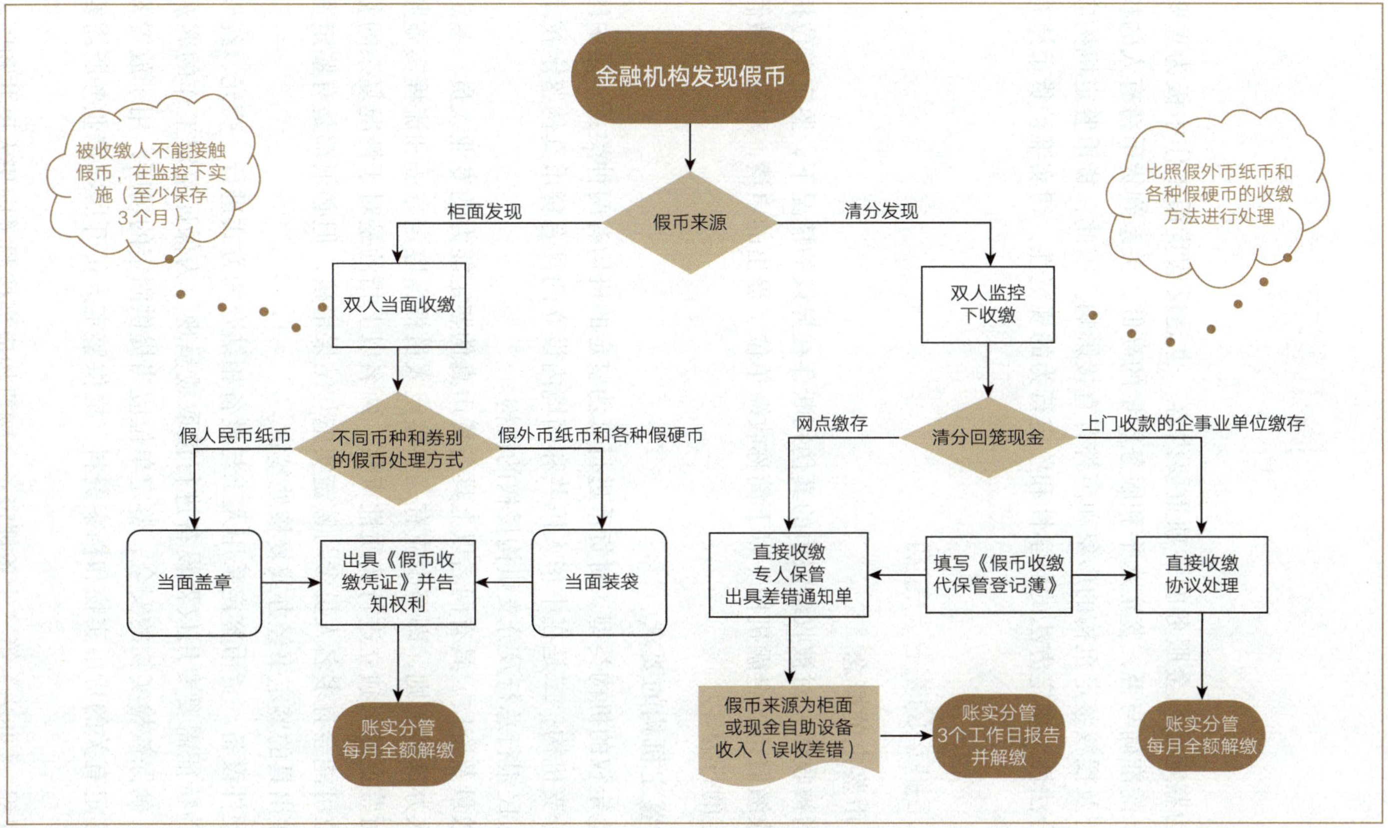

图3-6　假币收缴工作流程

第三节　假币鉴定

货币真伪鉴定是现金服务的一项重要内容，也是反假货币工作中极为重要的环节。鉴定结果的准确与否，鉴定水平和服务质量的高低，关系到货币持有人的权益，也对人民银行及授权鉴定机构的形象和声誉有直接影响。因此，货币鉴定机构应确保鉴定程序的合法性、鉴定方法的科学性和鉴定行为的规范性，切实维护货币持有人的合法权益。

一、假币鉴定的责任与条件

（一）假币鉴定的概念

鉴定是指被收缴人对被收缴假币的真伪判断存在异议的情况下，鉴定单位根据被收缴人或者收缴假币的金融机构（以下简称收缴单位）提出的申请，对被收缴假币的真伪进行裁定的行为。

（二）对鉴定机构的要求

1. 拥有鉴定权的机构类型。对货币进行真伪鉴定的机构有两种类：一是中国人民银行总行及分支机构；二是在中华人民共和国境内设立的具有货币真伪鉴定技术与条件，经中国人民银行总行及分支机构授权的机构。

2. 人员数量及资质。具有两名以上具备货币真伪鉴定能力的专业人员。鉴定业务必须坚持双人办理的原则，即至少应有一名鉴定人员根据鉴定方法和流程实施鉴定，另一名人员对鉴定结果独立进行实质性审核。两名以上指的是对于情况复杂的鉴定业务，鉴定单位可能会有多名人员参与鉴定实施与结果审核，但必须都是有鉴定资质的人员，并应在出具的鉴定书经办或复核处签章。

3. 场所硬件设备。货币鉴定采用人工与设备相结合的方式进行，荧光、红外、磁性等专业防伪特征需要专用仪器设备进行读取或呈现。为保证鉴定工作的客观、公正和严肃性，确保被检实物的安全，鉴定单位应当提供固定的场所，用于放置鉴定设备，保管与鉴定有关的货币实物和档案资料，提供鉴定人员开展鉴定业务所需要的基本条件等。

4. 操作规程。《办法》第三十条规定：金融机构应当按照《中华人民共和国人民币管理条例》和《中国人民银行货币鉴别及假币收缴、鉴定管理办法》的相关规定，建立货币鉴别及假币收缴、鉴定内部管理制度和操作规范。

鉴定内部管理制度包括人员配备情况、岗位分工和职责、人员培训、鉴定场所的功能及配置、仪器设备的维护和保养、人员进出管理、安全管理、卫生管理、重要物品管理、授权鉴定范围与授权书的公示与管理等规定。

操作规范包括鉴定的申请与受理、向被收缴人告知权利、检验实施的程序及流程、复核与复检、鉴定结果的处理、鉴定物品的保管及档案管理等规范。

（三）对鉴定机构的授权

1. 授权对象范围。按照《办法》第二条规定，中国人民银行及其分支机构和其授权的鉴定机构鉴定货币真伪。人民银行可积极引导、指导开展现金相关业务的机构对照鉴定机构要求，结合自身需要和具备的条件，加强鉴定能力建设。

2. 授权程序。对符合鉴定机构的要求条件，报请人民银行验收合格的，由人民银行及其分支机构给予颁发授权证书（授权书如图3-7所示）。人民银行及其分支机构应当公示授权的鉴定机构名录。授权的鉴定机构应当公示授权证书和鉴定业务范围。

编号：x000000 号

中国人民银行　　　　　分行（中心支行）货币真伪鉴定授权书

（被授权鉴定机构名称）：

根据《中国人民银行货币鉴别及假币收缴、鉴定管理办法》，授权你单位为货币真伪鉴定机构。鉴定业务范围包括：

1.

2.

3.

……

授权有效期自____年____月____日至____年____月____日。

特此授权。

（行章）

年　月　日

被收缴人对办理存取款和货币兑换业务的银行业金融机构收缴货币的真伪有异议，持有《假币收缴凭证》直接或通过收缴单位向你单位申请鉴定的，由你单位无偿给予鉴定。

图3-7　中国人民银行货币真伪鉴定授权书

二、假币鉴定的操作流程

（一）鉴定的申请及受理

被收缴人对被收缴货币的真伪有异议的，可以自收缴之日起 3 个工作日内，持《假币收缴凭证》直接或者通过收缴单位向当地鉴定单位提出书面鉴定申请，申请书格式如图3-8所示。

货币真伪鉴定申请书

年　　月　　日　　　　　　　　　　编号：

<table>
<tr><td rowspan="4">□被收缴人为个人</td><td>被收缴人姓名：</td><td>被收缴人联系电话：</td></tr>
<tr><td>被收缴人有效证件类型：</td><td>被收缴人有效证件号码：</td></tr>
<tr><td>代办人姓名：</td><td>代办人联系电话：</td></tr>
<tr><td>代办人有效证件类型：</td><td>代办人有效证件号码：</td></tr>
<tr><td rowspan="3">□被收缴人为单位</td><td colspan="2">单位名称：</td></tr>
<tr><td>单位经办人姓名：</td><td>单位经办人联系电话：</td></tr>
<tr><td>单位经办人有效证件类型：</td><td>单位经办人有效证件号码：</td></tr>
<tr><td colspan="2">假币收缴凭证编号：</td><td>原真伪鉴定书编号：</td></tr>
<tr><td colspan="2">收缴单位：</td><td>收缴单位联系电话：</td></tr>
<tr><td colspan="3">申请事由：

被收缴人（被收缴个人或被收缴单位经办人）签字：</td></tr>
<tr><td colspan="3">说明：
1. 根据《中国人民银行货币鉴别及假币收缴、鉴定管理办法》，被收缴人对被收缴货币的真伪有异议的，可以自收缴之日起3个工作日内，持假币收缴凭证直接或通过收缴单位向当地鉴定单位提出书面鉴定申请。
2. 被收缴人为个人时，被收缴人持本申请书、假币收缴凭证、被收缴人有效身份证件，提出鉴定申请。如被收缴人因故不能亲自提出申请，可委托代办人持书面委托证明、本申请书、假币收缴凭证、被收缴人有效身份证件复印件和代办人有效身份证件，提出鉴定申请。被收缴人为单位时，被收缴单位经办人持本申请书、假币收缴凭证、被收缴单位经办人有效身份证件，提出鉴定申请。
3. 通过收缴单位申请鉴定的，收缴单位经办人持本申请书、假币收缴凭证、收缴单位经办人有效身份证件、待鉴定货币、工作证，提出鉴定申请。
4. 本申请书用于被收缴人对在银行业金融机构办理存取款、货币兑换等业务过程中收缴的假币存在异议时进行鉴定或者再鉴定的申请。
5. 如有违反鉴定申请程序或超出鉴定单位鉴定项目范围等情形的，鉴定单位可以不予受理。
6.“有效证件类型”包括中华人民共和国居民身份证、户口簿、港澳居民来往内地通行证、台湾居民来往大陆通行证、港澳居民居住证、台湾居民居住证及外国公民护照、外国人永久居留身份证。
7. 被收缴人申请再鉴定，也应使用本申请书，并应填写“原真伪鉴定书编号”一栏。</td></tr>
</table>

图3-8　货币真伪鉴定申请书

金融机构有协助被收缴人向鉴定单位提出鉴定申请的义务，被收缴人可以委托其他人代理提出申请，被委托人除提供被收缴人上述证明材料外，还应提供本人身份证明及被收缴人委托证明。

人民银行及其授权的鉴定机构要无偿提供货币真伪鉴别服务，不得以任何理由收取鉴定费用。鉴定机构不能因为鉴定工作无经济效益而降低服务质量。

鉴定单位应履行告知义务，并提供相应的服务。鉴定单位告知义务内容包括：告知申请人业务受理的范围；告知申请人业务受理所需的时间，不受理还应即时回复不能受理的原因；告知申请人对送检样品进行鉴定时可能产生一些必要的损耗，须征得对方同意才能进行；其他应当告知的事项。相应的服务包括提供格式文书范本、提供申请业务指导等。鉴定单位在审核申请主体、申请资料完整性、需要鉴定的货币特征要素和申请时效等内容后，应当及时向被收缴人告知受理结果，不符合受理条件的，应一次性说明补充更正的要求，并及时进行答复，不得无故拒绝。

（二）鉴定的流程与时间要求

鉴定单位应当自收到鉴定申请之日起 2 个工作日内，通知收缴单位报送待鉴定货币。收缴单位应当自收到鉴定单位通知之日起 2 个工作日内，将待鉴定货币送达鉴定单位。鉴定单位给收缴单位的通知可以采取书面、电子邮件或电话等多种方式，并留存相应的记录。

鉴定单位鉴定时，应当至少有2名具备货币真伪鉴定能力的专业人员参与，并作出鉴定结论。双人鉴定原则是确保鉴定结果科学、准确的有效手段。鉴定人员向申请人说明鉴定结果时，要定性准确，不能含糊其词或敷衍推诿。遇到某些防伪特征遭到破坏的货币或制作手段特殊的假币，受技术条件或设备等因素限制，鉴定机构难以确定真伪，无法自行作出鉴定的，应及时向当地人民银行或鉴定行的上级行请示，当地人民银行或鉴定行的上级行应当尽快组织人力作出明确的鉴定结论。

鉴定单位应当自受理鉴定之日起15个工作日内完成鉴定并出具《货币真伪鉴定书》。因情况复杂不能在规定期限内完成的，可以延长至30个工作日，但应当以书面形式向收缴单位或者被收缴人说明原因。《货币真伪鉴定书》（鉴定书格式如图3-9所示）按照中国人民银行统一规范制作，并加盖货币鉴定专用章和鉴定人名章。鉴定单位应当从受理鉴定申请之日起计算鉴定时间起点，严格把控时间，确因鉴定任务困难需要延长时间的，必须书面说明原因。

（三）鉴定对象的处置

货币真伪鉴定完成以后，对不同的鉴定结果和不同的货币种类，有不同的处理办法。

1. 结果为真币的处置流程

（1）人民币纸币鉴定为真的处置流程。对盖有“假币”印章的人民币纸币，经鉴定为真币的，由鉴定单位交收缴单位按照面额兑换完整券退还被收缴人，并收回《假币收缴凭证》，盖有“假币”印章的人民币按不宜流通人民币处理。

（2）外币纸币和各种硬币鉴定为真的处置流程。对收缴的外币纸币和各种硬币，经鉴定为真币的，由鉴定单位交收缴单位退还被收缴人，并收回《假币收缴凭证》。

货币真伪鉴定书

鉴定单位（盖章）：　　　　　　　　　　　　年　　月　　日　　　　　　　　编号：

<table>
<tr><td rowspan="2">□被收缴人为个人</td><td colspan="2">姓名：</td><td colspan="3">联系方式（选填）：</td></tr>
<tr><td colspan="2">有效证件类型：</td><td colspan="3">有效证件号码：</td></tr>
<tr><td rowspan="3">□被收缴人为单位</td><td colspan="5">单位名称：</td></tr>
<tr><td colspan="2">单位经办人姓名：</td><td colspan="3">单位经办人联系方式（选填）：</td></tr>
<tr><td colspan="2">单位经办人有效证件类型：</td><td colspan="3">单位经办人有效证件号码：</td></tr>
<tr><td colspan="6">假币收缴凭证编码：</td></tr>
<tr><td colspan="3">收缴单位或原鉴定单位：</td><td colspan="3">原货币真伪鉴定书编号：</td></tr>
<tr><td>币种</td><td>券别</td><td>版别</td><td>冠字号码（如有）</td><td>数量（张、枚）</td><td>金额（元）</td></tr>
<tr><td></td><td></td><td></td><td></td><td></td><td></td></tr>
<tr><td></td><td></td><td></td><td></td><td></td><td></td></tr>
<tr><td></td><td></td><td></td><td></td><td></td><td></td></tr>
<tr><td></td><td></td><td></td><td></td><td></td><td></td></tr>
<tr><td></td><td></td><td></td><td></td><td></td><td></td></tr>
<tr><td colspan="4">合计</td><td></td><td></td></tr>
<tr><td colspan="6">鉴定结果：</td></tr>
<tr><td colspan="3">经办：</td><td colspan="3">复核：</td></tr>
<tr><td colspan="6">说明：
1. 根据《中国人民银行货币鉴别及假币收缴、鉴定管理办法》，被收缴人对鉴定机构作出的鉴定结果有异议，可在收到本鉴定书后60日内向鉴定机构所在地的中国人民银行分支机构申请再鉴定；被收缴人对中国人民银行分支机构作出的鉴定结果有异议，可以在收到本鉴定书后60日内向中国人民银行分支机构上一级机构申请再鉴定。
2. 本鉴定书一式三份，鉴定单位、收缴单位及被收缴人各持一份。
3. 首次鉴定和再鉴定均适用本鉴定书。
4.“收缴单位或原鉴定单位”栏，如为首次鉴定，填写收缴单位名称；如为再鉴定，将之前的鉴定单位依次列出。再鉴定需填写“原货币真伪鉴定书编号”。
5.“有效证件类型”包括中华人民共和国居民身份证、户口簿、港澳居民来往内地通行证、台湾居民来往大陆通行证、港澳居民居住证、台湾居民居住证及外国公民护照、外国人永久居留身份证。
6.“版别”栏填写纸币或硬币上的年号。</td></tr>
</table>

图3-9　货币真伪鉴定书

2. 结果为假币的处置流程

（1）人民币纸币鉴定为假的处置流程。对盖有“假币”印章的人民币纸币，经鉴定为假币的，由鉴定单位予以没收，并向收缴单位和被收缴人开具《货币真伪鉴定书》和《假人民币没收收据》（格式如图3-10所示）。

假人民币没收收据

年　　月　　日　　编号：

没收单位（盖章）：　　联系电话：

<table>
<tr><td rowspan="2">□被没收人为个人</td><td colspan="2">姓名：</td><td colspan="2">联系方式（选填）：</td></tr>
<tr><td colspan="2">有效证件类型：</td><td colspan="2">有效证件号码：</td></tr>
<tr><td rowspan="3">□被没收人为单位</td><td colspan="4">单位名称：</td></tr>
<tr><td colspan="2">单位经办人姓名：</td><td colspan="2">单位经办人联系方式（选填）：</td></tr>
<tr><td colspan="2">单位经办人有效证件类型：</td><td colspan="2">单位经办人有效证件号码：</td></tr>
<tr><td>券别</td><td>版别</td><td>冠字号码（如有）</td><td>数量（张、枚）</td><td>金额（元）</td></tr>
<tr><td></td><td></td><td></td><td></td><td></td></tr>
<tr><td></td><td></td><td></td><td></td><td></td></tr>
<tr><td></td><td></td><td></td><td></td><td></td></tr>
<tr><td></td><td></td><td></td><td></td><td></td></tr>
<tr><td></td><td></td><td></td><td></td><td></td></tr>
<tr><td colspan="3">合计</td><td></td><td></td></tr>
<tr><td colspan="2">鉴定单位：</td><td>鉴定日期：</td><td colspan="2">鉴定证书编号：</td></tr>
<tr><td colspan="3">被没收人（被没收个人或被没收单位经办人）签字：</td><td colspan="2">日期：</td></tr>
<tr><td colspan="3">收缴单位经办人签字：</td><td colspan="2">日期：</td></tr>
<tr><td colspan="2">经办：</td><td colspan="3">复核：</td></tr>
<tr><td colspan="5">说明：
1. 根据《中华人民共和国人民币管理条例》《中国人民银行货币鉴别及假币收缴、鉴定管理办法》，中国人民银行及其分支机构和其授权的鉴定机构对假币予以没收，并出具本收据。
2. 对于鉴定没收的假币，本收据一式三份，没收单位、收缴单位和被没收人各持一份。
3. 对于主动上交的假币，本收据一式二份，没收单位和被没收人各持一份，“鉴定单位”“鉴定日期”“鉴定证书编号”“收缴单位经办人签字”均不填。
4. 对于没收回笼券中的假币，本收据一式三份，没收单位、被没收人、钞票处理部门各持一份，“鉴定单位”“鉴定日期”“鉴定证书编号”“收缴单位经办人签字”均不填。
5.“有效证件类型”包括中华人民共和国居民身份证、户口簿，港澳居民来往内地通行证、台湾居民来往大陆通行证、港澳居民居住证、台湾居民居住证及外国公民护照、外国人永久居留身份证。
6.“版别”栏填写纸币或硬币上的年号。</td></tr>
</table>

图3-10　假人民币没收收据

（2）外币纸币和各种硬币鉴定为假的处置流程。对收缴的外币纸币和各种硬币，经鉴定为假币的，由鉴定单位将假币退回收缴单位依法收缴，并向收缴单位和被收缴人出具《货币真伪鉴定书》。

《货币真伪鉴定书》各要素要填写齐全，字迹清楚工整，并加盖货币鉴定专用章和鉴定人名章。要素齐全的《货币真伪鉴定书》方为有效鉴定凭证，鉴定机构及鉴定人要对鉴定结果负责。假币鉴定专用章、假币鉴定业务流程和假币鉴定结果处置流程分别如图3-11、图3-12和图3-13所示。

注：货币真伪鉴定专用章直径为3.8厘米。

图3-11　假币鉴定专用章样式

3. 再鉴定

再鉴定是对已经作出的鉴定结果重新进行裁定的行为，是被收缴人对鉴定结果有异议时所享有的一种救济手段，也是鉴定单位最大限度地保护被收缴人合法权益的一种处理方式。

被收缴人对授权的鉴定机构作出的鉴定结果有异议，可以在收到《货币真伪鉴定书》之日起60日内向鉴定机构所在地的中国人民银行分支机构申请再鉴定。

被收缴人对中国人民银行分支机构作出的鉴定结果有异议，可以在收到《货币真伪鉴定书》之日起60日内向中国人民银行分支机构的上一级机构申请再鉴定。

4. 档案管理

鉴定档案是记录和反映整个鉴定过程所产生的各类格式文书及相关的附件资料。鉴定档案管理遵循规范、科学原则，目的是最大限度地保证原始资料完整、科学有序地提升鉴定工作水平。

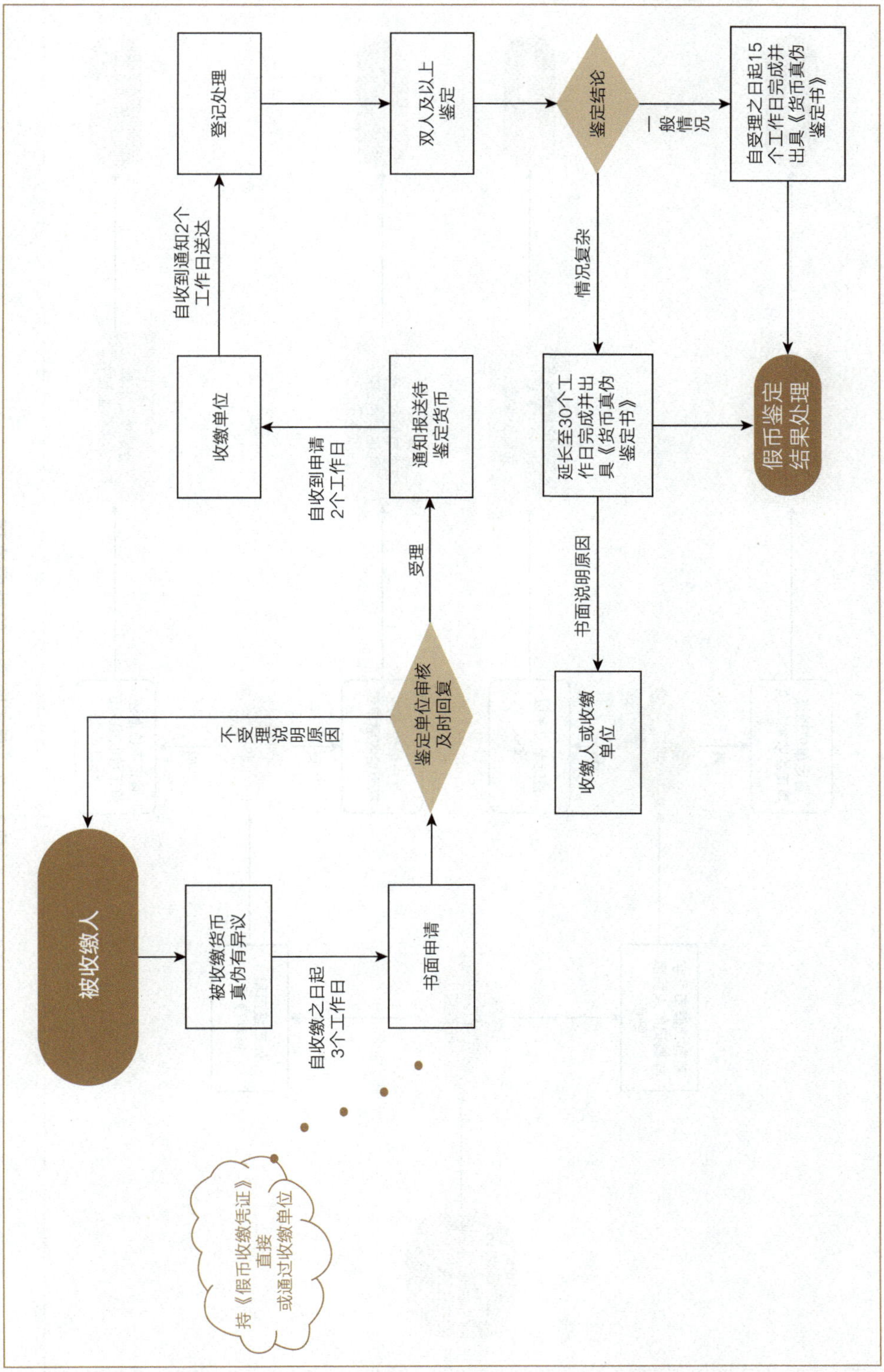

图3-12　假币鉴定业务流程

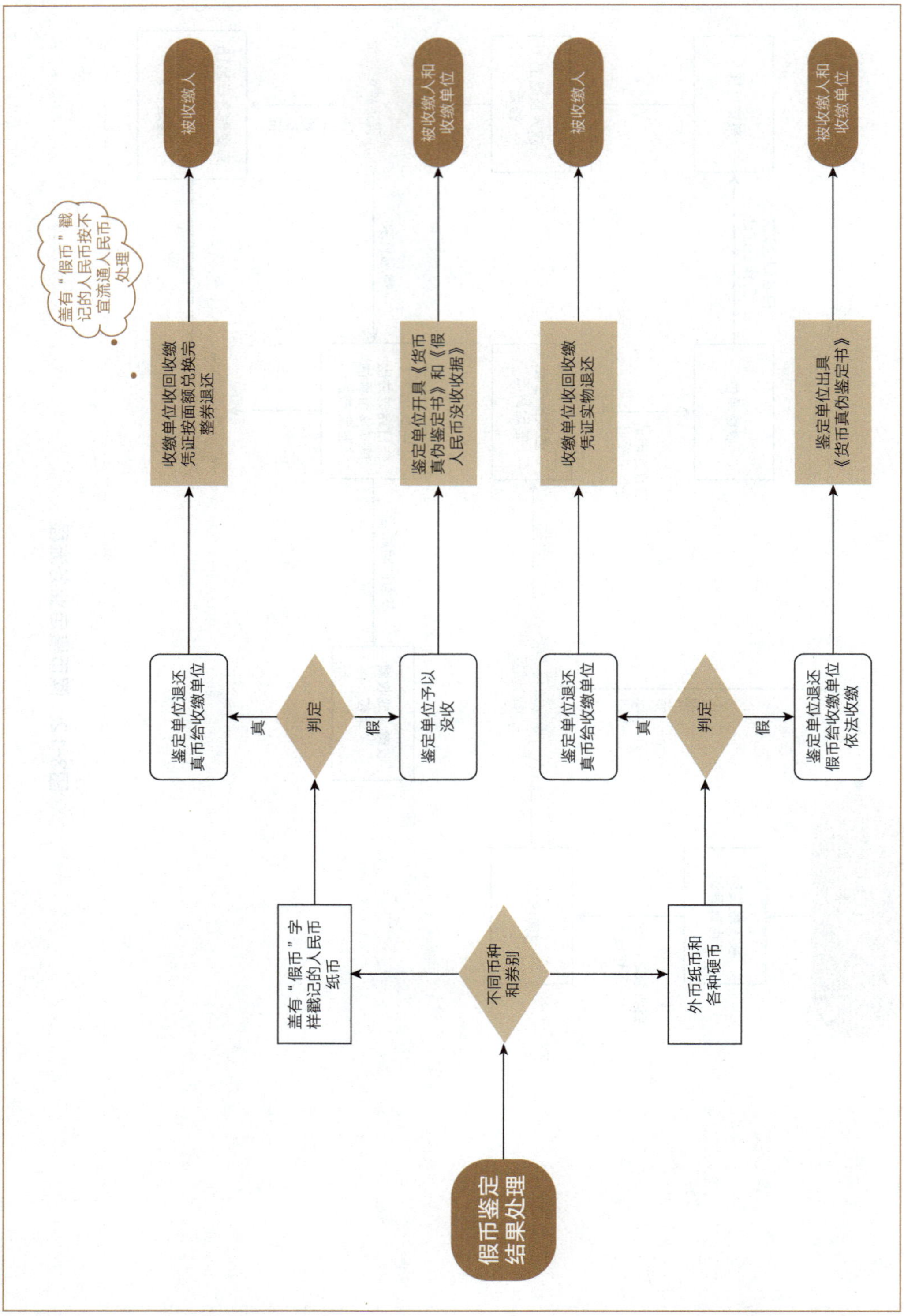

图3-13 假币鉴定结果处置流程

鉴定工作档案应包括鉴定形成的纸质资料和电子资料。《货币真伪鉴定申请书》《货币真伪鉴定书》统一用A4纸单页单面打印。纸质材料应以一案一档的方式归档管理，同时形成电子资料。纸质资料和电子资料保存期限为至少5年。

三、法律责任和行政处罚

1. 根据《办法》第三十三条规定（鉴定业务相关的），金融机构开展货币鉴别和假币收缴，中国人民银行及其分支机构授权的鉴定机构开展假币鉴定业务，有下列行为之一，但尚未构成犯罪，涉及假人民币的，按照《中华人民共和国人民币管理条例》第四十四条的规定予以处罚；涉及假外币的，处以1000元以上3万元以下的罚款：

……

（11）无故拒绝受理收缴单位或者被收缴人提出的货币真伪鉴定申请的；

（12）未按本办法规定鉴定货币真伪的；

（13）不当保管、截留或者私自处理假币，或者使已收缴、没收的假币重新流入市场的。

2. 根据《办法》第三十四条规定（鉴定业务相关的），金融机构开展货币鉴别和假币收缴，中国人民银行及其分支机构授权的鉴定机构开展假币鉴定业务，有下列行为之一，但尚未构成犯罪，涉及假人民币的，按照《中华人民共和国中国人民银行法》第四十六条的规定予以处罚；涉及假外币的，处以1000元以上3万元以下的罚款：

……

（7）未公示鉴定机构授权证书或者鉴定业务范围的。

3. 根据《办法》第三十六条规定（鉴定业务相关的），中国人民银行及其分支机构工作人员有下列行为之一，但尚未构成犯罪的，对直接负责的主管人员和直接责任人员，依法给予行政处分：

（1）无故拒绝受理收缴单位、被收缴人或者中国人民银行及其分支机构授权的鉴定机构提出的货币真伪鉴定申请的；

（2）未按本办法规定鉴定假币的；

（3）不当保管、截留或者私自处理假币，或者使已收缴、没收的假币重新流入市场的。

04

第四章 假币纠纷解决机制

办理人民币存取款业务的金融机构借助冠字号码识别技术的应用，记录、存储人民币纸币冠字号码，建立起完善的涉假纠纷解决机制。当金融消费者（包括自然人、法人或者其他组织）对取款钞票真伪有异议时，通过申请查询涉假钞票的冠字号码以及其他辅助手段，来判定假钞是否由金融机构付出。金融机构借助人民币冠字号码查询这一科学客观的手段解决涉假纠纷，切实保护了金融消费者的合法权益，全面提高了金融机构现金服务水平。

第一节　冠字号码管理

一、冠字号码识别技术及其应用

（一）冠字号码

冠字号码是印制在钞票上的一组字母和数字序列。因为真钞的冠字号码具有唯一性，为追溯纸币流转轨迹，解决涉假纠纷提供了一种客观物证。冠字号码的排列方式有多种，以2005年版第五套人民币100元券为例，可见的冠字号码排列方式有“AA23456789”“A2A3456789”等。

（二）冠字号码识别技术的应用

冠字号码识别技术是一种信息追踪技术的扩展而不是防伪技术，金融机构在现金收付、处理业务中应用该项技术，借助现金设备或冠字号码系统记录保存的钞票冠字号码信息，解决取款人对所取钞票真伪的异议问题。具体做法是，当取款人对银行所取钞票的真伪存疑时，可以向付款行申请查询冠字号码。银行通过取款人提供的有关资料信息，在冠字号码管理信息系统中查询，提取取款人所取现金的冠字号码，与取款人持有的钞票冠字号码进行核对，告知取款人查询结果。

目前能够识别冠字号码的机具主要有点验钞机、清分机、部分已加装记录模块的ATM、CRS等。

二、冠字号码的记录与关联

金融机构收付现金有三个渠道：营业网点柜台、取款机和存取款一体机。通过这三种渠道收付的现金可以在业务发生时使用有识别、记录模块的现金处理设备记录其冠字号码，实现冠字号码与相应的业务匹配；也可以采取后台记录方式，通过手工匹配或系统自动关联，实现配款跟踪记录。目前人民银行要求记录的是人民币100元、50元券和美元等主要外币现钞的冠字号码。

（一）网点柜台渠道的记录与关联

记录与关联方式有三种：

1. 网点柜台机具记录冠字号码，所接入的冠字号码管理系统与银行核心系统数据交互。在办理收付业务时，机具记录的每笔存取款冠字号码通过业务流水号与该笔客户业务信息关联匹配，而且与现钞冠字号码一一对应。

2. 网点柜台机具接入的冠字号码信息系统没有与银行核心系统关联，记录的每笔存取款的冠字号码必须根据业务发生及冠字号码记录的时间进行人工匹配，也能做到与现钞冠字号码一一对应。

3. 后台机具记录冠字号码，在收配款交接环节，通过系统或手工与网点信息关联，但与每笔存取款业务的客户信息无关联。

（二）取款机渠道的记录与关联

记录与关联方式有两种：

1. 取款机本机记录。对每笔取款业务记录冠字号码，达到冠字号码记录、取款设备与客户业务信息的关联，而且与现钞冠字号码一一对应。

2. 后台机具记录冠字号码。通过系统或手工方式，关联清分冠字号码记录与取款机设备，但与每笔取款业务的客户信息无关联。

（三）存取款一体机渠道的记录与关联

存取款一体机记录与关联方式与取款机相同，也是两种：

1. 本机记录每笔业务冠字号码并与客户业务信息关联，而且与现钞冠字号码一一对应。

2. 由后台清分设备记录冠字号码，在收配款交接环节与网点信息和设备关联，但不能与每笔客户业务信息关联。

三、对不同来源现钞冠字号码的记录方式

以谁记录谁负责、确保冠字号码可追溯查询为原则。

（一）本行清分并对外支付的现金，由本行负责记录冠字号码。

（二）委托他行或社会清分机构清分后调入，由本行对外支付的现金，根据双方协议，确定一方记录、存储冠字号码，以保证冠字号码可追溯查询。

（三）从人民银行调入和金融机构相互取款业务调入，由本行对外支付的现金，可采取以下措施：再次清点，重新记录冠字号码；配备相应软硬件，实现冠字号码信息流与现金实物流的同步交接。

四、冠字号码查询信息系统功能与数据要素

金融机构每天在现金处理业务中产生大量的冠字号码记录，通过原始文件记录去查询检索，难以追踪现钞流转轨迹；数据文件格式不统一，无法实现跨行业务实物流与信息流的同步与共享；调出行与调入行为避免出现差错和假币，要重复记录冠字号码。人民银行要求金融机构建立一个高效完善的数据管理系统，对冠字号码进行收集、存储、处理，利用现钞处理设备生成格式统一、要素规范的数据文件，支持对外查询与对内检索，提高数据的共享与管理效率。

（一）冠字号码数据格式与要素

冠字号码记录文件由现金处理机具生成，包括钞票的币种、版别、面额、冠字号码以及记录该号码的机具相关信息，文件格式为FSN文件，至少包括以下12项数据要素：

1. 验钞启动日期：机器开始点验钞的日期。

2. 验钞启动时间：机器开始点验钞的时间。

3. 真、假、残和旧币标志：残、旧只适用于清分设备。

4. 错误码：表示最多3组假币特征码。第1~36位：鉴别功能状态及鉴别结果标识。依据《人民币现金机具鉴别能力技术规范》（JR/T 0154—2017）中18项纸币可机读识别防伪特征（附件1）顺序填写，每项防伪特征对应2bit，其中，第一位表示机具的该项机读防伪特征鉴别功能的状态，功能正常开启，则为“1”，否则为“0”；第二位表示该项机读防伪特征的鉴别结果，如该防伪特征识别结果为可疑，则记为“1”，否则为“0”，依此类推。

5. 货币标志，即币种标志。

6. 版本号，即货币年版，如人民币此项值为0、1、2、3、4，分别代表1990、1999、2005、2015、2019五个年版，可根据实际换版情况扩展。其他币种不考虑年版。

7. 币值，即货币面额。

8. 冠字号码字符数：指冠字号码个数。

9. 冠字号码：12位字母加数字组合。

10. 机型编号：机型使用厂商既定的机型命名规则，编号为该机具的产品序列号。

11. 保留字1：定义机型+编号及机型的字符长度，以及设备类别（存取款一体机、点钞机、取款机或兑换机具）。

12. 冠字号码图像。

近年来，根据人民银行对冠字号码信息系统功能拓展的要求，冠字号码记录要素增加了业务类型、钞票类型、机具类型等项。

（二）冠字号码查询信息系统的功能

1. 能导入本行、其他金融机构或社会化清分机构现金处理设备输出的FSN文件，并且能按照人民银行或金融机构上级行的要求导出相应格式文件。

2. 能区分现金收入和付出业务类型，以及关联客户业务信息。通过系统设置，金融机构柜面或自助机具处理每笔现钞业务时按现金收入和付出两种业务类型，采集、存储冠字号码数据。通过银行核心系统与冠字号码信息系统数据交互，关联客户业务流水号与冠字号码信息，实现与客户业务信息的关联。

3. 能关联冠字号码与所在捆、包号，实现跨行调款或行内配款流程跟踪，减少重复操作。金融机构每笔清分款项以捆为单位，每捆现钞冠字号码生成一个FSN文件，若干捆为一个包，通过系统将对应的捆冠字号码打包压缩生成GZH文件，该文件描述了冠字号码、捆、包关系及流转信息。如果是金融机构行内配款流转，冠字号码信息系统要具备以下功能：清分钞票以捆为单位输出冠字号码数据，单独打包；通过系统设置，关联冠字号码、捆号码、钞箱号码及取款机号码。

4. 支持冠字号码数据信息的精确查询和模糊查询。精确查询是指输入待查冠字号码、取款业务办理证件号等完整信息进行查询。模糊查询是指输入待查冠字号码的部分字符、取款时间段等不完整信息或模糊信息，从查询到的结果中再搜索是否包含待查现钞的查询方式。冠字号码系统应当能支持这两种查询方式。

5. 冠字号码文件采用SFTP（安全文件传输协议）方式传送和接收。

6. 为人民银行分支机构预留数据接口。

7. 留存查询日志，确保系统数据的安全。

五、冠字号码查询贴标

（一）冠字号码查询贴标的定义

冠字号码查询贴标，是指在金融机构网点柜台或自助机具上张贴统一标识，向公众告知柜台或设备可以提供冠字号码查询服务，以及冠字号码查询的目的。在金融机构柜台和自助设备张贴冠字号码可查询标识，是为了更好地维护金融消费者持币权益，引导金融机构进一步完善涉假纠纷举证工作机制。

（二）标识分类

按照取款钞票是否与记录的冠字号码逐笔对应，即冠字号码是否与交易信息一一对应，标识分为蓝色标识和黄色标识。

蓝色标识（如图4-1所示）代表通过该柜台或自助设备办理的取款业务信息与冠字号码记录关联，能在假币纠纷中向客户提供所取现钞的冠字号码文本及图像信息，而且与现钞的冠字号码能一一对应。

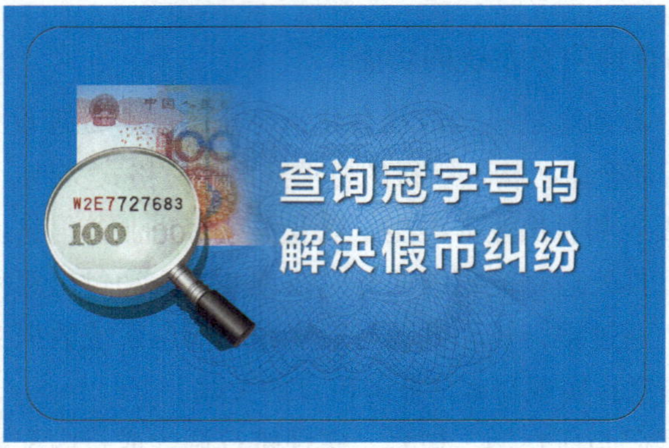

图4-1 蓝色标识

黄色标识（如图4-2所示）表示通过该柜台或自助设备办理的取款业务，通过查询系统可以提供业务发生当天（或时段）各钞箱或该柜台所有现钞的冠字号码文本及图像信息，但在假币纠纷中无法向客户提供与所取现钞冠字号码一一对应的冠字号码记录。

图4-2 黄色标识

（三）贴标要求

1. 冠字号码查询标识由人民银行统一组织设计，标识应张贴在金融机构存取款设备正面、上部明显位置，以及柜台窗口明显位置。

2. 金融机构对自查合格、符合分类贴标要求的自助设备及柜台向当地人民银行申报，经抽查核实，符合分类贴标要求的，张贴相应的标识。不符合分类贴标要求的设备和柜台要积极整改力争达到贴标要求。

3. 在人民银行指导下做好分类贴标后续管理工作，定期或不定期抽查已贴标设备和柜台冠字号码记录存储情况，确保分类贴标真实有效。

六、冠字号码检索与数据管理

（一）冠字号码检索与工作要求

检索是金融机构对本行冠字号码查询工作进行核查的一种方式，通过检索各个渠道收付现钞的冠字号码信息，了解掌握冠字号码查询系统的运行情况。

冠字号码检索与查询都是通过冠字号码查询系统查证冠字号码记录是否真实、完整，从操作方式看二者相同，但具体流程和应用范围有所区别：冠字号码检索是金融机构检索人员从柜台或自助设备存入或取出现钞，登录系统查证是否有相应的冠字号码记录，来检验系统记录的准确性、完整性，它是一种主动的业务行为，是金融机构内部检验冠字号码查询工作的一种日常预防性检查手段。而冠字号码查询是解决假币纠纷的一种举证方式，是金融机构对冠字号码查询人提供的无偿服务。关于查询的流程与结果处置，详见本章第二节。

金融机构应当按照以下要求开展冠字号码检索工作：

1. 建立检索制度。建立健全冠字号码检索制度，明确检索业务的处理程序，每个网点指定专人负责检索，设立冠字号码检索业务登记簿，记录每笔检索业务办理情况。检索人员通过密码或密钥进入系统，如换人管理应及时冻结原检索人员的密码。

2. 安排专人检索。检索人员熟悉掌握各种方式记录、存储的冠字号码的检索。对本行清分中心清分、本网点清分、他行代理清分调入，金融机构相互取现调入，人民银行清分完整券调入等来源的冠字号码记录及检索方法均应掌握。

3. 实现精确检索和模糊检索。精确检索是指输入完整待查冠字号码后显示唯一冠字号码现钞，而模糊检索是指输入冠字号码部分连续字符，软件显示所有相关现钞，其中应包含待查现钞。金融机构的日常检索要运用这两种检索模式。

4. 对不同来源冠字号码的检索方式。金融机构本行网点和存取款一体机的检索工作由自身完成，委托他行代理清分金融机构的冠字号码检索，根据清分与记录存储的模式，检索方式有所不同：

（1）委托代理行清分与记录存储的，由代理行负责检索。

（2）委托代理行清分，由本行网点记录、存储的，由记录网点负责检索。清分业务社会化外包的可参照此模式检索。

（二）冠字号码数据管理

1. 集中保管数据。金融机构每个工作日营业结束后，辖内各分支机构当日冠字号码记录要集中上传到地市分行或省分行统一管理。冠字号码信息归集机构负责核查本机构所辖网点前一工作日上传冠字号码信息的完整性，避免出现漏报。

2. 按规定保存数据。冠字号码信息在金融机构本地及上传到信息系统后至少应保存3个月，冠字号码信息存储在本行清分中心或社会化清分机构的，应在金融机构对外支付后至少保存3个月，数据保存期限内应采取有效措施确保数据安全。

3. 制定预案防止数据丢失。金融机构应与现金机具厂商签订协议，明确现金机具冠字号码数据丢失情况下各方的职责和义务。

防数据丢失的方式有以下几种：一是清分环节校验，对每批次清分纸币张数与冠字号码记录条数进行校验；二是清分机运行时定期抽查测试记录存储冠字号码情况；三是自助设备加钞后取出若干张纸币，登录系统查询验证。

第二节 涉假纠纷解决流程

一、冠字号码查询流程

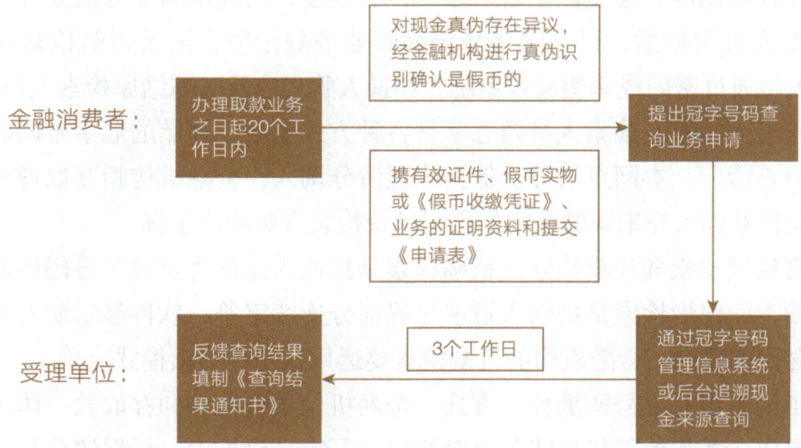

二、冠字号码查询申请的受理

（一）冠字号码查询适用情景与对象

公众在金融机构办理现金取款或货币兑换业务后，如对所取或所换现钞真伪存在异议，经金融机构进行真伪识别确认是假币的，金融机构有义务告知当事人通过冠字号码查询业务判别假币是否由其付出。

公众可自办理取款或货币兑换业务之日起20个工作日内（含业务办理当日）携带有效证件（身份证、军官证、台胞证或护照等）、假币实物或《假币收缴凭证》、办理取款或货币兑换业务的证明资料（银行卡、存折、取款/兑换凭证等）、《人民币冠字号码查询申请表》（由金融机构提供，如图4-3所示），向付出行提出冠字号码查询申请。申请人如委托第三方代理查询，代理查询人还应提供本人有效合法证件。

（二）冠字号码查询受理的限制性规定

为防止不必要干扰，确保冠字号码信息资源的有效利用，人民银行规定冠字号码查询受理是一种依申请的、有条件的受理行为。即，查询的理由是怀疑所取或所换款项有假币，对于只是验证所取或所换款项冠字号码记录的查询可不予受理；查询人应提供证明其取款或兑换的相应资料；查询受理机构应是办理取款或兑换业务的金融机构网点。

（三）冠字号码查询受理程序

金融机构对查询人提供的材料审核无误后应予以受理。对于提供证明材料不完备的查询申请，应当面一次告知查询人补齐相关材料，不得无故拒绝受理查询申请。申请超过时效的则不予受理。

查询人持假币实物申请查询的，金融机构暂不在纸币实物上加盖印章，比照假外币和假硬币的处理办法予以封存。查询工作处理完结后，依据《中国人民银行货币鉴别及假币收缴、鉴定管理办法》有关假币收缴规定进行处理。

人民币冠字号码查询申请表

<table>
<tr><td colspan="2">申请日期</td><td></td><td>查询冠字号码</td><td></td></tr>
<tr><td rowspan="2">查询人</td><td>姓名</td><td></td><td>联系电话</td><td></td></tr>
<tr><td>有效证件类型</td><td></td><td>证件号码</td><td></td></tr>
<tr><td rowspan="2">代理查询人</td><td>姓名</td><td></td><td>联系电话</td><td></td></tr>
<tr><td>有效证件类型</td><td></td><td>证件号码</td><td></td></tr>
<tr><td colspan="2">证明资料类型</td><td colspan="3">□银行卡 □存折 □取款凭证
证明资料号码：</td></tr>
<tr><td colspan="2">取款信息</td><td colspan="3">取款时间：
年 月 日 时
□柜面取款
网点名称：
柜台位置：
□自助取款
类型：□取款机 □存取款一体机
地点：</td></tr>
</table>

图4-3 人民币冠字号码查询申请表

三、冠字号码查询处理

（一）精确查询与模糊查询

查询受理单位受理申请后，应通过冠字号码管理信息系统或后台追溯现钞来源。冠字号码查询方式主要有两种：一是精确查询。即输入待查冠字号码、取款业务办理证件号码等完整信息进行查询。二是模糊查询。即输入待查冠字号码的部分字符、取款时间段等不完整信息或模糊信息，从查询到的结果中再搜索是否包含待查现钞的查询方式。

（二）查询处理的期限

查询受理单位自受理之日起3个工作日内向申请人出具《人民币冠字号码查询结果通知书》（如图4-4所示），反馈查询结果。如有特殊情况需延长办理时间的，可延长至10个工作日，并提前告知申请人。

（三）对关联性不同的信息处理方式

对于存储的冠字号码能与取款人取款业务信息关联的，查询受理单位在履行查询程序后，应在人民币冠字号码查询结果通知书中列示该笔取款所有冠字号码及其冠字号码图片；对于存储的冠字号码不能与取款人取款业务信息关联的，应在人民币冠字号码查询结果通知书中注明查询过程，如使用的是精确查询或是模糊查询。其中，采用模糊查询的，应对具体方式进行解释。金融机构对查询过程的描述应尽量详细，充分履行举证责任。

人民币冠字号码查询结果通知书

查询日期：______年____月____日

查询单位（盖章）： 编号：

<table>
<tr><td>查询人</td><td colspan="3"></td></tr>
<tr><td>取款行（地点）</td><td></td><td>取款时间</td><td></td></tr>
<tr><td>取款方式</td><td colspan="3">□取款机　□存取款一体机　□柜台</td></tr>
<tr><td>申请查询冠字号码</td><td colspan="3"></td></tr>
<tr><td colspan="4">查询方式及查询结果：</td></tr>
<tr><td>经办人</td><td></td><td>复核人</td><td></td></tr>
<tr><td colspan="4">查询人（或代理查询人）签字：</td></tr>
</table>

说明：1. 通知书一式二联，第一联受理单位留存，第二联交查询人；
2. “编号”为受理单位办理业务的流水号。

图4-4 人民币冠字号码查询结果通知书

四、冠字号码查询结果的处理

（一）金融机构未付出假币

查询人持假币实物查询的，金融机构向查询人出具《人民币冠字号码查询结果通知书》，对假币予以收缴并向查询人出具《假币收缴凭证》；查询人持有假币已被其他机构收缴或没收的，向查询人出具《人民币冠字号码查询结果通知书》，退回查询人持有的《假币收缴凭证》或《假人民币没收收据》。

（二）金融机构付出假币

查询人持假币实物查询的，金融机构出具《人民币冠字号码查询结果通知书》，并向查询人进行等值赔付，假币实物由金融机构自行收缴；查询人持有的假币已被其他机构收缴或没收，金融机构出具《人民币冠字号码查询结果通知书》，对查询人等值赔付，同时收回查询人持有的《假币收缴凭证》或《假人民币没收收据》。

（三）冠字号码再查询

查询人对首次查询结果有异议的，或者查询结果显示假币非查询受理单位付出，查询受理单位应告知查询人有申请再查询的权利：在接到查询结果通知书后3个工作日内持查询结果通知书及初次查询使用的有关证件、证明资料等，向查询受理单位的上级行或人民银行当地分支机构（再查询受理单位）提交《人民币冠字号码再查询申请表》（如图4-5所示），申请再查询。

人民币冠字号码再查询申请表

申请日期			查询冠字号码	
查询人	姓名		联系电话	
	有效证件类型		证件号码	
代理查询人	姓名		联系电话	
	有效证件类型		证件号码	
证明资料类型		□银行卡 □存折 □取款凭证 □查询结果通知书		

图4-5 人民币冠字号码再查询申请表

再查询受理单位收到查询人提交的书面再查询申请后，自受理之日起15个工作日内，开展调查与处理工作。因情况复杂不能在规定期限内完成的，经相关负责人核批后，可延长至30个工作日，并向查询人说明原因。再查询结果应通过查询结果通知书告知查询人。

五、查询档案的使用与保管

查询受理单位与再查询受理单位均应建立人民币冠字号码查询登记簿（如图4-6所示），详细记录每笔查询业务的经办人和复核人、查询号码、查询业务时间、查询结果等信息。查询申请表、再查询申请表和查询结果通知书应自成类别，以业务发生时间先后为序，按年装订，保存期为2年。

人民币冠字号码查询登记簿

查询人	申请时间	办理时间	经办人	复核人	冠字号码		查询结果
					号码	相同号码数量	

图4-6　人民币冠字号码查询登记簿

第三节　冠字号码检查与法律责任

一、金融机构自查

金融机构应对冠字号码管理工作开展自查。自查应从制度落实、机具性能、业务处理、操作流程、内控管理等方面，对冠字号码记录、查询、举证机制进行全面梳理，并制定自查工作重点逐项开展。对发现的问题和困难深入分析原因，制订整改方案，采取有效措施予以纠正。通过自查，完善内控制度，优化业务流程，着力建立责任追究制度。

二、人民银行检查

人民银行分支机构根据金融机构自查自纠情况，组织开展冠字号码查询管理检查工作，检查内容包括金融机构冠字号码信息存储、冠字号码信息检索和涉假查询处置等环节。检查方法分为正查法和倒查法，其中前者侧重检查金融机构开展冠字号码查询工作的过程，主要检查相关业务制度、机具性能、处理流程等要素。后者侧重检查金融机构冠字号码查询工作的结果，主要检查金融机构是否能够检索（包括精确检索和模糊检索）各个渠道收付现金的冠字号码信息。

三、对金融机构的投诉处理与行政处罚

（一）对金融机构的投诉处理

对于金融机构（查询受理单位和再查询受理单位）存在无正当理由不受理查询人申请、未在规定期限内完成查询、办理查询的程序不符合人民银行相关规定等问题，查询人有权向当地人民银行分支机构投诉，经查情况属实的，人民银行将责令其改正。

（二）对金融机构的行政处罚

《中国人民银行货币鉴别及假币收缴、鉴定管理办法》规定，金融机构在办理存取款与货币兑换时应当采集、存储人民币和主要外币冠字号码，作为解决涉假纠纷的前提。金融机构如未能履行这项规定，存在冠字号码数据信息系统采集数据不全，保存期限不符合要求，冠字号码数据格式不规范，冠字号码数据信息不准确完整，冠字号码数据未及时集中上传至系统，未采集、存储主要外币冠字号码数据等情形，涉及假人民币的，按照《中华人民共和国人民币管理条例》第四十四条的规定予以处罚。涉

及假外币的，处以1000元以上3万元以下的罚款。

通过冠字号码查询解决假币纠纷的机制是一项综合机制，其中涉及货币鉴别、假币收缴等业务，金融机构如存在违规情况，将按照《中国人民银行货币鉴别及假币收缴、鉴定管理办法》相关规定进行处罚。如查询受理机构首先要鉴别查询人提供的假币实物，如果在人员、机具、冠字号码记录存储等方面不具备货币鉴别的条件，则按货币鉴别有关规定予以处罚；查询受理机构应当收缴的假币不收缴，或者收缴程序不符合规定，则按假币收缴有关规定进行处罚。

通过冠字号码查询或再查询，确认假币确实由金融机构付出，包括有意付出和无意误付，依照《中华人民共和国人民币管理条例》第四十四条规定并处行政警告和1000元以上5万元以下行政罚款，并要求违规机构对直接负责的主管人员和其他直接责任人员给予纪律处分；涉及假外币的，对违规机构处1000元以上3万元以下罚款。

（三）对金融机构的其他处理措施

经冠字号码查询确认为金融机构付出假币的，根据问题性质、情节、影响等，除按照有关规定予以行政处罚外，人民银行总行或当地分支机构应采取通报手段予以惩戒：

1. 对于情节严重、性质较为恶劣、在全国范围内造成负面影响的，由人民银行总行在全国金融机构范围内通报。

2. 属于金融机构内部人员作案的（即有意对外付出），由人民银行总行在全国金融机构范围内通报，同时按照法律程序移交司法机关处理。

3. 属于金融机构误付假币，未造成重大负面影响的，由人民银行当地分支机构在辖区范围内通报。

对于金融机构自行或唆使现金处理设备供应商篡改冠字号码记录信息，使查询后出具的查询结果不实或妨碍人民银行工作人员调查、处理涉假纠纷的，根据具体情形，人民银行将采取下列处理措施：

1. 约见该金融机构高级管理人员监管谈话。

2. 对该金融机构损害金融消费者权益的行为，向其上级行、同业机构、其他金融监管部门或者社会通报、披露。

3. 依法可以采取的其他措施。

05 第五章 货币防伪技术与防伪特征

第一节　货币防伪技术与防伪特征概述

纸币、硬币是国家信用背书的价格度量实物工具，是目前重要的交易工具和储值手段之一。防伪性能是确保货币信用的重要手段，也是交易安全的物理保障。

一、货币防伪技术的概念与发展

（一）定义

货币防伪技术是指为了达到防伪目的而采取的，在一定范围内能准确鉴别货币真伪并不易被仿制和复制的技术。就防伪技术的形成机制而言，大体可分为工艺防伪、材料防伪、构件防伪等技术。

货币防伪事关国家金融安全，各国政府和央行对此高度重视。因此，各个国家和地区的货币管理当局为了保障货币安全，选用先进的防伪技术，不断提升货币防伪能力，抵御假币的威胁。

（二）货币防伪技术的发展

钞票防伪技术的发展大致可分为以下三个阶段：

第一阶段主要是由专用印制设备及工艺实现的纸张及图文防伪技术，包括水印、简单的纸张嵌入物、复杂的线条图像、雕刻凹印以及特殊线条特征等（见表5-1），可有效防止手绘、拓印等伪造手段。

表5-1　早期钞票防伪技术

水印	 
防伪嵌入物	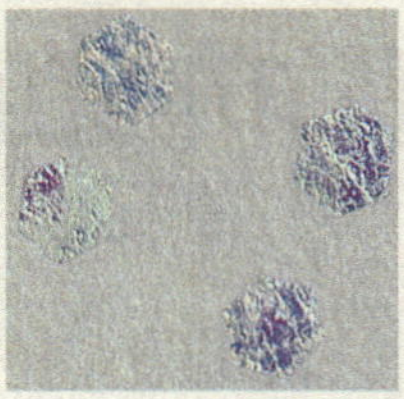
复杂线条	 
凹印	
接线	 凹印  胶印

第二阶段，随着材料、设备、工艺技术的发展进步，引入了功能材料、简单的构件和防复印技术，如荧光、红外、磁性、安全线、全息贴标等，这些防伪技术也促进了现金机具的发展和应用。如图5-1所示。

图5-1 荧光、全息贴标、安全线

第三阶段，多种动态识读技术引入钞票，材料、工艺、构件、承印物等单项技术取得了较大进展，单项技术功能扩展或多项技术复合应用的方式逐渐成为主流，以功能为导向的防伪技术布局更趋于系统。

同时，人民币硬币防伪技术的发展同样经历了三个阶段：第一阶段是受成本因素限制，早期硬分币应用了物化性能较好的铝合金造币材料及边部防伪技术。第二阶段是通过技术引进、消化和吸收等方式，获得了镍包钢和铜包钢等包覆材料，并对标国际先进防伪技术，独立开发出缩微图文、隐形图案雕刻、双金属镶嵌工艺、间断丝齿等防伪技术，成功研发出造币专用铜合金材料。第三阶段是自主研发了全齿间隔半齿、斜全齿滚字、复合材料、圆角正方形、疏密齿等防伪技术，并在普通纪念币产品上实现了集成应用。

二、货币防伪特征

防伪特征指防伪技术用于实物货币呈现的功能状态。货币防伪特征按照适用主体，可分为公众防伪特征、专业防伪特征与专家防伪特征三种。

公众防伪特征也称一线防伪特征。主要适用于社会公众识别。这类特征无须借助任何仪器和设备，仅依靠人体感官（主要是视觉和触觉）即可辨识。

专业防伪特征也称二线防伪特征。主要适用于现金使用频繁人员（如收银员、现金从业人员等）使用简单工具识别（如紫外灯、放大镜等）；或者由现金机具识别。

专家防伪特征也称三线防伪特征。主要适用于专业鉴定人员或央行用现金机具辨识真伪。这类特征一般需借助专业仪器或方法才能鉴别，出于对货币安全性的考虑，这类特征不对外公布。

第二节　钞票防伪特征

钞票防伪技术是基于材料、制造工艺、信息等多种技术共同发展起来的一个交叉应用技术领域，是为了适应流通需求不断完善、提高的，更是长久以来与造假者在博弈中逐步发展、成熟的。

到目前为止，全球各发行机构发行的流通钞票，承印材料包括纸张、塑料和复合基材三大类。其中纸张仍然是主要承印基材。塑料基材经过了30余年的发展，到2020年全球已有60多个国家和地区的流通钞或纪念钞采用。复合基材钞票自2012年进入流通领域，目前也有十几个国家使用。基材的多样化，扩展了防伪技术的应用和特征的表现形式。

一、公众防伪特征

指无须借助仪器设备仅凭人感官识别的防伪特征。以辨识度高、易识别、难伪造为目标，是公众最常用的辨识特征。流通钞票通常会提供几种这样的特征，这些特征在票面不同位置均衡分布，供公众快速辨识。

（一）**水印**

水印是在纸张抄造过程中，由纤维的疏密分布造成透光亮度差异而形成的一种特征，透光观察可以看到在水印区域呈现的图文，它是一种古老但至今仍十分有效的钞票防伪特征。水印按照透光效果、位置、题材、功能等可划分为不同类型。

按照透光效果，可分为多层次水印、白水印等。多层次水印是指水印与纸张相比，透光观察灰度具有多层效果，水印的图文部分由于纤维堆积厚度不同，形成梯次变化，整体呈现类似浮雕的图文效果。白水印又称高亮度水印，它的形成是由于水印部分纸张纤维堆积较少且高度均匀，透光观察较周围部分亮度高。白水印多以面额、央行缩写、货币符号等形式呈现。

按照水印在票面的位置，可分为固定水印、半固定水印、满版水印等。固定水印指在纸币相对固定区域分布的水印（如第五套人民币100元人像水印）；半固定水印指在票面分布中横向位置相对固定纵向分布相对随机的水印特征，如图5-2所示阿尔及利亚第纳尔；满版水印是指在纸张中随机分布的水印，如图5-2所示第四套人民币1元。

按照题材可分为人像水印、动/植物水印、景物水印等。

按照功能可分为公众识别的水印（人物水印、景物水印等）、机具识别的水印（条码水印等，如图5-3所示日元）、增强纸张耐流通性的水印（角水印等，如图5-4所示）。

阿尔及利亚第纳尔

第四套人民币1元

图5-2　半固定水印与满版水印

欧元
多层次水印、白水印

日元
条码水印

港元
像素水印

图5-3　钞票上的多种水印形态

图5-4　肯尼亚先令上的角水印

水印一直以来被社会公众普遍接受和使用，并广泛应用于各个国家和地区的钞票。目前全球正在流通的钞票，票面使用的水印仍然以多层次固定水印或者多层次水印与白水印相结合的应用形式为主。像素水印和角水印是近十年发展的新水印形式。像素水印为点阵式图像水印，如图5-3中的港元。条码水印目前仅在日元和新加坡元使用，欧元在第一套票面应用后，欧罗巴系列又取消了条码水印。满版水印和半固定水印目前仍在个别发行机构的票面使用。

（二）视窗

视窗是一种应用于纸基、塑料基材（以下简称塑基）或复合基材的防伪特征，其表现形式为塑基或塑料材质与纸基共同构成的透明或半透明窗。早期的视窗主要以展示透光性能为主，后逐渐发展为透明窗与具有一定光学特性的其他防伪特征复合使用，达到从不同角度、不同光照条件观察到不同特征的效果。

1. 纸基钞票贴条/抄造条/贴标视窗

纸基钞票开孔，再与贴条/贴标复合，形成透明视窗效果，目前有三种源自不同技术的应用形式，如欧元贴条、百慕大元抄造塑基条和阿曼里亚尔的贴标。其中欧元的开窗贴条形式仅在欧罗巴系列中的大面额使用，如图5-5所示。该贴条集成了多种光学特征，从不同的观察角度看，可见开窗处呈现正面、背面、透光三种不同的图案效果。百慕大元的塑基条是在纸张生产过程中，纸面抄造开孔并与塑基条同时复合在一起，开孔周围纤维自然随机分布，塑基条两侧具有荧光特征，如图5-6所示。应用于阿曼里亚尔的开窗贴标，利用开窗处镀层微结构，使图文呈现正面、背面、透光不同效果，如图5-7所示。

全息条（正面、透光）

开窗（正面、背面、透光、卫星全息效果）

图5-5　200欧元贴条

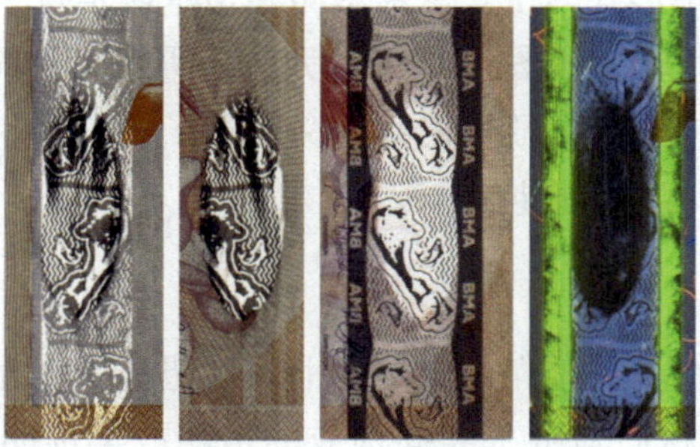

图5-6　百慕大元塑基条（正面、背面、透光、荧光）

正面 正面半透光 背面 背面半透光

图5-7 阿曼里亚尔贴标

2. 塑基钞票的视窗效果

（1）塑料钞视窗与贴条/贴标复合应用。塑基钞票透明窗平整、透光性强，非常适用于贴条，既可展示贴条的精细图文，又便于在正、背两面观察不同的效果。目前在全套系塑料钞使用全息贴条的国家有英国、加拿大、澳大利亚、新西兰和东加勒比，其他一些国家也多在纪念钞或大面额流通钞上使用，如图5-8所示。

此外传统的贴条/贴标限制了塑料钞的开窗形式，目前又发展出在塑基表面直接制作全息效果，这样灵活的外观轮廓可以使视窗更好地配合钞票的整体设计，如图5-9所示。

英镑 加拿大元 澳大利亚元 新西兰元 苏格兰镑

图5-8 塑基钞票贴条

尼加拉瓜科多巴 波兰兹罗提 新加坡元

图5-9 多种形式塑料钞全息标

（2）塑料钞视窗与光变油墨复合应用。视窗与光变油墨集成，也是很常见的应用形式。用光变油墨（OVI）、光彩光变油墨（OVMI）、珠光油墨、金属油墨、有色油墨等与透明窗相配合，在不同方式下观察，呈现不同效果（如光变、反射/透透光差异等），如图5-10所示。

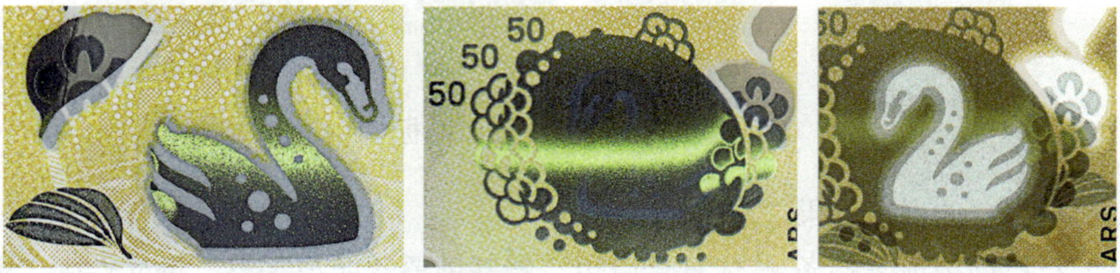

澳大利亚元（OVMI正面、背面、透光不同效果）

尼加拉瓜科多巴（光变）　　毛里求斯卢比（反射、透光效果相反）

多色珠光（波兰兹罗提、毛里塔尼亚乌吉亚、尼加拉瓜科多巴、墨西哥比索）

图5-10　视窗+光变油墨

（3）塑料钞视窗与高精度印刷图像复合应用。视窗内涂布图像的形式应用已久，近期世界上发行的塑料钞透明窗内的图像已由低分辨率图发展为色调更为丰富的图像（如图5-11所示），甚至还复合了荧光特征（如图5-12所示）。

（文莱元、纳米比亚元、罗马尼亚列伊）

图5-11　塑料钞视窗内的高精度图像

黎巴嫩镑（白光、透光、荧光）

图5-12 塑料钞视窗内的高精度图像+荧光特征

（4）视窗与压凸复合应用。透明窗内压凸图案，也是与塑料钞视窗复合应用的传统特征，如图5-13所示。目前多数应用都是近似隐形面额数字的形式，俄罗斯2018年世界杯发行的纪念塑料钞，将胶印与无墨压凸复合特征（MVC）应用于视窗，形成了随观察角度变化而变色且可透光观察的丰富动感变色效果，如图5-14所示。

新西兰元　　加拿大元　　澳大利亚元

图5-13 视窗+压凸

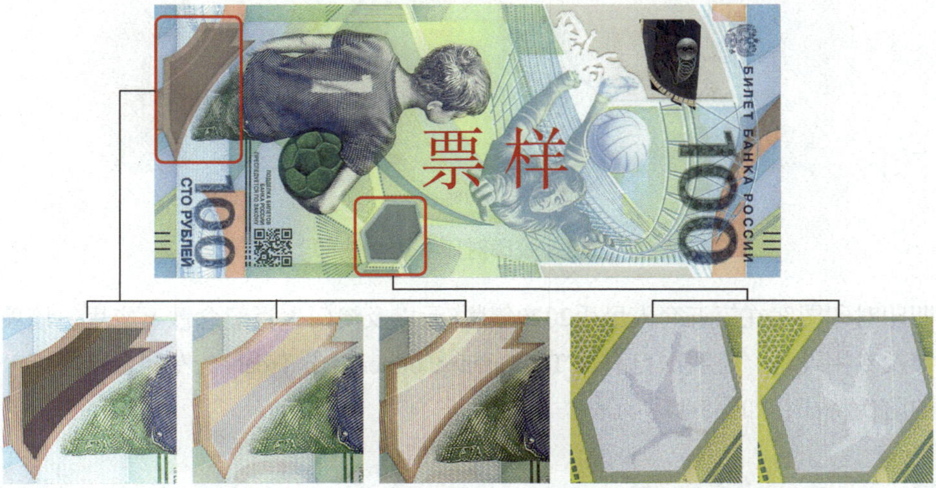

俄罗斯世界杯纪念钞

图5-14 视窗+胶印/无墨压凸

3. 复合基材视窗。目前已实现应用的有纸—塑—纸和塑—纸—塑两种复合基材，虽然制造工艺差别很大，但都有塑基层，通过激光、冲压等方式在纸基上开窗，再与塑基层复合，可形成透明或半透明的视窗效果。如图5-15所示。

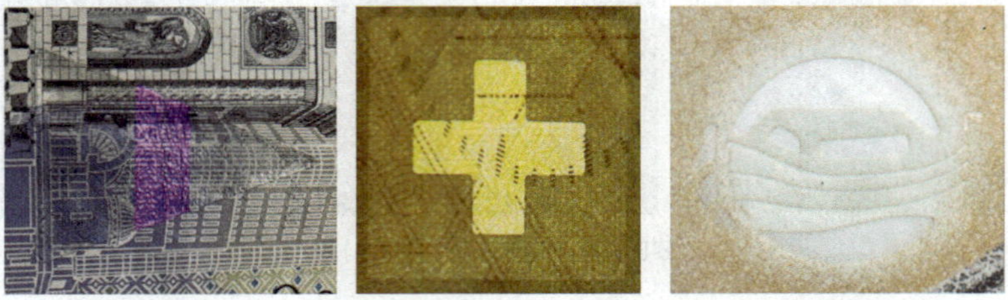

哈萨克斯坦坚戈　　瑞士法郎　　亚美尼亚德拉姆

纸—塑—纸　　塑—纸—塑

图5-15　复合基材视窗

（三）印刷特征

钞票属于特种印刷品，既有印刷品共有的特点，又有源自特殊设备、特殊材料、特殊工艺产生的独特印迹特征，并且这些特征具有一定的技术门槛或成本门槛，因此与普通印刷品相比，有较好的辨识度。

1. 对印。对印是一种由印刷工艺形成的防伪特征，在纸币的正背面分别印刷完整图案的局部，透光观察，可见拼合完整的图案。该特征体现了钞票印制工艺的控制精度。目前的对印特征包括胶印对印和凹印对印两种。当前流通的钞票普遍应用了胶印对印特征，应用比较突出的是瑞士法郎的正背八色胶印对印，如图5-16所示。

正面　　背面　　透光

图5-16　胶印对印（瑞士法郎）

凹印对印图案在第五套人民币2020年版5元以及澳门生肖纪念钞上应用。该项防伪技术涉及专用设备，是我国自有PCT（Patent Cooperation Treaty，专利合作协定）知识产权的防伪特征，如图5-17所示。

正面　　背面　　透光

图5-17　凹印对印（2020年版5元人民币）

2. 凹印。目前全球所有发行机构的钞票仍然延续着“无凹不成钞”的传统，重要原因在于它是特殊设备、特殊工艺、特殊材料制作形成的独特印迹特征。雕刻凹印图文兼具艺术性和防伪性。雕刻师以手工或借助特殊设备在金属版上创作，作品体现了雕刻师创作之时个人的艺术风格，即便自己也难以重复做出完全相同的作品，这也是早期钞票雕刻凹印在防伪功能占有举足轻重地位的原因之一。

凹印，因印版上的图文低于版平面而得名。当填充在印版线条内的油墨转移到承印材料上，自然形成了具有一定厚度的凸起，由此，钞票上的凹印图文就有了不同于其他印刷方式的特点。

（1）色调变化。凹印线条随着厚度、宽度的变化，线条颜色的饱和度可呈现一定的变化，因此单色油墨即可印制成灰度变化丰富的图文。再与其他工艺的图文或者防伪特征配合，展色空间和效果变化会更宽阔和丰富。如图5-18所示。

菲律宾比索

图5-18　单色油墨凹印展现出的丰富色调变化

（2）凸起。凹印图文具有一定凸起高度，除了可以触摸感知，还可以实现图文的立体变化。隐形图文就是最早利用这一特点的防伪特征。凹印线纹凸起于纸面，排布方向不同的线条对光的反射方向也不同，因此人眼在不同角度观察相同线条，会产生视觉差异。如图5-19所示。

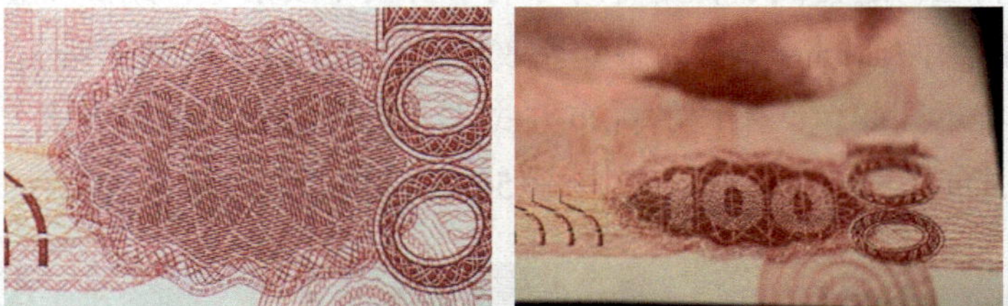

2005年版100元人民币

图5-19　凹印线条的凸起特征（隐形图文）

逐渐地，这一特征与胶印、丝网印刷等其他印刷特征配合，再复合光变、荧光等材料特征，发展出很多衍生效果。俄罗斯的MVC系列特征就是其中比较突出的。MVC及其系列特征是由胶印和凹印共同形成的印刷防伪特征。一组胶印的彩色平行线条以一定顺序规则排布，另一组凹印无墨平行线条以一个很小的交叉角与上述胶印线条叠合，凹印的无墨压凸造成胶印线条局部变形扭曲。当上下转动票面时，目视胶印彩色线条可见其中一部分，而另一部分被遮挡；当变换角度时，线条上被看到和被遮挡的部分随之发生转换，从而产生了动态变化效果。由此，MVC系列是由印刷的物理形态产生的动感特征，侧光观察该特征效果尤为明显。如果胶印线条还具有荧光特征，特别是荧光色与可见光色相同时，在紫外光下观察变色效果与可见光基本一致，如图5-20所示。

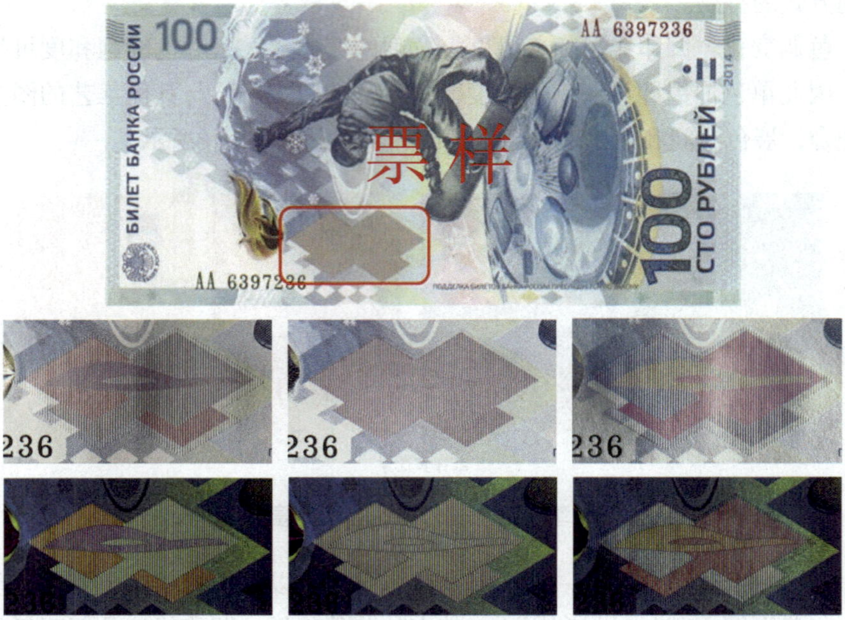

俄罗斯冬奥会纪念钞

图5-20　胶印+无墨压凸+荧光特征

此外，叙利亚镑还尝试了在正背对印的平行胶印线条上，用凹印叠加一次无墨压凸，实现了在钞票两面同时呈现动态变色效果，见图5-21（叙利亚镑）。也有其他票面的胶印线条具有不同颜色、不同的排布方式或者不同的胶凹叠印方式，产生更丰富的动态变色效果，如图5-21（色调变化）、图5-22、图5-23所示。

MVC正背对印（叙利亚镑）　　色调变化（卢旺达法郎、马达加斯加阿里亚里、科威特第纳尔）

图5-21　压凸+彩色胶印线条

卢旺达法郎　　哈萨克斯坦坚戈

图5-22　压凸+单色印迹

图5-23　压凸+单色线条+珠光（马拉维克瓦查）

也有票面使用多色点代替彩色线条，形成随观察角度不同产生色彩变化更丰富的像素潜影，如图5-24所示。

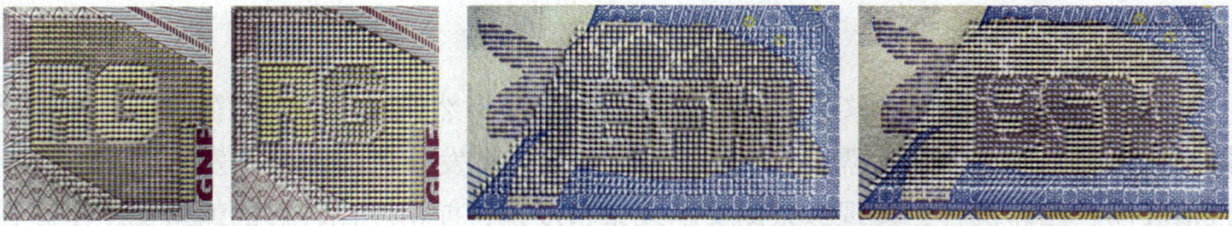

几内亚法郎　　马达加斯加阿里亚里

图5-24　压凸+彩色点

利用凹印印迹厚度形成的遮盖能力，也可以在凹印下层印刷其他图文，通过反光和透光观察，可见不同图文，从而形成了多特征分层复合效果（MASK），如图5-25所示。

萨摩亚他拉　　吉尔吉斯斯坦苏姆

图5-25　MASK

即使不用油墨的无墨压凸，也可以较好地体现凹印识别特征，如图5-26所示。俄罗斯的Ink-flow，即对同一凹印图文部位，部分实施凹印无墨压凸，具有简单又实用的防伪效果，如图5-27所示。

阿联酋迪拉姆　　利比亚第纳尔

图5-26　无墨压凸

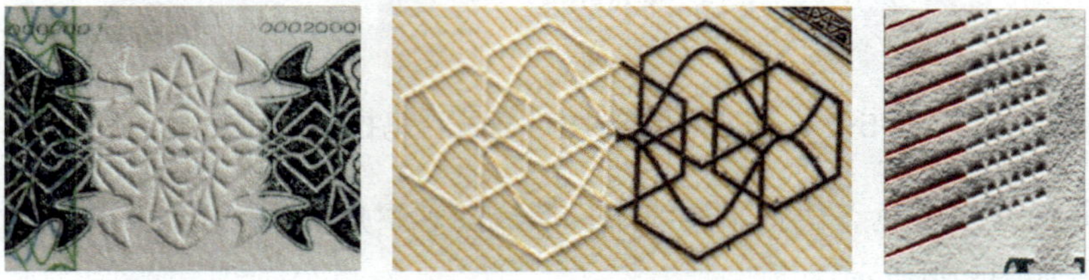

俄罗斯卢布　　白俄罗斯卢布　　也门里亚尔

图5-27　Ink-flow

（3）缩微文字。缩微文字也是钞票应用已久并仍然广泛使用的特征。虽然不是严格意义的公众防伪特征（需要借助放大镜），但通常发行机构会公开发布。缩微文字包括胶印、凹印两种，体现钞票图文的线条精度，目前精度比较好的缩微文字字高在0.2 ~ 0.3毫米，如图5-28、图5-29所示。部分贴条上精细脱铝的文字，也达到了这个尺寸，如图5-30所示。

图5-28　凹印缩微文字（英镑）

图5-29　胶印缩微文字（加拿大元）

图5-30　精细脱铝文字（澳大利亚元）

（四）光变防伪特征

光变特征早期应用形式包括随观察角度变化而变色的光变油墨（OVI）以及随观察角度变化而变色且图文也随之变化的全息特征。

1. 光变安全线。光变安全线的光学效果的制造工艺与上述各种贴条相近但是相对单一，并且光学层多与荧光、磁性等功能复合，成为集公众、机读防伪特征于一体的防伪构件。图5-31、图5-32、图5-33、图5-34是源于不同技术的各种安全线。

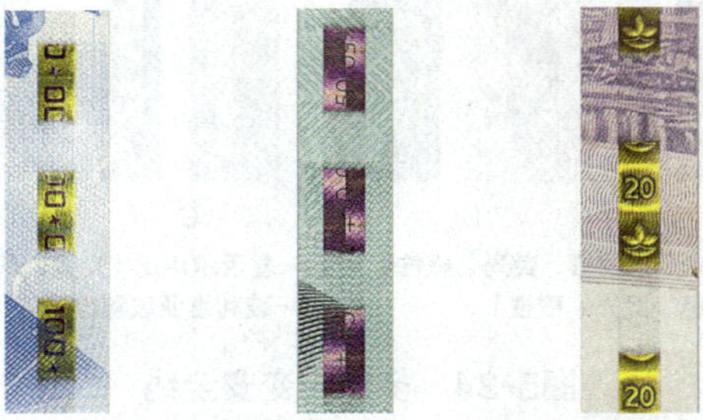

航天纪念钞　　2019年版50元人民币　　澳门20元纪念钞

图5-31　color-shift同源技术安全线（光变、动感）

A　　B　　C　　D　　E　　F

A—港元　B—泰铢　C—亚美尼亚德拉姆　D—波兰兹罗提　E—也门里亚尔　F—波兰兹罗提

图5-32　光变安全线（微反射类）

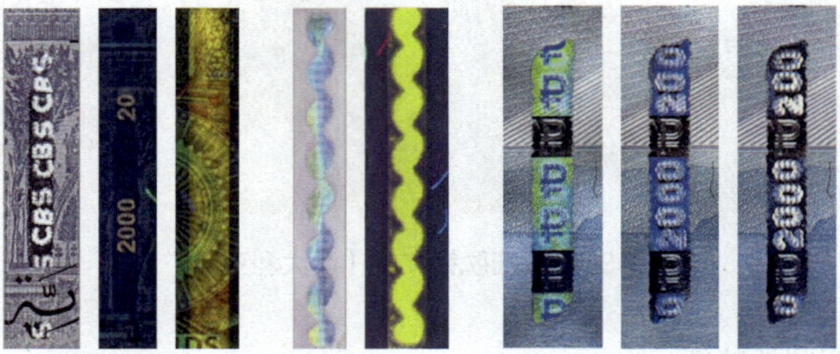

叙利亚镑　　老挝基普　　俄罗斯卢布

图5-33　光变安全线（衍射类）

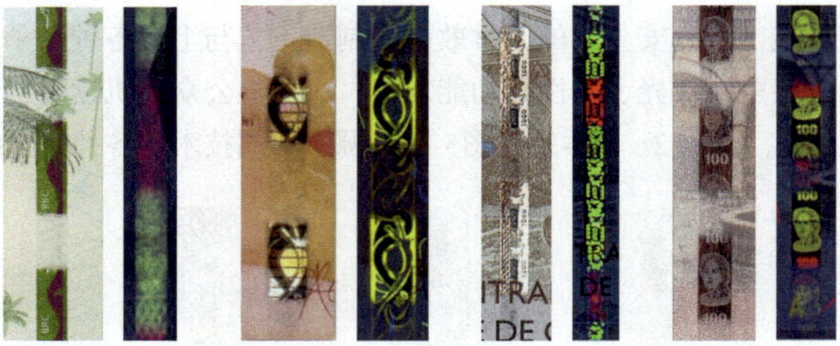

A　　B　　C　　D

A—哥伦比亚比索（光变、偏振、荧光、磁性）　B—塞舌尔卢比（光变、偏振、荧光、磁性）
C—几内亚法郎（双色、荧光、磁性）　D—玻利维亚玻利维亚诺（光变、荧光）

图5-34　多种光变安全线

2. 光变贴条/贴标。光变贴条/贴标是一种防伪构件，可集成多项防伪特征。常呈现全息、光变、动感图文变换、3D、荧光等多个特征集成使用。通常以贴附或抄造的方式与各种承印基材集成，是钞票常用的动态特征之一，也是近年来技术进展及应用推广都较快的防伪特征。

光变贴条/贴标最初仅具有简单的全息特征，即通过周期性光栅结构将光线定向衍射，形成光变彩虹效果。后来随着技术的进步，光变特征得到了全面提升。目前票面所使用的贴条/贴标，光变特征的图文精细度高，立体感强，色彩变化丰富，脱铝图文精细，动感变化明显，可根据票面整体需要灵活设计图文，并在票面精确定位施放，如图5-35、图5-36、图5-37所示。

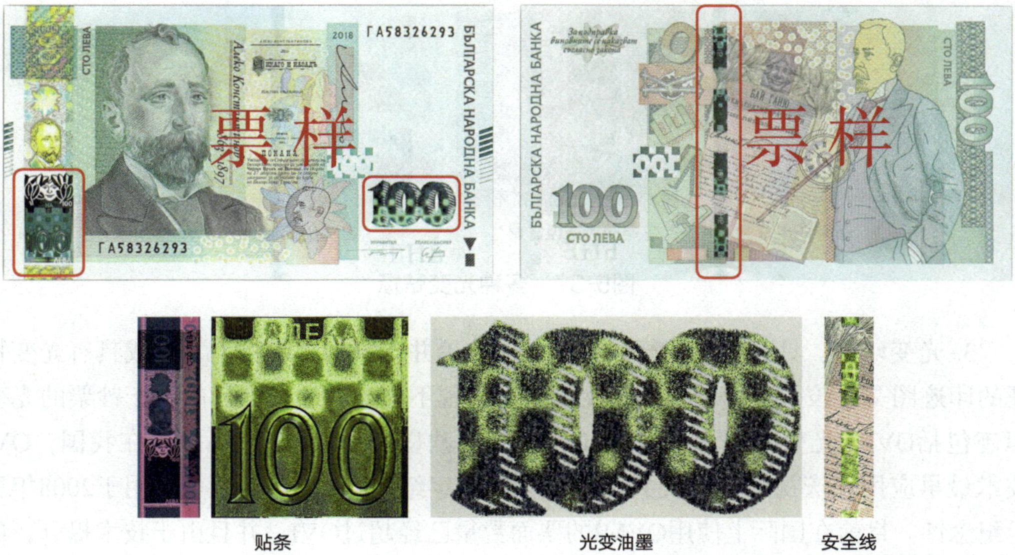

图5-35 贴条、光变油墨、安全线光变效果协同设计（保加利亚列弗）

（从左至右：瑞士法郎、保加利亚列弗、阿塞拜疆马纳特、格鲁吉亚拉里、新加坡元、马拉维克瓦查、沙特阿拉伯里亚尔、以色列谢克尔）

图5-36 多种光变贴条

亚美尼亚德拉姆　　菲律宾比索

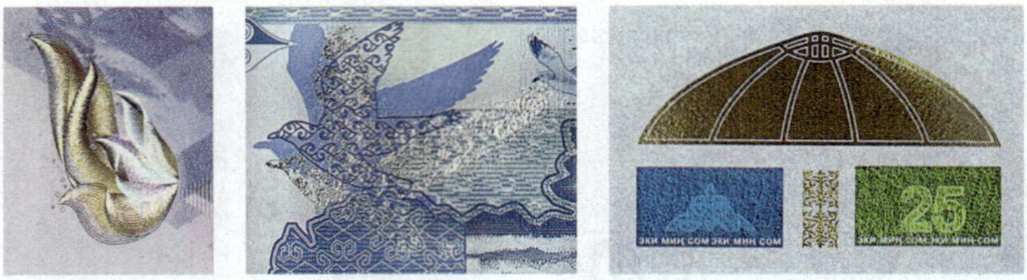

俄罗斯卢布　　哈萨克斯坦坚戈　　吉尔吉斯斯坦苏姆

图5-37　多种光变贴标

3. 光变印迹。具有光变特征的颜料制成油墨并印刷到承印物上，形成具有光变特征的印迹图文，该图文随着观察角度变化而呈现不同光学效果。目前用于钞票的光变印迹包括OVI（光变油墨）、OVMI（光彩光变油墨）、珠光、液晶等。在我国，OVI技术最早应用于庆祝中华人民共和国成立50周年纪念钞，OVMI最早应用于2008年奥运纪念钞。目前在国际上使用OVMI的票面数量已经超过OVI，并且由于技术提升，应用效果也从最初的滚动条发展出多种光学效果。灵活多变的图文效果使其能够很好地支持票面的整体设计。此外还可以与凹印等印刷工艺结合，产生新的效果。如图5-38、图5-39、图5-40、图5-41、图5-42、图5-43所示。

乌克兰格里夫纳

保加利亚列弗　　波兰兹罗提　　瑞典克朗　　欧元

图5-38　OVMI应用效果

图5-39 OVMI（塞舌尔卢比）

图5-40 OVMI（玻利维亚玻利维亚诺）

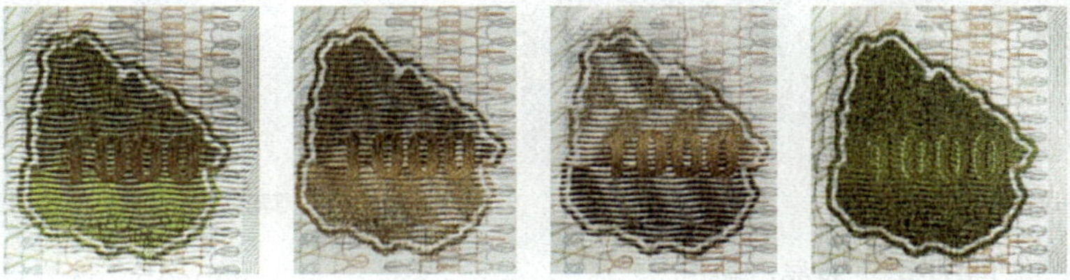

图5-41 OVMI+压凸（乌拉圭瓜拉尼）

OVI油墨也发展出不同的应用形式。如图5-42、图5-43所示。

图5-42 OVI与金属油墨印迹配合（墨西哥比索）

图5-43　OVI+凹印压凸（哥斯达黎加科朗）

液晶油墨同时具有光变和偏振特征，目前也在十余家发行机构的票面使用，如图5-44所示。

近年来，珠光油墨的应用有较大增长，一方面作为一种低成本的光变特征，另一方面出于制作工艺需要与贴条配合使用。目前流通钞票上比较新的应用形式是双色珠光油墨。如图5-45所示。

阿联酋迪拉姆　危地马拉科多巴

图5-44　液晶印迹

阿塞拜疆马纳特　亚美尼亚德拉姆

图5-45　珠光印迹

上述光变特征能否利于票面快速识别，取决于其光学效果。保持光学效果的前提是特征区域的票面平展、整洁，特征的结构完好。但是在流通过程中，可能因为磨损、皱褶、脏污等因素导致光学效果减弱乃至失效，这就需要借助其他特征辅助识别，这也是票面同时使用多个防伪特征的原因之一。

（五）微透镜动感特征

微透镜动感特征基于微透镜阵列技术。该特征随观察角度变化，微透镜对微图文的聚焦点发生改变，从而形成视觉动感效果，如图5-46所示。该特征最初于2006年应用于1000瑞典克朗，由于它不受光源影响，具有立体效果，动感特征明显，因此具有很高的识别度，目前已有近40个国家采用，应用形式包括贴条、视窗和安全线。主要应用效果有开关（一个观察角度能看到图文，换一个角度图文消失）、图文变换、图文位移等。其中有的安全线还可集成荧光特征，甚至可同时集成荧光、磁性特征（见表5-2各图）。

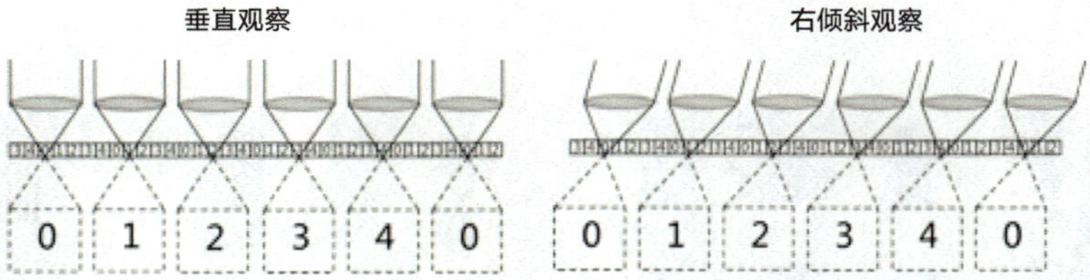

图5-46　微透镜动感安全线成像原理图

表5-2　微透镜动感特征应用（源于不同技术分类）

贴条		
	吉尔吉斯斯坦苏姆、蒙古图格里克、加纳赛地	卡塔尔里亚尔
视窗		
	新加坡元	新加坡元
	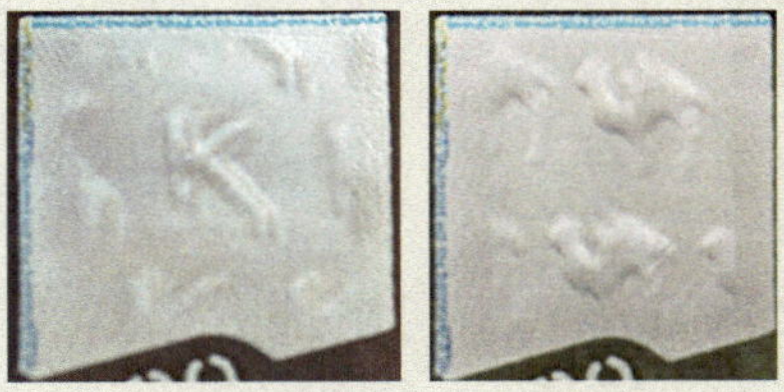	
	哈萨克斯坦坚戈	黎巴嫩镑

续表

安全线			
	美元、哈萨克斯坦坚戈、摩洛哥迪拉姆、沙特阿拉伯里亚尔	挪威克朗、阿根廷比索、乌克兰格里夫纳	巴哈马元（动感、荧光、磁性）

微透镜视觉特征流通耐性与光变特征相似，特征效果的有效性同样需要票面平展、整洁、特征结构完整。同样地，随着流通微透镜视觉特征或者微图文也可能受物理破坏或者化学侵蚀而失效。

（六）激光蚀刻特征

将激光蚀刻技术用于流通钞最早见于1997年发行的200瑞士法郎（第八系列）的激光微孔面额数字，这也是目前在钞票上应用最多的激光蚀刻形式。激光蚀刻也可以理解为一种图文制作形式，目前在票面除了微孔还有镂空图文、纸面灼蚀图文，以及在各种印迹层和贴条上蚀刻形成的固定图文和可变图文，见表5-3各图。

表5-3　激光蚀刻在钞票上的应用

		固定图文		可变图文
纸张	微孔	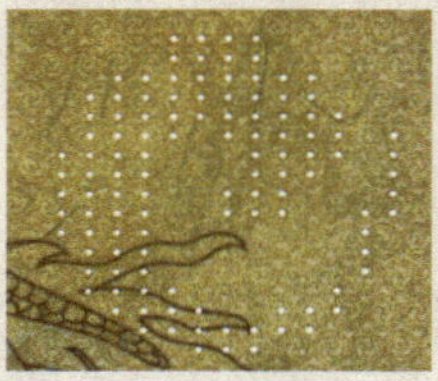		—
		尼泊尔卢比	瑞士法郎	

续表

		固定图文	可变图文
纸张	镂空图文	 亚美尼亚德拉姆	—
纸张	纸面图文	 波兰兹罗提	 亚美尼亚德拉姆、波兰兹罗提、危地马拉格查尔
胶印		—	 牙买加元
凹印		 巴哈马元	—
光变		 塔吉克斯坦索莫尼（激光蚀刻+光变油墨）	 苏里南元（激光蚀刻+液晶油墨）

续表

	固定图文	可变图文
贴条	—	 塔吉克斯坦索莫尼（激光蚀刻+贴条）

二、专业防伪特征

（一）荧光特征

钞票应用的荧光特征通常指紫外荧光，即通过紫外光源激发呈现出可见光的特征。特征源于荧光功能材料。目前主要的应用形式包括图文、号码、安全线、纤维等。荧光特征按照可见光的效果划分，可分为有色荧光和无色荧光；按照激发光源划分，可分为长波荧光（365nm）和短波荧光（254nm）。

荧光特征最早应用在1932年的英国有价证券上。我国最早使用紫外荧光特征的纸币是1990年版第四套人民币50元和100元，并在此后发行的第五套人民币各个年版的所有票面上沿用。荧光虽然归类为专业防伪特征，但是大多数发行机构都向公众推广介绍，因此实际上已经成为一线或者准一线的防伪特征，这在客观上也对该特征提出了功能性和艺术性的双重要求。

1. 图文。目前钞票上应用荧光图文作为紫外光源下的识读特征，有的用于识读面额，有的用于区分票面（如图5-47所示），还有的为伪造设置技术门槛，更有多种荧光特征复合用于不同层级的识读需求。

面额数字（英镑）

区分票面（哥斯达黎加科朗）

图5-47　钞票上的荧光特征

荧光图文特征比较突出的是可见光同色/荧光异色的拼色技术，目前在80余家机构发行的票面使用。该技术的可见光颜色几乎包含所有色相，荧光颜色主要有红、橙、黄、绿四种。有赖于定量化的可见光/荧光配色方法和印刷控制，荧光图文特征展现出丰富多变的艺术效果。如图5-48所示。

图5-48　可见光同色/荧光异色的荧光效果

近年来，该技术又有新的进展，应用不同荧光颜色的微小文字或色块、线条交叠套印，为假币仿制荧光特征设置了障碍，如图5-49、图5-50所示。

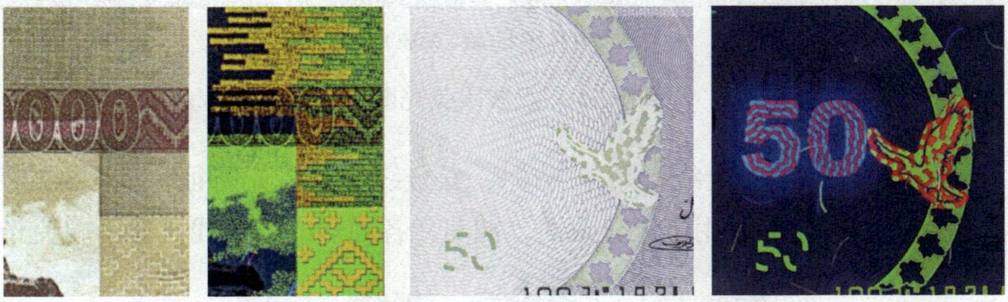

几内亚法郎　　伊朗里亚尔

图5-49　白光同色/荧光小色块

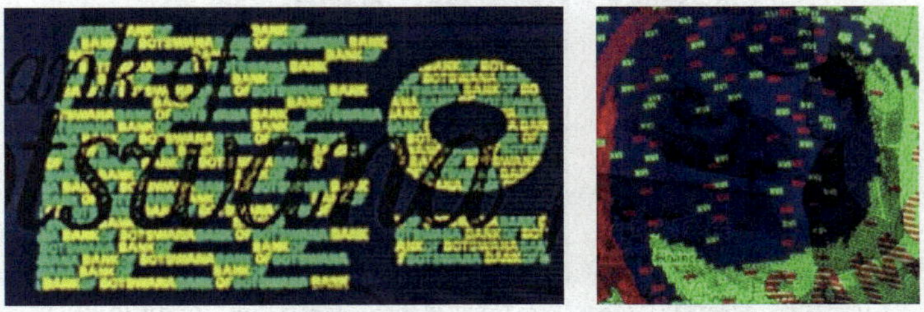

博茨瓦纳普拉　　萨摩亚他拉

图5-50　荧光微文字

双波段荧光也是应用已久的荧光图文特征，目前有数十家机构发行的票面使用。所谓双波段，即同一个荧光图文，分别在长波（365nm）和短波（254nm）紫外光源的激发下，呈现不同的荧光颜色。在流通中，通常长波光源相比于短波光源更易得，因此长波荧光特征可用于公众识别，而短波荧光特征更适用于现金从业人员等专业识别需求，如图5-51所示。也有些钞票荧光特征复合了更隐蔽的性能，适用于清分处理。

欧元（长波、短波）

匈牙利福林（长波、短波）

图5-51　双波段荧光图文

2. 荧光贴条/贴标、安全线。贴条/贴标、安全线复合荧光特征（如图5-52所示），除了扩展识别性能，还可以用于区分票面，如美元各面额的安全线具有不同荧光颜色。

（从左至右：阿塞拜疆马纳特、阿尔及利亚第纳尔、阿根廷比索、巴基斯坦卢比）

图5-52　荧光贴条、安全线

3. 号码。据统计，目前全球所有发行机构新近发行的钞票，除了瑞典克朗和澳大利亚元使用单一号码，其余均使用双号码。并且大多数票面两个号码的颜色、荧光、红外吸收、磁性等特征存在一个或多个差异。这些特征保证了机具可以通过不同方法比较钞票左右两侧的异同。荧光用于号码，加大了号码和底纹的区别，提高了号码识读的准确率。

4. 纤维。用于钞票的各种有色、无色的荧光纤维，目前从单一的纯色荧光已经发展出多荧光色相间隔的彩虹荧光纤维，且目前已在十多个发行机构的票面使用。主要有两色、三色荧光，或者两段、三段间隔的应用形式。在这些钞票中，多数三色荧光纤维的荧光色序随机分布（如欧元），但是挪威、保加利亚、阿根廷、巴巴多斯等国家的全部或部分钞票使用的彩虹荧光纤维，色序完全一致，这是特殊工艺处理的结果，如图5-53所示。

图5-53　固定色序彩虹荧光纤维（阿根廷比索）

（二）红外特征

红外特征是常用机读特征之一，通常以印迹图文的形式呈现。传统用法是可见光颜色相同的印迹，在红外光下观察，其中一部分呈灰黑色的红外吸收图文，另一部分不可见。通常该特征需要借助红外成像设备识读。该技术虽然是机具或专业人员识读的常用特征，但全球发行机构较少在公开的宣传中涉及。

该特征源于在油墨中使用的具有红外吸收性能的功能材料，是一种材料防伪技术，也是为满足钞票的机具处理和防止伪造的需求逐渐发展并不断提升的防伪特征。早期使用该特征的油墨，由于材料自身颜色的限制，印刷出的图文颜色较深，对票面整体用色有一定制约。近年发展出了浅色材料，大大丰富了图文的用色空间。特别是针对打印伪造，由于常用打印设备通常使用黄、品、青、黑墨水或墨粉拼色模拟真钞颜色，如果真钞色彩鲜亮、明艳，同时具有较好的红外吸收特性，这对打印复制假币，是个较高的技术门槛。此外，为了适应钞票机具的高速处理，近年新近发行的钞票红外特征分布也逐渐趋于系统、规范。例如很多钞票仅在单面设置红外吸收图文，也有的钞票双面使用红外吸收特征，但在红外透光下观察，双面各吸收特征之间彼此分离，互不交叠，这样避免造成银行机具的识读误差。

（三）磁性特征

磁性特征是利用材料的磁特性实现的防伪特征，该特征的应用方式通常有安全线、图文印迹、号码和纤维。这也是一种应用已久，但比较隐蔽的防伪特征。

磁性特征的发展是材料和识读技术相互促进的结果。识读设备从最初的判断有无，发展为信号识读，再到成像。材料的应用形式从简单的添加，到编码，再到特征配合，近年又发展出更隐蔽的磁材料，提高了货币伪造难度。

（四）信息化特征

信息化防伪特征是近年来随着信息技术发展而逐渐应用于纸币的一类防伪特征。它通过对票面物理特征的信息提取、组合、加密等实现防伪功能。信息化防伪区别于物理防伪技术（光学、磁学等）的主要特点是：特征识读有赖于算法和数据处理，信息量大或者信息变化隐蔽。目前，纸币上主要应用的信息化防伪技术有冠字号码校验、图像编码加密等。

1. 冠字号码校验特征。冠字号码校验特征主要应用在钞票冠字号码上。冠字号码整体或局部按照一定的算法排列并变化。查验该项防伪特征时，使用者必须了解加密原理，通过运算判定冠字号码编排的准确性。冠字号码校验除了可以用于人工鉴别识读，还可用于机具识别，增强了机具对冠字号码的识别能力。

2. 图像编码加密特征。图像编码加密是应对图像复制的防伪技术，是针对通用的图像读取设备和图像处理软件作出特定反应的一类防伪特征。目前比较通用的技术包括：

（1）票面按一定规则排列的平行细线条，用于防止低分辨率的复制技术。

（2）防复印标识。即按一定规则排列的图形组，规则有不同分类，应用形式较多的是圆环。我国在2004年发行的1999年版1元纸币上开始使用该技术，2005年及以后发行的纸币中全面采用。

（3）图文编码。该技术基于伪造防治系统（Counterfeit Deterrence System，CDS）的协议。该协议由全球主要数字输入、输出硬件及图像处理软件的供应商与多个发行机构合作，将一定的图文处理协议同时植入钞票图文、图像处理软件以及输入/输出硬件处理器，阻止一般用户通过数码软硬件读取、编辑和输出加入该协议国的纸币图像，进而在一定程度上遏制了伪造货币的可能性。如欧元、美元、日元等钞票图像在图片处理软件中受限，在输出过程中会终止，如图5-54所示。

图5-54　Photoshop软件不支持钞票图像的输出

第三节　硬币防伪特征

硬币防伪特征与纸币防伪特征一样，必须能在一定时期内有效阻止伪造货币。硬币综合防伪性能由图文设计、特殊材料、制造工艺、信息化特征等多种技术手段集中体现，随着工艺技术的持续创新和制造设备的不断升级，硬币的可识别性和防止伪造能力得以不断增强。

一、公众防伪特征

（一）形制特征

1. 双金属结构特征。双金属结构特征主要是指由两种不同的硬币材料镶嵌形成的特征。平视观察，可见硬币采用两种金属材料所形成的颜色或形态有所差别。双金属特征使用广泛，越来越多的国家采用双金属镶嵌防伪特征作为硬币的重要防伪手段，应用于中、高面值流通币及纪念币，具体如表5-4所示。

表5-4 国外已发行双金属镶嵌流通硬币一览表

序号	国家/地区	面值	芯环材质
1	阿根廷	1比索（1994年）	铝青铜/铜镍合金
2	加拿大	2加元（2012年）	黄铜包青铜/镍包钢
3	捷克	50克朗（1993年）	黄铜包钢/铜包钢
4	墨西哥	1比索、2比索、5比索（1992年）	铝青铜/不锈钢
		10比索（1992年）	铜锌镍合金/铝青铜
5	南非	5兰特（2004年）	铜合金/铜合金
6	欧元区国家	1欧元（2002年）	铜镍—镍—铜镍复合材料/镍黄铜
		2欧元（2002年）	镍黄铜—镍—镍黄铜复合材料/铜镍合金
7	泰国	10泰铢（1988年）	铝青铜/铜镍合金
8	印度	10卢比（2004年、2008年和2014年）	铜镍合金/铝青铜
9	印度尼西亚	1000卢比（1993年）	铝青铜/铜镍合金
10	英国	1英镑（2017年）	镍包钢/镍黄铜

由表5-4可见，很多国家在前期已开始生产和发行双金属结构的流通币，且在实际流通过程中得到了较好的使用效果，如图5-55所示。首先，双金属币制造工艺相对复杂，相对地提高了仿制成本。其次，它具有很强的艺术观赏性，可以完善硬币系列的多样性。同时，双金属结构改变了单一合金的机读识别信号，更容易被机器识别，便于货币的流通使用。我国在20世纪90年代中期经过对该项技术进行攻关和验证，也正式发行了双金属普通纪念币，如图5-56所示。截至2021年初，我国共发行了18个品种的双金属普通纪念币，开启了我国双金属结构硬币技术质量水平不断提升、生产应用快速发展的历史进程。

图5-55 2欧元、500日元、1英镑（2017 年版）双金属硬币

图 5-56 “庆祝中华人民共和国香港特别行政区成立”“中华人民共和国成立五十周年”双金属普通纪念币

部分国家在双金属币技术的基础上开发了三金属币，其新颖的设计形式也受到了国际上的普遍关注，主要代表货币为澳大利亚50澳元和德国5欧元纪念币。澳大利亚在50澳元纪念币（2002年）上采用了内芯、中环和外环三环币结构。此外，德国5欧元纪念币则是在外环和内芯采用了两种白铜合金、中环采用了非金属聚合材料，如图5-57所示。

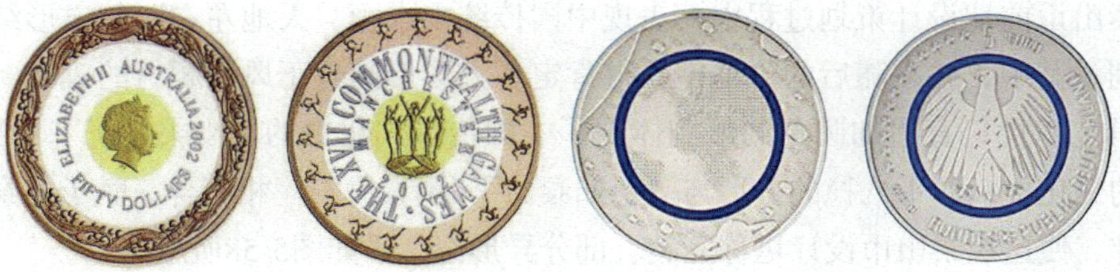

图5-57　澳大利亚50澳元、德国5欧元纪念币

2. 异形特征。异形特征一般是指形状为非圆形的硬币形制特征。异形特征按照形状特征可分为多边形、扇形、梅花形等。异形币的加工难度较圆形币高，且对产品尺寸设计、图纹设计、生产质量控制要求较高，具有一定的防伪性能。目前，对称型异形特征的流通硬币在国外已经得到广泛应用，如表5-5所示。形状更为复杂的异形特征则主要应用于贵金属纪念币品种。

表5-5　国外部分已发行异形流通硬币一览表

序号	国家	面值	形状
1	荷兰	5分（1980年）	四边形
2	澳大利亚	50 分（1999年）	十二边形
3	加拿大	1元（2003年）	十一边形
4	捷克	20克朗、2克朗（1998年）	十三边形、十一边形
5	墨西哥	20分（1995年）	十二边形
6	英国	50便士、20便士（2012年）	七边形

日本、英国、澳大利亚等国在流通硬币和纪念币上均广泛应用了异形防伪特征。以往，我国主要在贵金属纪念币上应用该项防伪技术，曾于生肖系列纪念币及“吉祥文化”系列纪念币中应用了扇形、正多边形、长方形、梅花形、心形等异形形制。2019年，随着“世界文化和自然遗产——泰山”普通纪念币（以下简称泰山币）的成功发行，标志着我国在普通纪念币上实现了圆角正方形的设计应用和大批量生产。泰山币所采用的方形设计结构在国际上并不鲜见，大多以贵金属材质进行设计制作。我国在纪念币形制设计上开发了诸多规格，但在泰山币之前还未采用过正方形设计方案。在泰山币前期设计策划过程中，表现中国传统山水画“天地左右”的方形结构设计方案列举其中，并在随后的论证中获得肯定。方形形制适于风景题材的表现，使泰山币更具艺术性；直边加圆角的形制体现了中国传统文化中的“刚柔并济”，增添了泰山币的文化性；四平八稳的方形与“稳如泰山”“国泰民安”相契合，赋予了泰山币国家精神，使这枚泰山币设计堪称完美。部分异形纪念币如图5-58所示。

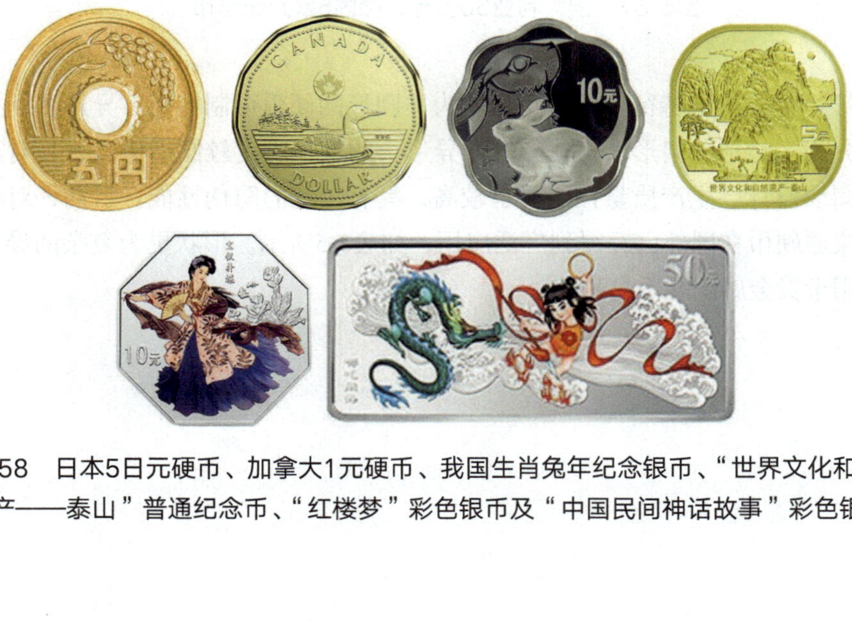

图5-58　日本5日元硬币、加拿大1元硬币、我国生肖兔年纪念银币、“世界文化和自然遗产——泰山”普通纪念币、“红楼梦”彩色银币及“中国民间神话故事”彩色银币

（二）隐形图文特征

隐形图文特征是一种随观察角度变化而产生一种或多种不同图文视觉效果的防伪特征。一般在平视情况下，硬币上隐形图文特征不可见或极为模糊。隐形图文特征按照制作原理可分为单面、双面或多面隐形图文，按照题材可分为数字图案、形状图案、文字图案等。

隐形图文技术在纸币上应用较早，由于该项技术具有良好的公众防伪效果，此后经批量试制验证被成功应用到金属硬币上。早期在西班牙500比塞塔及新加坡发行的1盎司猪年生肖金币上均进行了使用。2001年发行的“西藏和平解放50周年”普通纪念币是我国在硬币上首次使用隐形图文技术。当变换角度观察隐形图案部位时，可以看到三组“★”和一组“五十”字样组成的隐形图文。随后发行的“辛亥革命90周年”“第29届奥林匹克运动会”等普通纪念币也采用了此项防伪技术。

隐形图文特征的核心是高精度的隐形图案雕刻技术。由于其较高的防伪性能，在国内外流通硬币上获得广泛应用。该特征常应用于中高面值硬币中，如俄罗斯10卢布（2009—2015年）采用了双面隐形图文防伪特征（如图5-59所示），荷兰小公主诞生10欧元纪念银币采用了多面隐形图文防伪特征（如图5-60所示）。

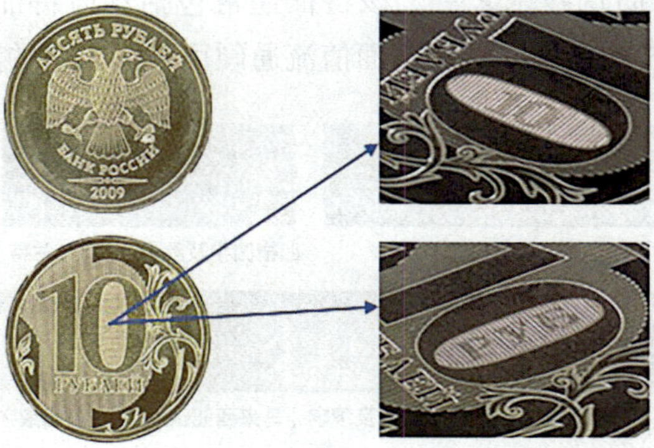

图5-59　俄罗斯10卢布（2009—2015 年）

图5-60　荷兰小公主诞生10欧元纪念银币

隐形图文研制和攻关的过程也是我国造币技术和造币装备逐步提升的历史过程。伴随着隐形图案从简单到复杂的演变，目前已成功应用于“西藏和平解放五十周年”

纪念币、“第29届奥林匹克运动会”普通纪念币（如图5-61所示）、“‘和’字书法——行书”普通纪念币、2015年贺岁普通纪念币等诸多人民币硬币品种。

图5-61　第29届奥林匹克运动会普通纪念币

（三）边部特征

硬币的边部特征是在硬币边部采用机械方式加工出具有立体效果的图案特征，是硬币最早采用的主要防伪技术之一。该特征通常包括丝齿特征、滚字特征、凹槽特征、分层特征等。图5-62是国外几种高面值流通硬币边部采用的防伪技术。

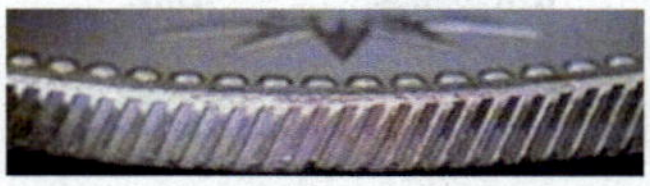

斜丝齿（500日元）

凹槽凹字及丝齿（南非5兰特）

分层结构及丝齿（1美元）

分层结构及滚字（马来西亚50仙）

丝齿滚字（2012年版加拿大2元）

图5-62　国外几种高面值流通硬币边部采用的防伪技术

1. 丝齿特征。丝齿特征是在硬币压印环节，在边部形成金属堆积而产生的一种防伪特征。丝齿特征按照制作原理可以分为直齿、斜丝齿、间断丝齿、直（斜）齿间隔半齿、疏密齿等。斜丝齿是指与硬币轴径有一定交错角度的连续丝齿；间断丝齿是指硬币边部柱面一组丝齿和一段光滑柱面按一定规律间隔呈现；直（斜）齿间隔半齿是指在直齿或斜丝齿的基础上，将全齿和半齿交替排列呈现；疏密齿则通过丝齿间距的规律性排列呈现疏密相间的效果。

丝齿特征伴随着硬币制造的发展不断被国际社会普遍认可和使用，成为硬币的特征符号之一。除了使用率非常高的直齿外，斜丝齿也应用于500日元，1欧元则应用了间断丝齿。

我国十分注重硬币边部丝齿防伪技术的开发和应用。其中，在第五套人民币5角硬币中应用了间断丝齿，共有6个丝齿段，每个丝齿段有8个齿距相等的丝齿。在已发行的普通纪念币中，“上海世界博览会”普通纪念币应用了斜丝齿滚字技术，“和”字书法（行书）普通纪念币应用了直齿间隔半齿技术、“第29届奥林匹克运动会”普通纪念币应用了斜齿间隔半齿技术、“世界文化和自然遗产——泰山”普通纪念币首次应用了疏密齿技术等。在贵金属纪念币中，熊猫普制币系列均采用了斜丝齿技术。

2. 滚字特征。滚字特征是在金属硬币边部的圆柱体立面上滚压图纹或文字。平视观察，可见硬币边部上的文字或图案信息。滚字特征按照制作原理可分为边部光面滚字、丝齿滚字等；按照题材可分为形状图案、文字图案等；按照图案表现形式可分为阳文（凸出）和阴文（凹入）。

滚字特征的公众防伪性能良好，尤其具备较高防伪能力的丝齿滚字技术，如2加元（2012年版）应用了丝齿滚印枫叶、1英镑（2015年版）应用了丝齿滚印字母等。我国滚字技术应用一直处于循序渐进、逐步提升的发展过程。1993年，“毛泽东诞辰100周年”普通纪念币首次应用了滚字技术。2000年，在中国人民银行发行的第五套人民币1元流通硬币中也使用了滚字技术，边部共滚印三组大写字母“RMB”和图纹。2010年，“上海世界博览会”普通纪念币首次应用了斜丝齿滚字，使硬币边部防伪水平得到进一步提高。表5-6是部分国家/地区中高面值流通硬币边部防伪特征情况。

表5-6　部分国家/地区中高面值流通硬币边部防伪特征一览表

序号	国家/地区	面值	边部
1	澳大利亚	2元（1998年）	间断丝齿
2	巴西	1雷亚尔（2007年）	间断丝齿
3	俄罗斯	10卢布（2009年）	间断丝齿
4	韩国	500韩元（2012年）	丝齿
5	加拿大	2加元（1996年）	间断丝齿
6	南非	5兰特（2010年）	凹槽滚字
7	欧元区国家	2欧元（2002年）	丝齿滚字
		1欧元（2002年）	间断丝齿
8	日本	500日元（平成18年）	斜丝齿
		500日元（平成10年）	滚字
9	英国	1英镑（2008年）	丝齿加滚字
		1英镑（2017年）	间断丝齿

二、专业防伪特征

（一）缩微图文特征

缩微图文特征是在硬币模具上雕刻微小文字或图案，将其压印转移到硬币上，呈现其细微形态的一种防伪特征。该特征一般通过雕刻特定的标志（暗记）来提高硬币防伪能力。观察特征时，需要借助放大镜或者显微镜才能准确识别其中的图文信息。在各国发行硬币时，有时也作为公众防伪特征进行发布。

缩微图文特征具有较强的防伪性，很多国家的流通硬币应用了此特征。如1998年南非首次展示了采用缩微图文特征的纪念章，2000年发行的500日元流通硬币是缩微图文特征应用的典型代表。2001年9月27日我国发行的“辛亥革命90周年”普通纪念币首次使用了微缩文字技术。在该币隐形图文的两侧分别有“辛亥”和“革命”缩微文字字样。在随后发行的世界文化遗产系列和宝岛台湾系列普通纪念币的正面清边内缘台阶处，在上下左右四个位置各设计了一组汉语拼音阴文缩微文字，前者缩微文字为“SHI JIE WEN HUA YI CHAN”字样，后者缩微文字为“BAO DAO TAI WAN”字样。受早期模具制作设备的性能限制，当时的缩微文字在高倍放大情况下略显粗糙。后期雕刻技术和设备性能的不断提升，以“奥运币”为代表的产品在缩微文字制作精度上越来越高、表现效果日臻完善。如图5-63所示。

图5-63　宝岛台湾系列普通纪念币

（二）电磁特征

电磁特征是每种硬币材料所表现出的一种固有特性。它是在特定电涡流频率下，通过获取的硬币电磁信号，来表征硬币的电性能和磁性能。电磁特征是硬币防伪的一项重要技术指标，具有快速识别、快速清点的特性，是硬币鉴伪设备的核心判定依据。

（三）信息化特征

随着信息技术的发展，越来越多的新技术与传统硬币特性相结合，产生了基于硬币的信息化特征。识别硬币信息化特征，往往需要使用专用设备对硬币信息进行提取和识别。在这一领域，比较知名的技术有DNA机读特征等。

DNA机读特征的全称是Digital Non-destuctive Activation。该特征是通过高分辨率图像系统获取硬币表面独特的微观形貌，按照特殊编码系统将微观形貌信息转化为数字编码，最后将数字编码存储在数据库中以便进行识码、搜索匹配、鉴别。如图5-64、图5-65所示。

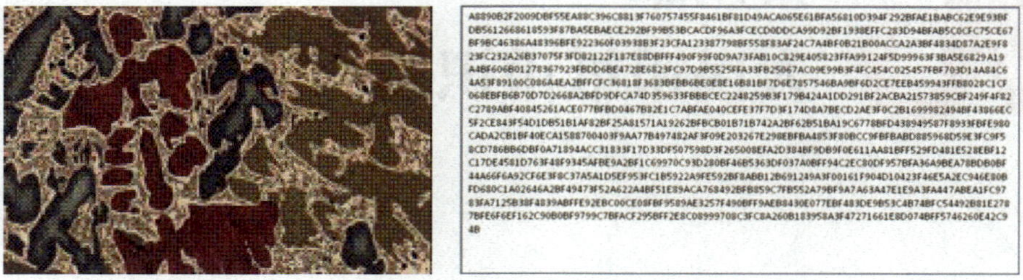

图5-64　硬币表面微观形貌、数字编码

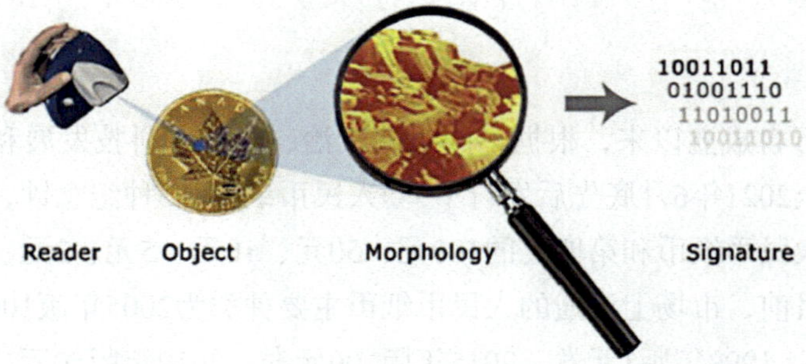

图5-65　DNA硬币机读技术工作示意图

DNA机读特征具有唯一性和不可复制性，可以实现对硬币全寿命周期的管理，扫描、鉴别速率高，能满足硬币高速鉴伪的要求。该特征已经应用于加拿大2012年版1加元、2加元上，并拓展到了纪念币等领域。

货币防伪技术是在适应流通领域不断出现新需求牵引下形成、发展和提升的，是在汲取诸多技术领域营养的过程中不断完善的，更是在应对形形色色的伪造竞争中不断升级的。当前及未来一段时间内，货币防伪技术将不囿于单项材料、工艺或技术的进步，而是传统产业链在新的发展趋势下，逐步完成深层的、整体的、系统化的演进。

06 第六章 人民币纸币识别与防伪特征

第一节　人民币纸币发行与票面特征

中国人民银行自成立以来，根据不同时期政治、经济、科技发展和反假货币及市场流通需要，截至2021年6月底先后发行了5套人民币纸币和5种纪念钞，其中第一套、第二套、第三套人民币纸币和第四套的100元、50元、10元、5元、2元、1元、2角纸币已经停止流通。目前，市场上流通的人民币纸币主要种类为2005年版100元、50元、20元、10元、5元券，1999年版1元券，2015年版100元券，2019年版50元、20元、10元、1元券以及2020年版5元券。第四套人民币5角、1角纸币和第五套人民币纸币中的部分早期版别还有少量仍在流通。

一、人民币纸币发行概况

（一）第一套人民币纸币

第一套人民币自1948年12月1日开始发行，共12种面额，62种版别，其中1元券2种、5元券4种、10元券4种、20元券7种、50元券7种、100元券10种、200元券5种、500元券6种、1000元券6种、5000元券5种、10000元券4种、50000元券2种（1949年发行的正面万寿山图景100元券和正面列车图景50元券各有两种版别）。如表6-1所示。

1948年，随着人民解放战争的顺利进行，分散的各解放区迅速连成一片，为适应形势的发展，亟须一种统一的货币替代原来种类庞杂、折算不便的各解放区货币。为此，1948年12月1日，中国人民银行在河北省石家庄市成立，同日开始发行统一的人民币。时任华北人民政府主席董必武同志为第一套人民币题写了中国人民银行行名。

人民币发行后，逐步扩大流通区域，原各解放区的地方货币陆续停止发行和流通，并按规定比价逐步收回。1949年初，中国人民银行总行迁到北平（今北京），各省、市、自治区相继成立中国人民银行分行，至1951年底，人民币成为我国唯一合法货币，在除港澳台地区、西藏以外的全国范围流通（西藏地区自1957年7月15日起正式流通使用人民币）。

统一发行人民币是为迎接全国解放采取的一项重大措施，它清除了国民党政府发行的各种货币，结束了国民党统治下几十年通货膨胀和中国近百年外币、金银货币在市场流通买卖的历史，促进了人民解放战争的全面胜利，在新中国成立初期经济恢复时期发挥了重要作用。

表6-1　第一套人民币纸币一览表

券别	图案		主色	发行时间
	正面	背面		
1元	工人和农民	花符	蓝、粉	1949.1.10
1元	工厂	花球	浅蓝、红蓝	1949.8
5元	牧羊	花符	绿	1949.2.23
5元	帆船	花符	蓝	1949.1.10
5元	牛	花球	蓝	1949.7
5元	纟丕纱	花符	黄、棕	1949.8
10元	木工	花符	黄、粉	1949.2.23
10元	灌田	花符	浅绿、深绿	1948.12.1
10元	火车站	花符	茶	1949.5.25
10元	工人和农民	宝塔	浅绿、深绿	1949.8
20元	施肥	大花球	深绿、咖啡	1948.12.1
20元	推车	花符	绿、蓝、咖啡	1949.2.23
20元	万寿山（甲）	花符	浅蓝、蓝	1949.7
20元	工业交通	花球	蓝绿、黑黄	1949.8
20元	火车、帆船	花符	紫	1949.8
20元	打场	花符	深蓝、浅蓝	1949.9
20元	万寿山（乙）	花符	紫红	1949.10

续表

券别	图案		主色	发行时间
	正面	背面		
50元	水车	花符	浅蓝、红黑	1948.12.1
50元	火车、大桥（甲）	汽车	紫红	1949.2.10
50元	列车（甲）	花符	黄、蓝、黑	1949.3.20
50元	列车（乙）	花符	黄、蓝、黑	1949.4
50元	火车、大桥（乙）	汽车	深蓝	1949.6
50元	工人和农民	花球	浅咖啡	1949.8
50元	压道机	车马	浅蓝、绿灰	1949.10.3
100元	耙地	花符	蓝、黄、红、黑	1949.1.10
100元	火车站	花符	蓝、绿、茄紫	1949.2.5
100元	万寿山（甲）	火车	绿	1949.2.5
100元	万寿山（乙）	火车	绿	1949.3.20
100元	工厂	花符	藕荷红	1949.3.20
100元	北海桥（甲）	花符	蓝、紫、黑	1949.3.25
100元	北海桥（乙）	花符	黄、黑、紫、灰、蓝	1949.7
100元	轮船	大花座	藕荷红	1949.8
100元	运输	花符	深黄、栗茶、黑	1949.11.15
100元	帆船	花符	赭石	1950.1.20
200元	颐和园	花符	黄、蓝	1949.3.20
200元	排云殿	花符	黄、紫、绿	1949.5.8
200元	长城	花符	绿、茄紫	1949.8
200元	钢铁厂	花球	黄、蓝、咖啡	1949.9
200元	割稻	花符	黑蓝	1949.10.20
500元	农村	花符	深茶	1949.9.11
500元	正阳门	花符	灰绿、淡紫、黑	1949.9.11
500元	起重机	花符	浅咖啡	1949.10.3

续表

券别	图案		主色	发行时间
	正面	背面		
500元	收割机	花符	豆绿	1949.10.20
500元	种地	花符	绿、紫、黑、酱红	1951.4.1
500元	瞻德城	花符（有维文）	浅蓝、酱紫红	1951.10.1
1000元	耕地	天坛	浅紫、深灰	1949.9.11
1000元	秋收	花符	浅蓝、浅黄	1949.10.3
1000元	三台拖拉机	割麦	蓝黑	1949.11.15
1000元	推车	轮船	浅蓝、紫	1949.12.23
1000元	钱塘江桥	花球	墨绿、蓝黑	1950.1.20
1000元	牧马	花符（有维文）	浅蓝、深绿	1951.10.1
5000元	耕地机	花符	浅蓝、葱绿、黑蓝	1950.1.20
5000元	工厂	花球	深茶	1950.1.20
5000元	骆驼	花符（有蒙文）	浅绿、深绿	1951.5.17
5000元	牧羊	花符（有维文）	浅绿、深茶	1951.10.1
5000元	渭河桥	花符	紫茶	1953.9.25
10000元	轮船	花符	杏黄、浅蓝、墨绿	1950.1.20
10000元	双马耕地	牧牛羊	黄、深棕	1950.1.20
10000元	牧马	花符（有蒙文）	浅紫、红茶	1951.5.17
10000元	骆驼	花符（有维文）	茶红	1951.10.1
50000元	新华门	履带拖拉机	蓝黑、红绿	1953.12
50000元	收割机	生产图	红、紫、绿	1953.12

（二）第二套人民币纸币

第一套人民币发行几年后，工农业生产迅速恢复和发展，商品经济日益活跃，市场物价稳定。国家商品库存、黄金储备也连年增加，货币制度相应巩固和健全，一个独立、统一的货币制度已建立起来。但是，由于解放前连续多年的通货膨胀遗留的影响没有完全消除，第一套人民币的面额较大（最大为50000元）而单位价值较低，日常经济活动以万元作为记账单位，不利于商品流通和经济发展，给人民生活带来极大不便。另外，由于受当时物质条件和技术条件的限制，第一套人民币的纸张质量较差，券别种类繁多，文字说明单一，票面破损较严重。

为了改变上述不足，提高印制质量，进一步健全我国货币制度，1955年2月21日国务院发布命令，决定由中国人民银行自1955年3月1日起发行第二套人民币，收回第一套人民币。第二套人民币和第一套人民币折合比率为：第二套人民币1元等于第一套人民币1万元。

1955年3月1日公布发行的第二套人民币共10种面额纸币：1分、2分、5分、1角、2角、5角、1元、2元、3元和5元，1957年12月1日又发行10元券。同时，为便于流通，国务院发布命令，自1957年12月1日起发行1分、2分、5分3种硬币，与纸分币等值流通。后来，对1元券和5元券的图案、花纹又分别进行了调整并更换颜色，于1961年3月25日和1962年4月20日分别发行了黑色1元券和棕色5元券。第二套人民币的面额总计14种，其中纸币11种、硬币3种；版别16种。如表6-2所示（硬币略）。

表6-2　第二套人民币纸币一览表

券别	图案		主色	发行时间
	正面	背面		
1分	汽车	国徽等	茶、米黄	1955.3.1
2分	飞机	国徽等	蓝、浅蓝	1955.3.1
5分	轮船	国徽等	墨绿、浅翠绿	1955.3.1
1角	拖拉机	国徽等	棕、黄、浅草绿	1955.3.1
2角	火车	国徽等	黑、绿、浅紫粉	1955.3.1
5角	水电站	国徽等	紫、浅紫、浅蓝	1955.3.1
1元	天安门	国徽等	红、黄、粉紫红	1955.3.1
1元	天安门	国徽等	蓝黑、橘红	1961.3.25
2元	宝塔山	国徽等	深蓝、土黄、灰蓝	1955.3.1
3元	井冈山	国徽等	深绿	1955.3.1
5元	各民族大团结	国徽等	酱紫、橙黄	1955.3.1
5元	各民族大团结	国徽等	深棕、米黄	1962.4.20
10元	工农像	国徽、多色牡丹等	黑	1957.12.1

1964年4月14日，中国人民银行发布了《关于收回三种人民币票券的通告》，决定从1964年4月15日开始限期收回苏联代印的1953年版的3元、5元和10元券，1964年5月15日停止收兑和流通使用。

第二套人民币在设计、印制发行工作中，得到了中央领导同志的极大关怀和高度重视。他们亲自审查了整个设计方案。在设计时，采纳了周总理提出的许多具体、宝贵的修改意见，使得第二套人民币设计主题思想明确，印制工艺技术先进，主辅币结构合理，图案颜色新颖。主景图案内容体现了新中国社会主义建设的风貌，表现了中国共产党革命的战斗历程和各族人民大团结的主题思想。钞票式样打破了原有的固定四边框形式，采用了左右花纹对称的新形式；票面尺幅按面额大小分档次递增；整个图案、花边、花纹线条精致、美观、活泼，具有鲜明的民族风格。第二套人民币在印制工艺上除了分币外，其他券别采用胶凹套印，其中角币为正面凹版印刷（单凹）；1元、2元、3元和5元券采用正背面凹版印刷（双凹）。第二套人民币的凹印版是以我国传统的手工雕刻方法制作的，具有独特的民族风格，其优点是版纹深、墨层厚，有较好的反假防伪功能。第二套人民币成为我国第一套完整、精致的货币，对健全我国货币制度，促进社会主义经济建设发挥了重要作用。

（三）第三套人民币纸币

第三套人民币是1962年开始发行的。当时，我国经过了连续三年经济困难时期，国民经济开始恢复和发展，国家财政金融状况逐渐好转。为了促进工农业生产发展和商品流通，方便群众使用，经国务院批准，中国人民银行于1962年4月20日开始发行第三套人民币。第三套人民币和第二套人民币面额等值，并在市场上混合流通。

第三套人民币取消了第二套人民币中的3元券，增加了1角、2角、5角、1元4种硬币。自1962年4月20日发行枣红色1角券开始到1980年4月15日发行1角、2角、5角、1元硬币止，经过了18年的逐步调整、更换，共陆续收回第二套人民币（除6种纸、硬分币外）10种，陆续发行第三套人民币11种面额，其中纸币7种、硬币4种；13种版别，其中，10元券1种、5元券1种、2元券1种、1元券1种、5角券1种、2角券1种、1角券3种、1元硬币1种、5角硬币1种、2角硬币1种、1角硬币1种，如表6-3所示（硬币略）。

表6-3　第三套人民币纸币一览表

券别	图案		主色	发行时间
	正面	背面		
1角	教育与生产劳动相结合	国徽和菊花	枣红、橘红、蓝绿	1962.4.20
1角	教育与生产劳动相结合	国徽和菊花	深棕、浅紫	1966.1.10
1角	教育与生产劳动相结合	国徽和菊花	深棕、浅紫	1967.12.15

续表

券别	图案		主色	发行时间
	正面	背面		
2角	武汉长江大桥	国徽和牡丹花	墨绿	1964.4.15
5角	纺织厂	国徽、棉花和梅花	青莲、橘黄	1974.1.5
1元	女拖拉机手	国徽和放牧	深红	1969.10.20
2元	车床工人	国徽和石油矿井	深绿	1964.4.15
5元	炼钢工人	国徽和露天采矿	深棕、咖啡、黑	1969.10.20
10元	人民代表步出大会堂	国徽和天安门	黑	1966.1.10

1956年版棕色5元券是第二套人民币最后一个品种，它是在1955年3月1日开始发行的酱紫色5元券的基础上，对颜色、花纹进行更换调整。同时发行的1960年版枣红色1角券是第三套人民币的开始。1964年4月15日，第三套人民币的深绿色2元券和墨绿色2角券同时发行。1966年1月10日，发行有天安门水印的1965年版10元券和1962年版1角券。为了解决1962年版1角券背面颜色与1962年版2角券背面颜色相近似、不易辨认的问题，1967年12月15日调整了1962年版1角券背面颜色，发行了1962年版1角券。1969年10月20日，第三套人民币深棕色5元券和深红色1元券开始发行。1974年1月5日，发行第三套人民币的青莲色5角券。1980年4月15日，经国务院批准，开始发行1角、2角、5角和1元4种硬币。这4种硬币与市场流通的同面额纸币等值流通。

第三套人民币1962年4月20日开始发行，到2000年7月1日停止流通，历时38年。这套人民币从1958年开始统一设计，票面设计图案比较集中地反映了当时我国国民经济以农业为基础、以工业为主导、工农轻重并举的方针。在印制工艺上，第三套人民币继承和发扬了第二套人民币的技术传统、风格；制版采用机器和传统手工相结合，精雕细刻，图案、花纹线条精细；油墨配色合理，色彩新颖、明快；票面纸幅较小，图案美观大方。部分面额如5角、1元、2元、5元和10元的正面团花部分应用胶印多色接线印刷技术，在当时具有国际领先地位。

第三套人民币券别结构合理，纸币、硬币品种丰富，设计思想鲜明，印制工艺也比较先进，增强了人民币的防伪能力，为健全我国货币制度，促进经济发展发挥了重要作用。

（四）第四套人民币纸币

随着党的十一届三中全会改革开放政策的实施，我国国民经济迅速发展，城乡商品经济日益活跃，社会商品零售额大幅度增长，要求货币发行在总量上和券别结构上都要与之相适应。为了适应经济发展的需要，进一步健全我国的货币制度，方便流通使用和交易核算，1987年4月25日，国务院颁布了发行第四套人民币的命令，责成中国人民银行自1987年4月27日起，陆续发行第四套人民币12种面额、17种版别，其中纸币1元、2元、5元、10元、50元、100元6种，辅币1角、2角、5角3种，共9种面额、14种版别；硬币1元、5角、1角共3种面额、3种版别。如表6-4所示（硬币略）。

表6-4 第四套人民币纸币一览表

券别	图案		主色	发行时间
	正面	背面		
100元	毛泽东、周恩来、刘少奇、朱德浮雕像	井冈山	蓝黑	1988.5.10
100元	毛泽东、周恩来、刘少奇、朱德浮雕像	井冈山	蓝黑	1992.8.20
50元	工人、农民、知识分子头像	黄河壶口	黑茶	1987.4.27
50元	工人、农民、知识分子头像	黄河壶口	黑茶	1992.8.20
10元	汉族、蒙古族人物头像	珠穆朗玛峰	黑蓝	1988.9.22
5元	藏族、回族人物头像	长江巫峡	棕	1988.9.22
2元	维吾尔族、彝族人物头像	南海南天一柱	绿	1988.5.10
2元	维吾尔族、彝族人物头像	南海南天一柱	绿	1996.4.10
1元	侗族、瑶族人物头像	长城	深红	1988.5.10
1元	侗族、瑶族人物头像	长城	深红	1995.3.1
1元	侗族、瑶族人物头像	长城	深红	1997.4.1
5角	苗族、壮族人物头像	国徽、民族图案	紫红	1987.4.27
2角	布依族、朝鲜族人物头像	国徽、民族图案	蓝绿	1988.5.10
1角	高山族、满族人物头像	国徽、民族图案	深棕	1988.9.22

第四套人民币采取“一次公布，分次发行”的发行方式。1987年4月27日首先发行50元券和5角券，1988年5月10日发行了100元、2元、1元和2角券，1988年9月22日，发行了10元、5元、1角券。为提高人民币防伪能力，1992年8月20日，发行了1990年版50元、100元券。根据1992年5月8日第97号国务院令，中国人民银行自1992年6月1日起发行了第四套人民币1元、5角、1角硬币，使第四套人民币结构更加完善。1995年3月1日和1997年4月1日，分别发行了1990年版和1996年版1元券。1996年4月10日，发行

了1990年版2元券。2018年中国人民银行发布《关于第四套人民币部分券别停止流通及办理兑换的公告》，自2018年5月1日起停止第四套人民币100元、50元、10元、5元、2元、1元、2角纸币和1角硬币在市场上流通。

第四套人民币在设计思想、风格和印制工艺上都有一定的创新和突破，在设计理念上体现了在中国共产党领导下，全国各族人民意气风发，团结一致，建设有中国特色社会主义的主题。为了强调这一主题，100元券采用了中国共产党老一辈革命家毛泽东、周恩来、刘少奇和朱德的侧面浮雕像；50元券采用工人、农民和知识分子头像；其他券别采用了我国14个民族人物头像。票面人像清晰，栩栩如生。在设计风格上，保持和发扬了中国民族艺术传统特点。主币背面图景取材于中国名胜古迹、名山大川，背面纹饰全部采用富有中国民族艺术特点的图案，如凤凰牡丹、仙鹤松树、绶带鸟翠竹、燕子桃花等。这些图景、纹饰与主景融为一体，表现出鲜明的民族风格。在印制工艺上，主景全部采用了大幅人物头像，雕刻工艺复杂。钞纸分别应用了满版水印和固定人像水印技术，不仅表现出线条图景，而且有明暗层次，工艺技术很高，进一步提高了我国印钞工艺技术水平和钞票防伪能力。为了适应商品经济发展的需要，便利流通，提高社会工作效率，第四套人民币增加发行了50元和100元两个大额券别。

（五）第五套人民币纸币

改革开放以来，随着社会主义市场经济持续、健康、快速发展，社会对现金的需求量也日益增大，对人民币的数量与质量、总量与结构都提出了新要求。第四套人民币的设计、印制开始于改革开放之初，限于当时的条件，第四套人民币本身存在一些不足之处，如防伪措施简单，不利于人民币反假；缺少机读性能，不利于钞票自动化处理等。因此，发行新版人民币势在必行。

1999年10月1日，在中华人民共和国成立50周年之际，根据中华人民共和国国务院第268号令，中国人民银行陆续发行第五套人民币。第五套人民币共8种面额：100元、50元、20元、10元、5元、1元、5角、1角。第五套人民币根据市场流通中低面额主币实际大量承担找零角色的状况，增加了20元面额，取消了2元面额，使面额结构更加合理。

第五套人民币于1999年10月1日首先发行了100元券；2000年10月16日发行了20元券、1元和1角硬币；2001年9月1日，发行了50元、10元券；2002年11月18日，发行了5元券、5角硬币；2004年7月30日，发行了1元券。为提高第五套人民币的印刷工艺和防伪技术水平，经国务院批准，中国人民银行于2005年8月31日发行了2005年版第五套人民币100元、50元、20元、10元、5元券和不锈钢材质1角硬币。2015年11月12日发行了2015年版第五套人民币100元券，2019年8月30日发行了2019年版第五套人民币50元券、20元券、10元券和1元券，最主要的变化是提高了票面色彩的鲜亮度，优化了票面结构层次与效果，提升了整体防伪性能，改善了钞票流通耐性。2020年11月5日，发行了2020年版第五套人民币5元券，进一步提升了人民币纸币的印制工艺与防伪技术水平。

截至2021年6月底，第五套人民币纸币共发行6种面额、17种版别，如表6-5所示（硬币略）。

表6-5　第五套人民币纸币一览表

券别	图案		主色	发行时间
	正面	背面		
100元	毛泽东头像	人民大会堂	红	1999.10.1
100元	毛泽东头像	人民大会堂	红	2005.8.31
100元	毛泽东头像	人民大会堂	红	2015.11.12
50元	毛泽东头像	布达拉宫	绿	2001.9.1
50元	毛泽东头像	布达拉宫	绿	2005.8.31
50元	毛泽东头像	布达拉宫	绿	2019.8.30
20元	毛泽东头像	桂林山水	棕	2000.10.16
20元	毛泽东头像	桂林山水	棕	2005.8.31
20元	毛泽东头像	桂林山水	棕	2019.8.30
10元	毛泽东头像	长江三峡	蓝黑	2001.9.1
10元	毛泽东头像	长江三峡	蓝黑	2005.8.31
10元	毛泽东头像	长江三峡	蓝黑	2019.8.30
5元	毛泽东头像	泰山	紫	2002.11.18
5元	毛泽东头像	泰山	紫	2005.8.31
5元	毛泽东头像	泰山	紫	2020.11.5
1元	毛泽东头像	杭州西湖	橄榄绿	2004.7.30
1元	毛泽东头像	杭州西湖	橄榄绿	2019.8.30

第五套人民币继承了我国印制技术的传统经验，借鉴了国外钞票设计的先进技术。在原材料工艺方面做了改进，提高了纸张的综合质量和防伪性。固定水印立体感强、形象逼真。安全线、彩色纤维、无色荧光纤维等在纸张中有机运用，并且采用了电脑辅助设计、手工雕刻、电子雕刻和晒版腐蚀相结合的综合制版技术。特别是在公众防伪和机读防伪方面采用了多重防伪措施，为现金收付人员进行货币鉴别和专业人员

鉴定货币真伪提供了条件。与第四套人民币相比，第五套人民币的防伪特征由十几种增加到二十多种，主景人像、水印、面额数字均较以前放大，便于公众识别。第五套人民币应用了先进的科学技术，在防伪性能和适应货币现代化处理方面有了较大提高。

第五套人民币各面额正面均采用毛泽东同志新中国成立初期的头像，底纹采用了我国著名花卉图案，背面主景图案分别选用了人民大会堂、布达拉宫、桂林山水、长江三峡、泰山、杭州西湖景观。通过选用富有民族特色的典型图案，充分展现了伟大祖国悠久的历史和壮丽的山河，弘扬了内涵深厚的民族文化。

（六）纪念钞

纪念钞是具有特定主题、限量发行的人民币。从1999年至2021年6月底，中国人民银行共发行了5种纪念钞，如表6-6所示。

表6-6　纪念钞一览表

名称	面额（元）	主景图案		发行数量（万张）	材质	发行时间
		正面	背面			
庆祝中华人民共和国成立50周年纪念钞	50	“开国大典”盛况组合	地球、和平鸽、铜狮、华表等组合	6000	纸钞	1999.9.20
迎接新世纪纪念钞	100	北京九龙壁升龙，“火珠”吉祥图案	中华世纪坛、“飞天”图案	1000	塑料钞	2000.11.28
第29届奥林匹克运动会纪念钞	10	2008年北京奥运会主会场国家体育场	古希腊雕塑“掷铁饼者”、运动员群像图案	600	纸钞	2008.7.8
中国航天纪念钞	100	“神舟九号”飞船与“天宫一号”交会对接图案、“东方红一号”卫星图案、“嫦娥一号”卫星图案	由上至下依次为“嫦娥一号”卫星图案、2020年中国空间站“天宫”、喷气式客机、“冯如2号”双翼螺旋桨飞机、飞禽海东青图案	30000	纸钞	2015.11.26
人民币发行70周年纪念钞	50	树木年轮与第一套至第五套人民币代表性局部图案	主景为中国人民银行大楼，辅以牡丹花、中国人民银行旧址、第一套人民币发行公告及城市建筑剪影图案	12000	纸钞	2018.11.23

注：统计截至 2021 年 6 月底。

发行纪念钞的主要原因有两点，一是纪念重大历史事件或著名历史人物，弘扬我国钱币文化；二是试验新型防伪技术，为后期人民币的改版、升级提供实践经验，如中华人民共和国成立50周年纪念钞使用的异形冠字号码，迎接新世纪纪念钞使用的双色异形冠字号码，后期都被应用到2005年版100元券。第29届奥林匹克运动会纪念钞使用的光彩光变油墨，应用到2015年版100元券。迎接新世纪纪念钞使用了塑料作为印制基材，为人民币基材的多元化进行了有效的探索。人民币发行70周年纪念钞使用了动感光变镂空开窗安全线，该技术也应用于2019年版的50元券。

二、人民币纸币票面特征

人民币纸币票面特征和其他钞票相似，大致分为图案、文字和数字与符号三类元素，主要包括主景图案、国徽、发行机构、面额、签章、年版、冠字号码等特征，下面分别进行介绍。

（一）主景图案

主景图案体现了纸币的设计主题，是纸币必不可少的部分。第一套人民币受战争年代条件影响，主题较多。如图6-1所示。

第二套人民币反映新中国建设新面貌以及中国革命历程，以井冈山、延安宝塔山、天安门、汽车、飞机等为主景。如图6-2所示。

第一套10000元（牧马）券

图6-1　第一套人民币上的主景图案图示

第二套1元券

图6-2　第二套人民币上的主景图案图示

第三套人民币反映国民经济建设的新成就、新面貌和工农轻重并举的方针，以人民代表步出大会堂、炼钢工人、车床工人、女拖拉机手、纺纱车间等为主景。如图6-3所示。

第三套2元券正面

第三套2元券背面

图6-3　第三套人民币上的主景图案图示

第四套人民币表现了在工人、农民、知识分子等一切可以团结力量的推动下社会主义建设步入了新的历史时期的主题，反映了五十六个民族团结一心、共同建设我们伟大祖国的主题，以毛泽东、周恩来、刘少奇、朱德四位领袖浮雕像和工人、农民、知识分子头像及少数民族头像为主景。如图6-4所示。

第四套50元券正面

第四套50元券背面

图6-4　第四套人民币上的主景图案图示

第五套人民币正面主景全部统一为毛泽东头像，背面主景以人民大会堂、布达拉宫、桂林山水、长江三峡、泰山、杭州西湖等著名建筑、风景为题材。如图6-5所示。

第五套100元券正面

第五套100元券背面

图6-5　第五套人民币上的主景图案图示

（二）国徽

自第二套起，人民币均印有中华人民共和国国徽。如图6-6所示。

第二套3元券

第三套10元券

第四套100元券

第五套100元券

图6-6　人民币上的国徽图示

（三）发行机构

发行机构是指发行纸币的机构名称。人民币由中国人民银行发行，因此每张人民币纸币上均印有“中国人民银行”字样。除了汉字“中国人民银行”外，第一套至第五套人民币纸币上，还印有以汉语拼音或少数民族文字标示的“中国人民银行”字样。

第一套人民币除使用汉文外，1951年版500元（瞻德城）、1000元（牧马）、5000元（牧羊）、10000元（骆驼）4个票面使用了维吾尔文“中国人民银行”字样。1951年版5000元（骆驼）和10000元（牧马）使用了蒙古文“中国人民银行”字样。如图6-7所示。第二套人民币增加了藏文，全套使用了汉、蒙、维、藏文的“中国人民银行”字样。如图6-8所示。

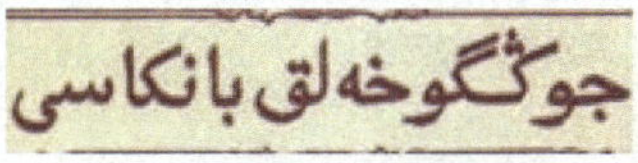
第一套500元（瞻德城、维吾尔文）

第一套500元（瞻德城、汉文）

第一套5000元（骆驼、蒙古文）

图6-7　第一套人民币发行机构图示

第三套人民币在第二套人民币的基础上，又增加了壮文和汉语拼音表示的“中国人民银行”字样。如图6-9所示。第四套、第五套人民币发行机构文字没有再变化，即从第三套人民币开始，人民币纸币上有汉、蒙、维、藏、壮文和汉语拼音的“中国人民银行”字样。

第二套3元券背面

图6-8　第二套人民币发行机构图示

第三套10元券背面

第三套10元券正面

图6-9　第三套人民币发行机构图示

（四）面额

人民币纸币上有多种面额表现形式，包括中文大写、阿拉伯数字、汉语拼音。第四套、第五套人民币还增加了盲文面额标记，方便视力障碍人士使用钞票。如图6-10所示。

第一套50000元券（新华门）

第二套1元券

第三套2元券

第四套100元券

第五套100元券

图6-10 人民币上的面额数字图示

（五）签章

与美元、欧元类似，人民币上也有发行机构领导人签章，不同的是人民币上使用的不是某个人的手写签字，而是印章，印章的形式更能体现中国的传统文化。第一套人民币使用“总经理章”“副经理章”“行长之章”“副行长章”四个印章。第二套人民币1分、2分、5分券没有使用印章，其他的均使用了“行长之章”和“副行长章”。第三套、第四套人民币均使用了“行长之章”和“副行长章”。自第五套人民币开始，“副行长章”不再使用，仅使用“行长之章”。

（六）年版

人民币年版是指每套人民币具体的版本号。第二套、第三套、第四套、第五套人民币以公历纪年进行表示，如1990、1999、2005等。第一套人民币较为特殊，其中的20元券（万寿山甲）、20元券（万寿山乙）、1000元券（耕地）没有印制公历纪年，使用的是民国纪年（中国人民银行成立于1948年12月1日，早于中华人民共和国成立时间）。

（七）冠字号码

冠字号码是人民币纸币上印制的序列号，每张人民币上的序列号都是唯一的。第一套、第二套、第三套人民币冠字号码形式为“罗马数字 + 阿拉伯数字”，自第四套人民币开始，改为“字母+阿拉伯数字”。值得注意的是，部分第二套纸分币有罗马数字冠字，无阿拉伯数字号码，是个特例。冠字号码除了作为序列号外，其形状、颜色和所含有的磁性机读信息等也是防伪技术的载体，如双色号码、异形号码、磁性号码等。如图6-11所示。

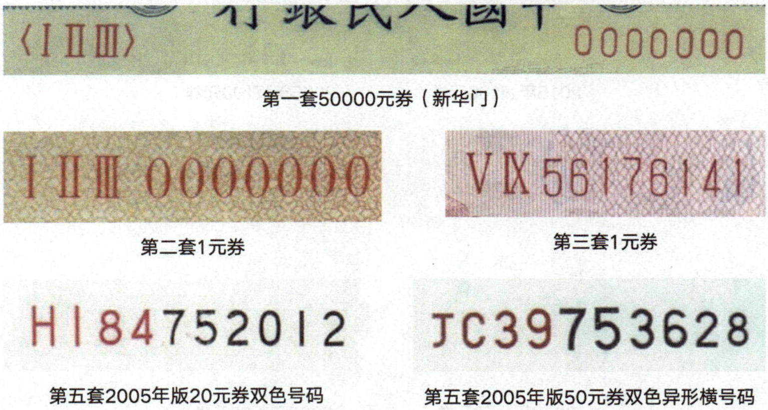

第一套50000元券（新华门）

第二套1元券　　第三套1元券

第五套2005年版20元券双色号码　　第五套2005年版50元券双色异形横号码

图6-11　人民币上的冠字号码图示

第二节　第五套人民币纸币防伪特征

截至2021年6月底，第五套人民币纸币共发行了6个面额，17个版别，使用了水印等20多项防伪特征。下面从钞纸及其添加物特征、油墨特征、印刷特征和其他特征四个方面介绍第五套人民币纸币的防伪特征情况。

一、钞纸及其添加物特征

（一）水印

第五套人民币使用了多层次水印（包括固定人像水印和固定花卉水印）和白水印两种水印防伪特征。

1. 多层次水印。根据水印分布和图案内容，分为固定人像水印和固定花卉水印。1999年版100元券、50元券，2005年版100元券、50元券，2015年版100元券及2019年版50元券，使用了固定人像水印。位于票面正面左侧空白处，迎光透视，可见与主景人像相同、立体感很强的毛泽东头像水印。如图6-12所示。

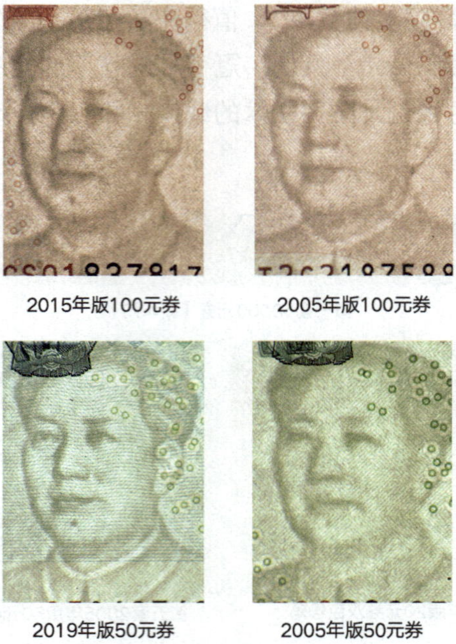

图6-12　固定人像水印图示

第五套人民币1999年版20元券、10元券、5元券、1元券，2005年版20元券、10元券、5元券，2019年版20元券、10元券、1元券以及2020年版5元券使用了固定花卉水印。位于正面左侧空白处，迎光透视，可见立体感很强的花卉水印图案，20元券为荷花、10元券为月季花、5元券为水仙花、1元券为兰花。第五套人民币2019年版和2020年版的水印清晰度和层次效果较2005年版有明显提升，如图6-13所示。

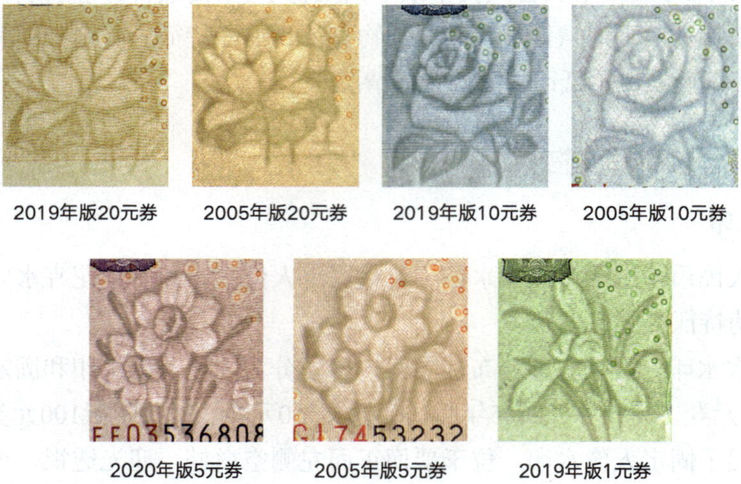

图6-13　固定花卉水印图示

2. 白水印。第五套人民币1999年版10元券、5元券，2005年版100元券、50元券、20元券、10元券、5元券，2015年版100元券，2019年版50元券、20元券、10元券、1元券，2020年版5元券使用了白水印。位于正面左下方，迎光透视，可以看到透光性很强的面额数字水印，即“100”“50”“20”“10”“5”“1”字样。如图6-14所示。

图6-14　白水印图示

（二）红蓝彩色纤维

第五套人民币1999年版各券别纸张（除1元券）中均使用了红蓝彩色纤维防伪特征，其特点是在纸币正背面均可以观察到随机分布的细小、弯曲的红蓝两色纤维，这些纤维可能整根都是清晰可见的，也可能一部分埋于纸张内部，被纸张纤维覆盖而不可见，其余部分浮于纸张表面而可见，从而产生若隐若现的变化。如图6-15所示。

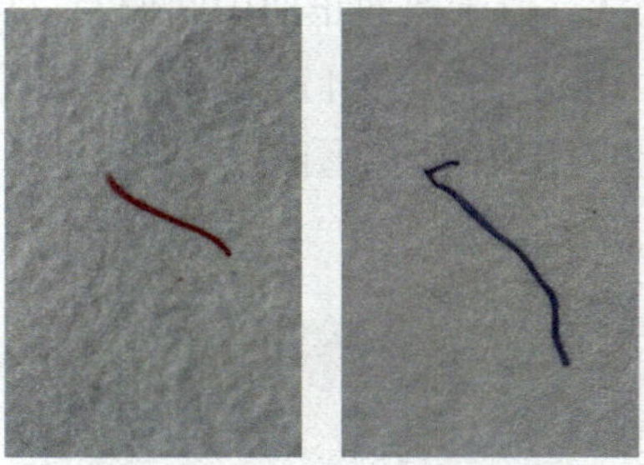

图6-15　红蓝彩色纤维图示

（三）安全线

第五套人民币使用了光变镂空开窗安全线、动感光变镂空开窗安全线、全息磁性开窗安全线、磁性全埋安全线4种安全线防伪特征。

1. 光变镂空开窗安全线。第五套人民币2015年版100元券、2019年版20元券、2019

年版10元券使用了光变镂空开窗安全线，位于票面正面右侧。垂直票面观察，安全线呈红色；倾斜观察，安全线呈绿色；透光观察，可见安全线中正反交替排列的镂空文字“¥100”“¥20”“¥10”。如图6-16所示。

图6-16　光变镂空开窗安全线图示

2. 动感光变镂空开窗安全线。第五套人民币2019年版50元券使用了动感光变镂空开窗安全线，位于票面正面右侧。改变钞票观察角度，安全线颜色在红色和绿色之间变化，亮光带上下滚动。透光观察，可见安全线中正反交替排列的镂空文字“¥50”。如图6-17所示。

图6-17　动感光变镂空开窗安全线图示

3. 全息磁性开窗安全线。第五套人民币2005年版所有券别，1999年版10元券、5元券使用了全息磁性开窗安全线，位于票面正面中间偏左。100元券、50元券开窗部分在背面（背开式），20元券、10元券、5元券开窗部分在正面（正开式），开窗部分可以看到由缩微字符“¥”和面额数字组成的全息图案，如“¥100”。安全线用机读仪器可检测到磁性信号。如图6-18所示。

2005年版100元券　2005年版50元券　2005年版20元券　2005年版10元券　2005年版5元券

图6-18　全息磁性开窗安全线图示

4. 磁性全埋安全线。第五套人民币1999年版100元券、50元券、20元券，2015年版100元券，2019年版50元券、20元券、10元券、1元券及2020年版5元券使用了磁性全埋安全线，位于票面中部，仪器检测有磁性。透光观察，2015年版、2019年版、2020年版均可见安全线中镂空面额数字“100”“50”“20”“10”“5”“1”；1999年版100元券和50元券分别可见缩微文字“RMB100”“RMB50”，20元券的安全线则是明暗相间的。如图6-19所示。

2015年版100元券　1999年版100元券　1999年版20元券　2019年版50元券

图6-19　磁性全埋安全线图示

（四）无色荧光纤维

第五套人民币各券别纸张中均采用了无色荧光纤维防伪特征，其特点是在票面正反面均满版随机分布了弯曲、细小的纤维丝，在正常光线下观察票面时无法分辨这些纤维，即所谓“无色”；当使用特定波长的紫外光照射票面时，就可以看到这些纤维在紫外光下呈现明亮的黄色或蓝色荧光。如图6-20所示。

图6-20　无色荧光纤维图示

（五）专用纸张

第五套人民币纸币纸张采用特种原材料，2005年版开始使用，由专用抄造设备抄制，在紫外光下，纸张无荧光反应。

二、油墨特征

（一）光变油墨面额数字

第五套人民币2005年版和1999年版100元券、50元券使用了凹版印刷光变油墨面额数字，印迹触摸有凹凸感。100元券票面正面左下方“100”字样，与票面垂直角度观察为绿色，倾斜一定角度观察则变为蓝色。50元券正面左下方面额数字“50”字样，与票面垂直角度观察为金色，倾斜一定角度观察则变为绿色。如图6-21所示。

图6-21　光变油墨面额数字图示

（二）光彩光变面额数字

第五套人民币2015年版100元券，2019年版50元券、20元券、10元券及2020年版5元券使用了光彩光变面额数字，位于票面正面中部。其中第五套人民币2015年版100元券、2019年版20元券、2020年版5元券，垂直票面观察，数字以金色为主；平视观察，数字以绿色为主；随着观察角度的改变，数字颜色在金色和绿色之间交替变化，并可见到一条亮光带上下滚动。2019年版50元券、10元券用上述方法观察，面额数字颜色在绿色和蓝色之间交替变化。如图6-22所示。

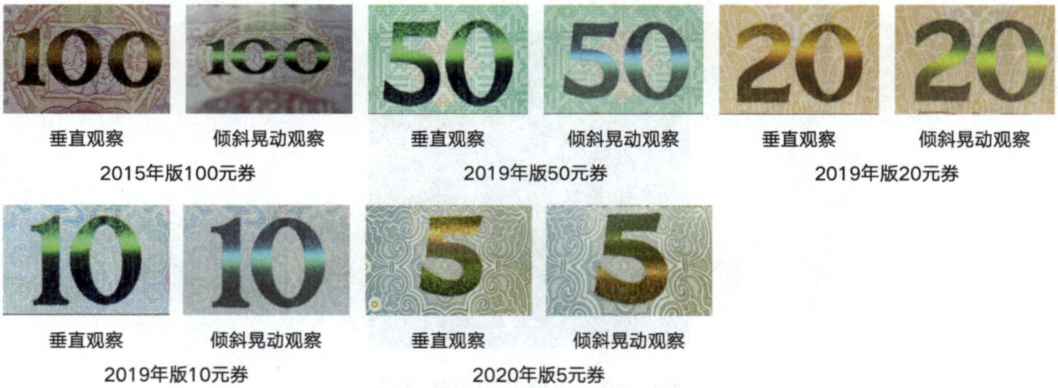

图6-22　光彩光变面额数字图示

（三）磁性号码

第五套人民币各券别的横冠字号码均具有磁性特征。1999年版和2005年版各券别横冠字号码黑色部分有磁性；2005年版100元券和50元券的红色冠字号码有磁性，其余面额的红色冠字号码无磁性；2015年版100元券、2019年版全部券别和2020年版5元券横冠字号码整体有磁性。

（四）无色荧光特征

第五套人民币各券别均使用了无色荧光油墨印刷面额数字。票面正面行名下方胶印底纹处，在特定波长的紫外光下可以看到面额数字“100”“50”“20”“10”“5”“1”字样。该图案采用无色荧光油墨印刷。如图6-23所示。

2015年版100元券

2019年版50元券

2019年版20元券

2019年版10元券

2020年版5元券

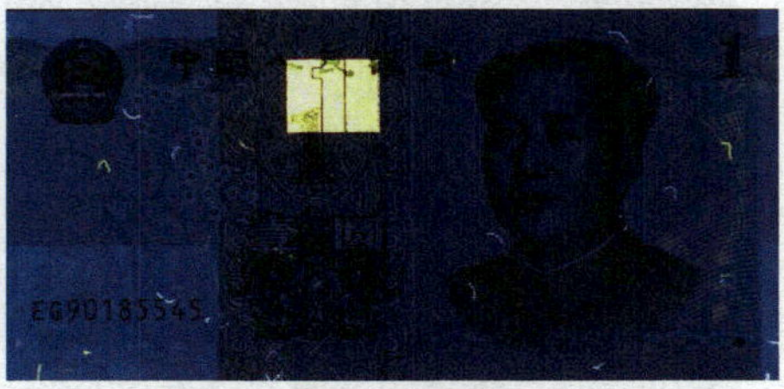

2019年版1元券

图6-23 无色荧光油墨印刷图案图示

（五）有色荧光特征

第五套人民币各券别均使用了有色荧光特征。应用形式为有色荧光图案及有色荧光竖号码。

1. 有色荧光图案。第五套人民币各券别背面均使用有色荧光油墨印刷图案，在特定波长的紫外光下，各版别面额呈现不同图案和颜色：100元券背面主景上方显现橘黄色荧光图案；50元券背面主景上方和下方胶印图案、10元券背面胶印图纹、1元券背面胶印图纹，显现黄色荧光图案；20元券背面中间、5元券背面胶印图纹，显现绿色荧光图案。如图6-24所示。

2015年版100元券

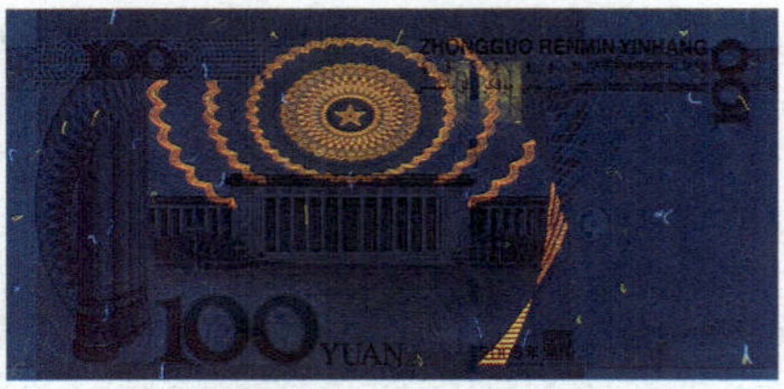

2005年版100元券

2019年版50元券

2005年版50元券

2019年版20元券

2005年版20元券

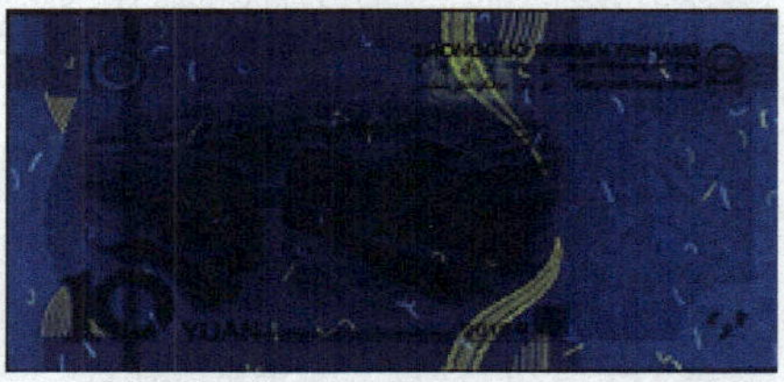

2019年版10元券

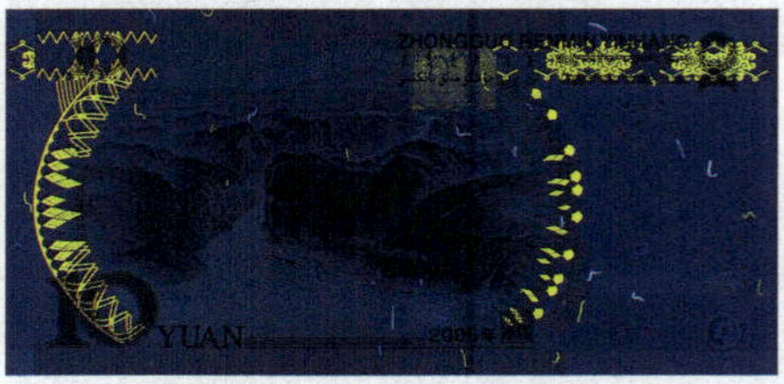

2005年版10元券

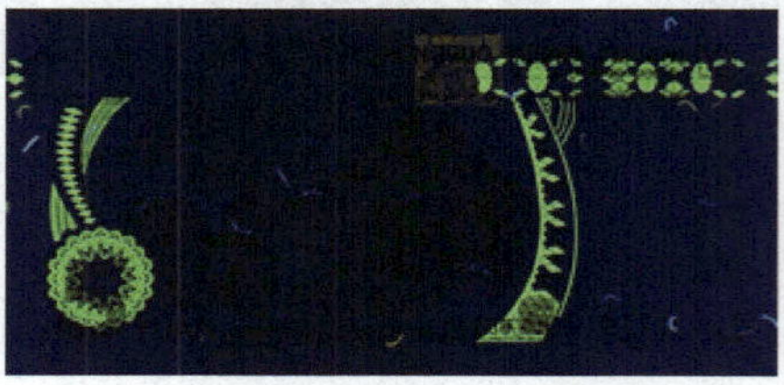

2020年版5元券

2005年版5元券

2019年版1元券

图6-24　胶印有色荧光油墨印刷图案图示

2. 有色荧光竖号码。第五套人民币2015年版100元券，2019年版50元券、20元券票面右侧蓝色竖冠字号码，以及2019年版10元券票面右侧黑色竖冠字号码，在特定波长紫外光照射下可见绿色荧光效果。如图6-25所示。

图6-25　有色荧光竖号码图示

（六）红外特征

第五套人民币2015年版100元券，2019年版50元券、20元券、10元券都使用了红外配对图案，位于票面背面中部和右侧的凹印图案中。如图6-26所示。

图6-26　红外配对图案图示

三、印刷特征

（一）雕刻凹版印刷

第五套人民币各券别均使用了雕刻凹印防伪特征，票面多处用手触摸有明显凹凸感，可细分为国徽、行名、面额等主要图文，雕刻凹版人像和凹印手感线三类。

1. 国徽、行名、面额等主要图文。第五套人民币各券别正背面主景图案（1999年版20元券、1元券，2019年版1元券背面除外）、国徽、中国人民银行行名、面额、盲文面额标记等主要图文均采用雕刻凹版印刷，用手指触摸有明显的凹凸感。如图6-27所示。

2. 雕刻凹版人像。雕刻凹版人像通常用于钞票主景的制作。人物形象通过凹印线条的设计展现人物神采，能够更加深刻地留在人们的记忆中，为公众提供直观、便捷、有效的识别条件。第五套人民币各面额的正面主景均采用了雕刻凹版印刷毛泽东头像，形象逼真、传神，凹凸感强，易于识别。如图6-28所示。

2015年版100元券　2005年版100元券　1999年版100元券　2020年版5元券

图6-27　图文雕刻凹印图示

2015年版100元券　2005年版100元券　1999年版100元券　2005年版50元券　2019年版50元券

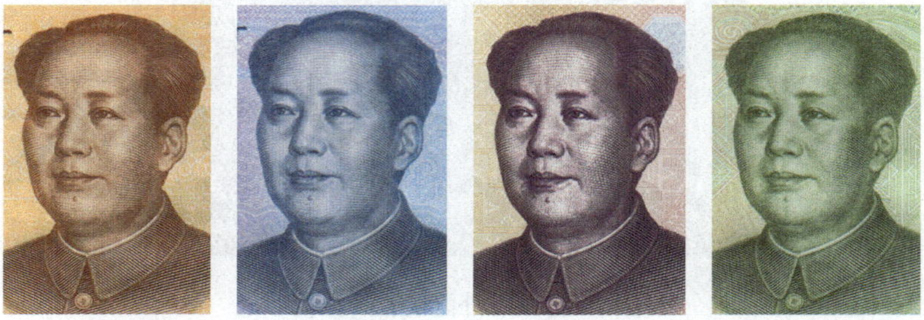

2019年版20元券　2019年版10元券　2020年版5元券　2019年版1元券

图6-28　雕刻凹版人像图示

3. 凹印手感线。第五套人民币1999年版1元券和2005年版所有券别都使用了凹印手感线。位于正面主景图案右侧，是一组自上而下规则排列的线纹，采用雕刻凹版印刷工艺印制，用手指触摸，有极强的凹凸感。如图6-29所示。

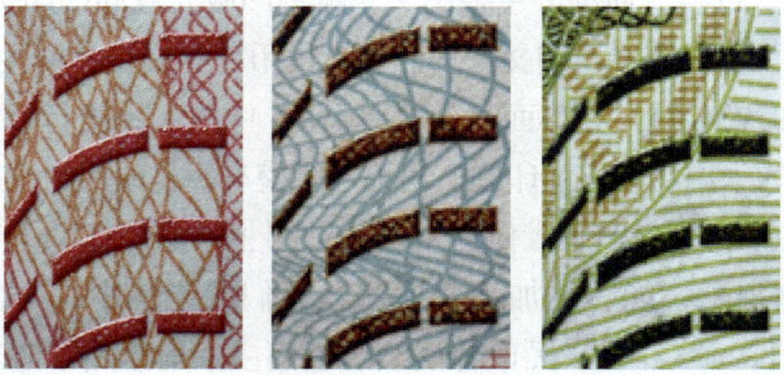

图6-29　凹印手感线图示

（二）缩微文字

缩微文字是指微小的文字或符号，以缩微文字为元素印刷成的线条或图文，肉眼观察很难识别，在放大镜下可见清晰的文字，体现了印刷精细程度。采用缩微文字印刷可以阻止使用一般分辨率的复印机或扫描仪复制钞票。人民币上的凹印缩微文字字体高度一般在0.25毫米以下，对印刷技术和质量控制要求很高。

第五套人民币多个券别印有凹印缩微文字且分布多处。如正面右上角隐形面额数字图案外围连续分布的凹印缩微文字“RMB”和面额数字；正面团花中排列的凹印缩微面额数字；背面主景下方“YUAN”右侧印有凹印缩微文字“RMB”和面额数字、“人民币”字样；大面额数字里面阴文或阳文排列的凹印缩微面额数字等。不同版别面额凹印缩微文字的位置略有差异。如图6-30所示。

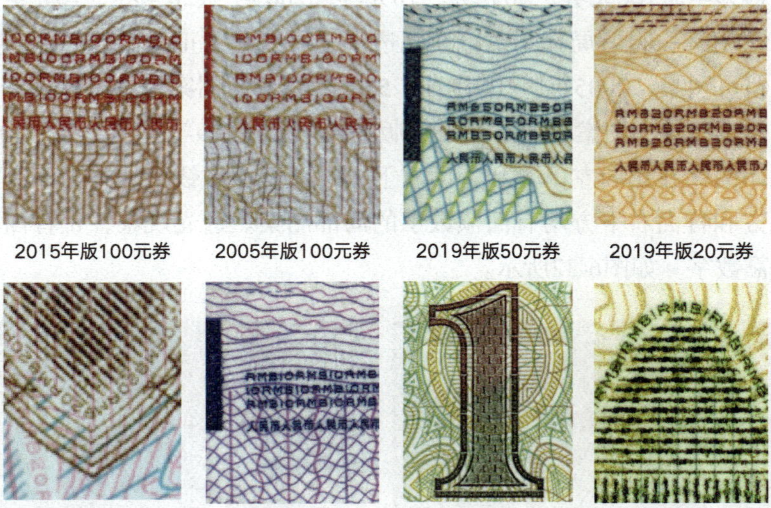

2015年版100元券　2005年版100元券　2019年版50元券　2019年版20元券

1999年版20元券　2019年版10元券　2019年版1元券　1999年版1元券

图6-30　凹印缩微文字图示

（三）隐形面额数字

第五套人民币1999年版和2005年版各券别的正面右上角面额数字下的团花内隐藏着面额数字，垂直票面观察时看不到面额数字，将票面置于与视线平行位置旋转一定角度时才能看到这些面额数字。由于在转动票面时这些面额数字会产生时隐时现的变幻效果，因此称为隐形面额数字。1999年版各券别除1元券外，隐形面额数字的观察方式为：将钞票置于与视线接近平行的位置，面对光源平面旋转45度或90度，即可看到相应的面额数字。1999年版1元券和2005年版各券别调整了隐形面额数字的观察方式：将票面置于与视线接近平行的位置，面对光源做上下倾斜晃动，可以看到相应的面额数字。如图6-31所示。

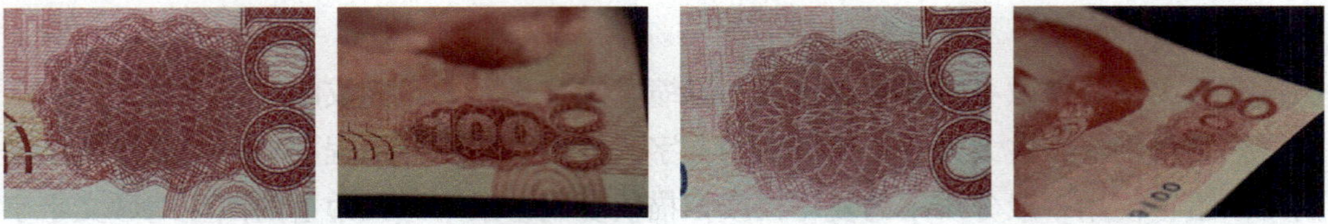

垂直观察　　与视线平行上下晃动观察　　垂直观察　　与视线平行，平面旋转45度或90度角上下晃动观察

2005年版100元券　　1999年版100元券

图6-31　隐形面额数字图示

（四）对印图案

1. 胶印对印图案。第五套人民币5元以上券别应用了胶印对印图案，但位置和内容略有不同。1999年版100元券、50元券、10元券和2005年版20元券、10元券正面左下角和背面右下角均有一圆形局部图案，迎光透视，可以看到正背面的局部图案合并为一个完整的古钱币图案。2005年版100元券、50元券将对印图案位置调整到正面左侧中间处和背面右侧中间处，图案不变。2015年版100元券，2019年版50元券、20元券、10元券的胶印对印图案在正面左下方和背面右下方，图案由古钱币调整为面额数字，即票面正面左下方和背面右下方均有面额数字的局部图案。透光观察，正背面图案组成一个完整的面额数字。如图6-32所示。

正面　　背面　　透光观察　　正面　　背面　　透光观察

2015年版100元券　　2005年版100元券

2019年版50元券　　2019年版20元券　　2019年版10元券

图6-32　胶印对印图案图示

2. 凹印对印图案。2020年版5元券采用了凹印对印图案，凹印对印面额数字与凹印对印图案。票面正面左下角、右上角和其对应的背面右下角、左上角有面额数字“5”和对印图案的局部图案，触摸有凹凸感。透光观察，正背面图案组成完整的面额数字与对印图案。如图6-33所示。

图6-33　凹印对印图案图示

（五）接线印刷

接线印刷是指使用特殊的工艺，一根线条可以分段呈现出两种或两种以上的颜色，不同颜色对接整齐，从而组成一条连贯完整的多色线条，对接完整，无漏白，线条流畅。根据印制工艺，可分为凹印接线印刷和胶印接线印刷等。

1. 胶印接线印刷。第五套人民币1999年版100元券、50元券、10元券，2005年版100元券、50元券、20元券、10元券，2015年版100元券、2019年版50元券、20元券、10元券，2020年版5元券等胶印图文中大量使用了胶印接线印刷。胶印图案均由线条组成，每根线条呈现两种以上不同的颜色，不同颜色之间对接完整。如图6-34所示。

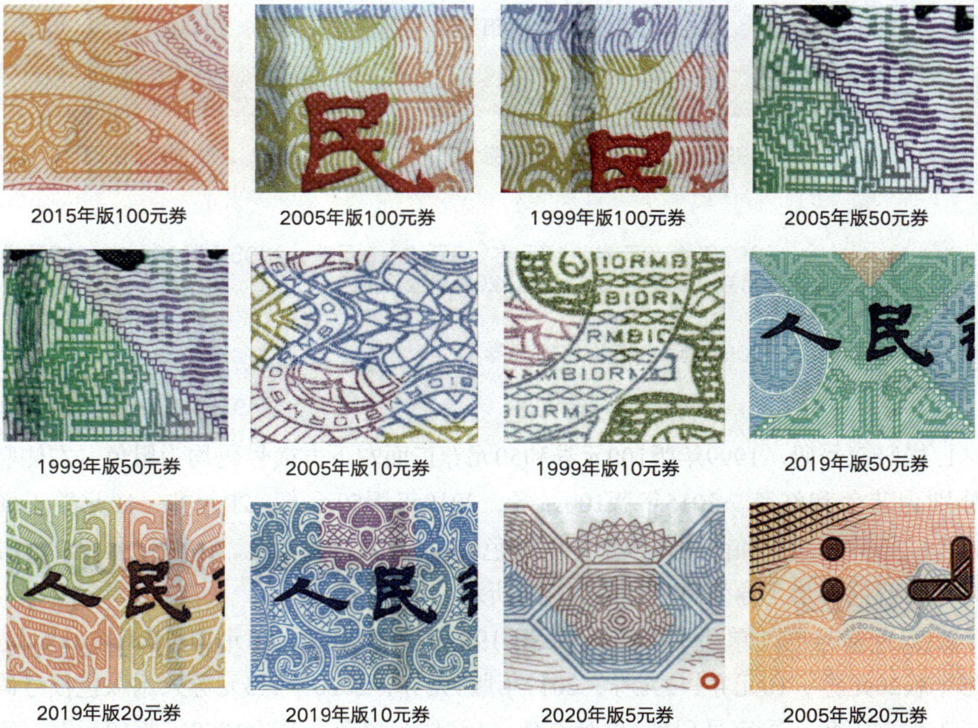

图6-34　胶印接线印刷图示

2. 凹印接线印刷。第五套人民币各版别、券别均使用了凹印接线技术，一根凹印线条上两种颜色对接完整，纹路清晰，具有良好的防伪功能，如正面汉字面额数字、正背面大面额数字、团花等。如图6-35所示。

图6-35　凹印接线印刷图示

（六）凸印冠字号码

第五套人民币的冠字号码有三种形式：横竖双号码、双色横号码、双色异形横号码，均采用凸印技术。如表6-7所示。

表6-7　第五套人民币冠字号码形式一览表

冠字号码形式	年版券别
横竖双号码	1999年版100元券、50元券，2015年版100元券，2019年版50元券、20元券、10元券
双色横号码	1999年版20元券、10元券、5元券、1元券，2005年版20元券、10元券、5元券，2019年版1元券，2020年版5元券
双色异形横号码	2005年版100元券、50元券

1. 横竖双号码。1999年版100元券和50元券正面左下方横号码均为黑色，右侧竖号码分别为蓝色和红色。2015年版100元券，2019年版50元券、20元券、10元券正面左下方为横号码，冠字和前两位数字为暗红色，后6位数字为黑色，右侧竖号码50元券、20元券为蓝色，10元券为黑色。如图6-36所示。

2. 双色横号码（单）。第五套人民币1999年版20元券、10元券、5元券、1元券，2005年版20元券、10元券、5元券，2019年版1元券，2020年版5元券采用双色横号码，位于正面左下角。冠字号码前4位为红色，后6位为黑色。其中1999年版10元券冠字号码的第4位号码应用了独特的一号双色技术。如图6-37所示。

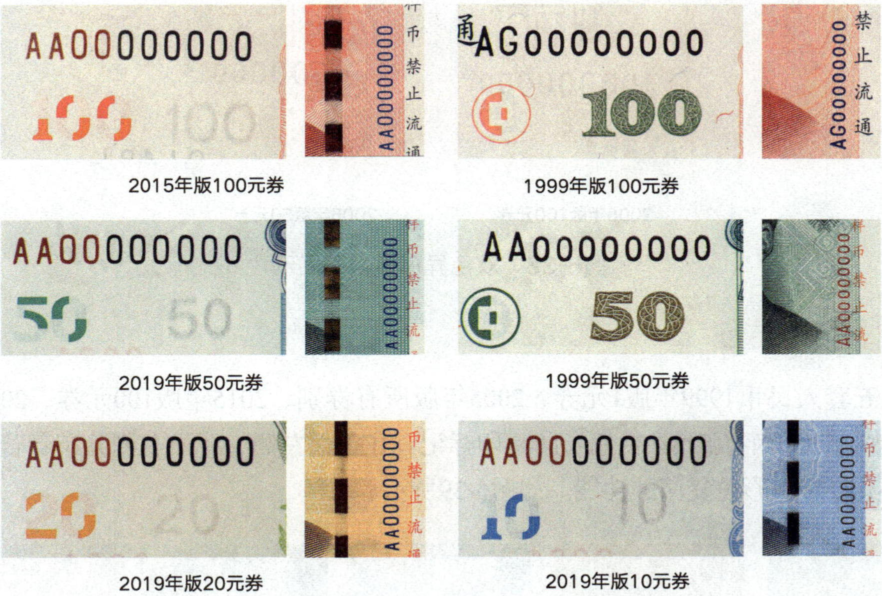

图6-36　横竖双号码图示

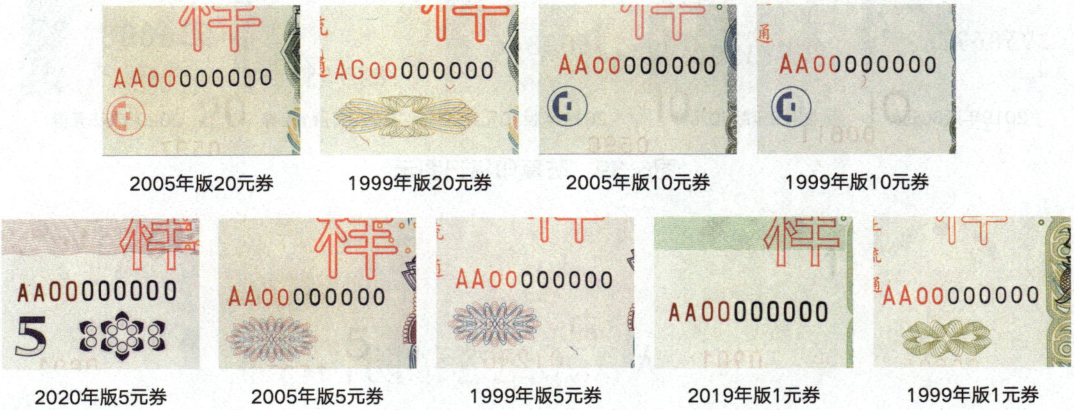

图6-37　双色横号码图示

3. 双色异形横号码（单）。第五套人民币2005年版100元券、50元券使用了双色异形横号码，位于正面左下角，冠字号码前4位为暗红色，后6位为黑色。整组号码字高自中间向两边递减。如图6-38所示。

2005年版100元券　　2005年版50元券

图6-38　双色异形横号码图示

四、其他特征

第五套人民币1999年版1元券、2005年版所有券别、2015年版100元券、2019年版全部券别和2020年版5元券使用了防复印标记。在正面左侧、背面右侧分布着若干组小圆圈，具有防止彩色复印的功能。如图6-39所示。

2019年版50元券　2019年版20元券　2019年版10元券　2019年版1元券　2020年版5元券

图6-39　防复印标记图示

第三节　人民币纪念钞防伪特征

本节介绍庆祝中华人民共和国成立50周年纪念钞、迎接新世纪纪念钞、第29届奥林匹克运动会纪念钞、中国航天纪念钞、人民币发行70周年纪念钞五种纪念钞的主要票面特征及防伪特征。

一、庆祝中华人民共和国成立 50 周年纪念钞

（一）票面特征

券别：50元

版别：1999

基材：纸质基材

主景图案：正面为开国大典盛况组合图景，背面为地球、和平鸽、铜狮、华表等组合图景（如图6-40所示）。

主色调：红色

票幅：165毫米×80毫米

发行日期：1999年9月20日

发行量：6000万张

正面

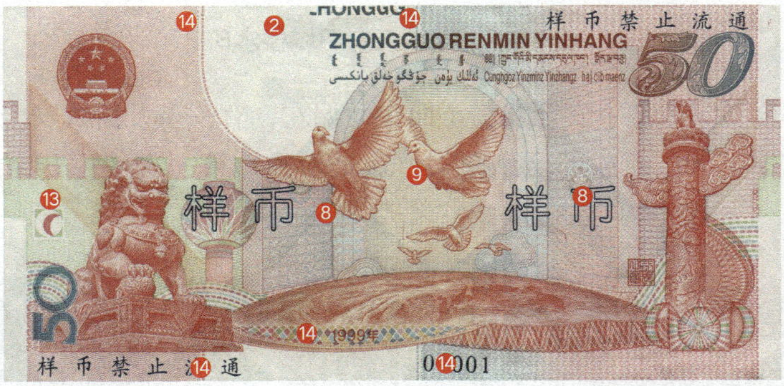

背面

②固定天安门城楼水印　③开窗式全息缩微文字安全线　⑥光变油墨面额数字　⑦磁性异形号码　⑧无色荧光油墨印刷图案　⑨有色荧光油墨印刷图案　⑩雕刻凹版印刷　⑪手工雕刻人像　⑫隐形面额数字　⑬正背互补对印图案　⑭胶印缩微文字　⑮凹印缩微文字　⑯胶印接线印刷　⑰凹印接线印刷　⑱动态全息图　⑲动态全息缩微文字

说明：1. 由于①涉及的是纸张特征，故没标出。

2. ④⑤分别为红蓝彩色纤维和无色荧光纤维，由于其分布于整张票面，故没标出。

图6-40　庆祝中华人民共和国成立 50 周年纪念钞

（二）防伪特征

1. 有色专用纸张。纸张底色为淡黄色，是人民币第一次使用调色的纸张。采用特种原料由专用设备抄造的印钞专用纸张，在紫外光下观察无荧光反应。如图6-41所示。

图6-41 有色纸张及其在荧光下状态

2. 多层次水印。位于票面中间空白处，迎光透视，可见天安门城楼水印。如图6-42所示。

图6-42 固定天安门城楼水印

3. 开窗式全息缩微文字安全线。正面中间偏左，有一条开窗式安全线，开窗部分可见由缩微文字“50”组成的全息图案。这是人民币第一次使用开窗式安全线。如图6-43所示。

正面 透光 局部

图6-43 开窗式全息缩微文字安全线

4. 红蓝彩色纤维。纸张中随机分布有红蓝纤维丝，这些纤维丝在紫外光下无荧光反应。如图6-44所示。

5. 无色荧光纤维。在特定波长的紫外光下可以看到纸张中随机分布有黄色和蓝色荧光纤维。如图6-45所示。

图6-44　红蓝彩色纤维

图6-45　无色荧光纤维

6. 光变油墨面额数字。票面正面右下方“50”字样，视线与票面垂直角度观察为绿色，倾斜一定角度则变为蓝色。如图6-46所示。

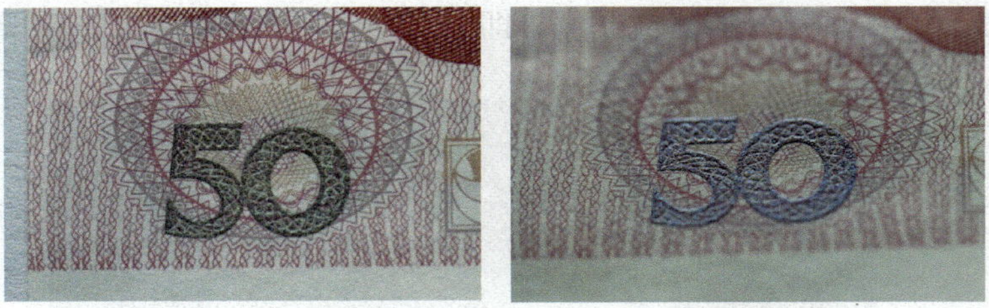

图6-46　光变油墨面额数字

7. 磁性异形号码。位于正面左下角，采用1位冠字、8位异形数字号码（数字号码字形由左向右逐渐变小）印制，号码为黑色。这是人民币第一次使用异形号码。用特定的磁性检测仪检测，黑色号码有磁性，可供机读。如图6-47所示。

8. 无色荧光油墨印刷图案。背面中间胶印底纹处，在特定波长的紫外光下可以看到两个“50”字样，该图案采用无色荧光油墨印刷，可供机读。如图6-48所示。

图6-47　磁性异形号码

图6-48　无色荧光油墨印刷图案

9. 有色荧光油墨印刷图案。背面中间图案中的黄色线纹，在特定波长的紫外光下显现黄色荧光图案。如图6-49所示。

10. 雕刻凹版印刷。正面主景、中国人民银行行名、盲文面额标记、面额数字等均采用雕刻凹版印刷，用手指触摸有明显凹凸感。如图6-50所示。

图6-49　有色荧光油墨印刷图案

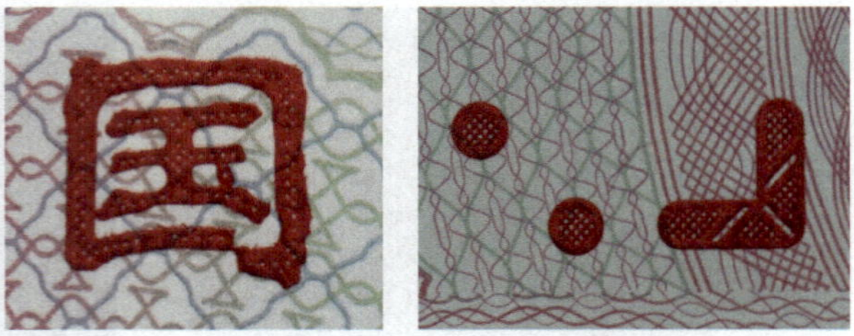

图6-50　雕刻凹版印刷

11. 手工雕刻人像。正面毛泽东像采用具有中国特色的手工雕刻凹版技术，形象逼真、传神，层次丰富，凹凸感强，具有较强的立体感和独特的艺术效果。如图6-51所示。

12. 隐形面额数字。位于正面右上方横条图案中，将钞票置于与视线接近平行的位置，面对光源做平面旋转45度或90度，即可观察到面额数字“50”。如图6-52所示。

图6-51　手工雕刻人像

图6-52　隐形面额数字

13. 正背互补对印图案。票面正面右侧中间和背面左侧中间均有一方形内接圆形局部图案，透光观察，正背面图案组合成一个完整的和平鸽图案。如图6-53所示。

正面　　背面　　透光

图6-53　正背互补对印图案

14. 胶印缩微文字。背面图案中多处印有“50”和“RMB50”字样胶印缩微文字。如图6-54所示。

15. 凹印缩微文字。正面毛泽东像右侧印有“RMB50”凹印缩微文字。如图6-55所示。

图6-54　胶印缩微文字

图6-55　凹印缩微文字

16. 胶印接线印刷。正面左侧弧形图案，每根线条呈现两种以上不同的颜色，对接完整。如图6-56所示。

17. 凹印接线印刷。正面左上方“50”字样采用雕刻凹版印刷，紫色和红色两种墨色对接自然完整。如图6-57所示。

图6-56　胶印接线印刷

图6-57　凹印接线印刷

18. 动态全息图。正面左侧贴有动态全息图，背景为缩微印刷的阿拉伯数字“50”。票面左右倾斜可见多个“50”的动感变化和天安门轮廓的大小变化。这是人民币第一次使用全息防伪标识。如图6-58所示。

19. 动态全息缩微文字。正面左侧全息图案底纹由缩微文字“50”组成。如图6-59所示。

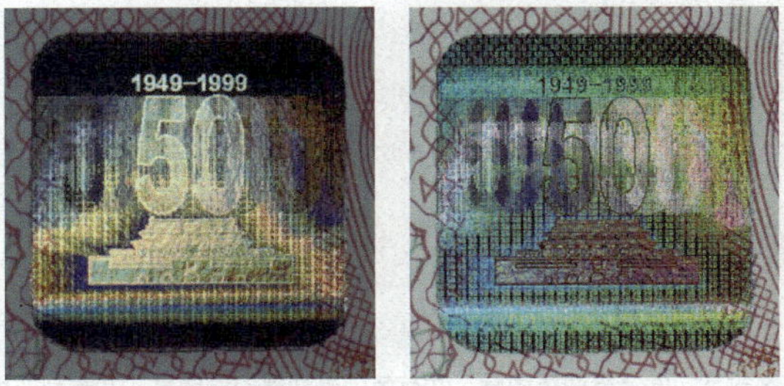

图6-58　动态全息图

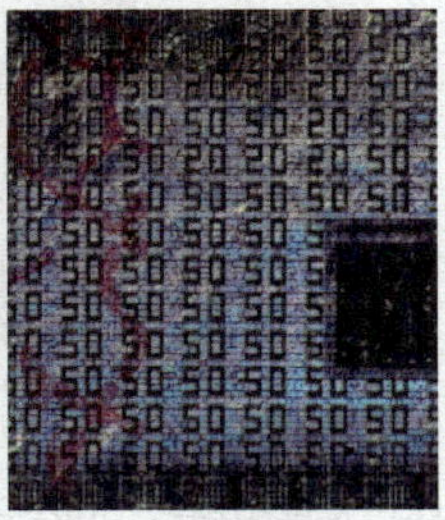

图6-59　动态全息缩微文字

二、迎接新世纪纪念钞

（一）票面特征

券别：100元

版别：2000

基材：塑料基材

主景图案：正面为“升龙”及“火珠”吉祥图案，背面为北京“中华世纪坛”及“飞天”传统图案（如图6-60所示）。

主色调：红、黄

票幅：165毫米×80毫米

发行日期：2000年11月28日

发行量：1000万张

正面

背面

②透明视窗 ③彩色涂层 ④数字潜影 ⑤光变油墨数字 ⑥金属油墨图案 ⑦有色荧光油墨印刷图案 ⑧雕刻凹版印刷 ⑨手工雕刻制版 ⑩隐形面额数字 ⑪胶印缩微文字 ⑫凹印缩微文字 ⑬凹印接线印刷 ⑭双色异形号码 ⑮动态全息图 ⑯透射光可见装置

说明：①为塑料基材特征，故没标出。

图6-60 迎接新世纪纪念钞

（二）防伪特征

1. 专用塑料基材。该纪念钞的基材为专用塑料基材。如图6-61所示。

2. 透明视窗。在正面左侧有一个云朵状的透明视窗。视窗特征是塑料钞最基本的公众防伪特征。如图6-62所示。

图6-61　专用塑料基片

图6-62　透明视窗

3. 彩色涂层。在背面透明视窗内，衬托天坛的“A”形图案，印有浅蓝、深蓝和红三色，有很好的防伪性能。如图6-63所示。

4. 数字潜影。位于正面左侧透明视窗的上方，呈圆弧形分布“2000”字样，迎光观察清晰可见。如图6-64所示。

图6-63　彩色涂层

图6-64　数字潜影

5. 光变油墨数字。位于正面右上角的面额数字“100”，与票面垂直角度观察为金色，倾斜一定角度则变为绿色。如图6-65所示。

6. 金属油墨图案。透明视窗内正面天坛图案是使用金属油墨印制的，具有防范彩色复印功能。如图6-66所示。

图6-65　光变油墨数字

图6-66　金属油墨图案

7. 有色荧光油墨印刷图案。正面中间“升龙”底纹中的黄色线纹为有色荧光油墨印刷图案，在特定波长的紫外光下呈黄色。如图6-67所示。

图6-67　有色荧光油墨印刷图案

8. 雕刻凹版印刷。正背面主景、“中国人民银行”行名、盲文面额标记、面额数字等均采用雕刻凹版印刷，用手指触摸有明显的凹凸感。如图6-68所示。

图6-68　雕刻凹版印刷

9. 手工雕刻制版。正面主景“升龙”和背面主景“中华世纪坛”图案均为手工雕刻，形象逼真、层次丰富，手摸有明显的凹凸感。如图6-69所示。

10. 隐形面额数字。位于正面右上角横条图案右侧，将钞票置于与视线接近平行的位置，面对光源平面旋转45度或90度，即可观察到面额数字“100”。如图6-70所示。

图6-69　手工雕刻正面主景

图6-70　隐形面额数字

11. 胶印缩微文字。背面图案国徽左侧黄色弧形底纹印有“RMB”及“100”字样胶印缩微文字。如图6-71所示。

12. 凹印缩微文字。正面右下角面额数字“100”内，缩微凹印阴文面额数字“100”，呈水平状；背面左下角面额数字“100”内，缩微凹印阴文面额数字“100”呈波浪状。如图6-72所示。

图6-71　胶印缩微文字

图6-72　凹印缩微文字

13. 凹印接线印刷。正面左上角“100”和右下角“100”字样，采用雕刻凹版印刷，紫红色和绿色两种颜色对接完整。如图6-73所示。

14. 双色异形号码。正面左下角横号码，字体从大到小，前5位为黑色，后4位为绿色。如图6-74所示。

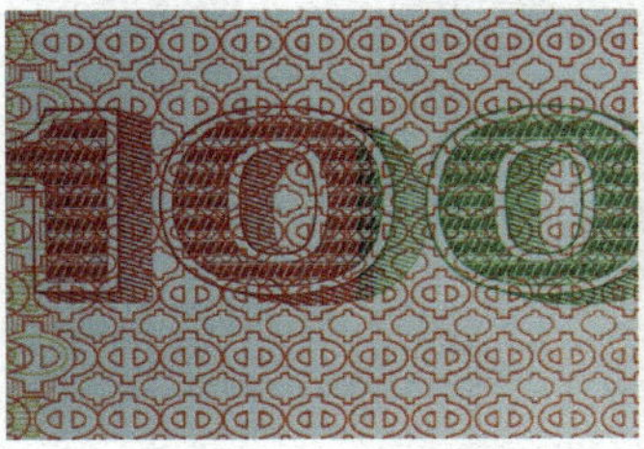

图6-73　凹印接线印刷

图6-74　双色异形号码

15. 动态全息图。位于正面主景右侧，有一个打开的书本图案，倾斜票面从不同角度观察可见不同颜色的灯笼图案和“千年”“2000”字样变化。如图6-75所示。

16. 透射光可见装置。在正面左侧透明视窗内天坛下方，有一个透明小正方形，在距离观察者1米远处使用白炽灯或射灯等点光源照射，观察者贴近观察钞票这一位置，可见其中有一个“中”字。如图6-76所示。

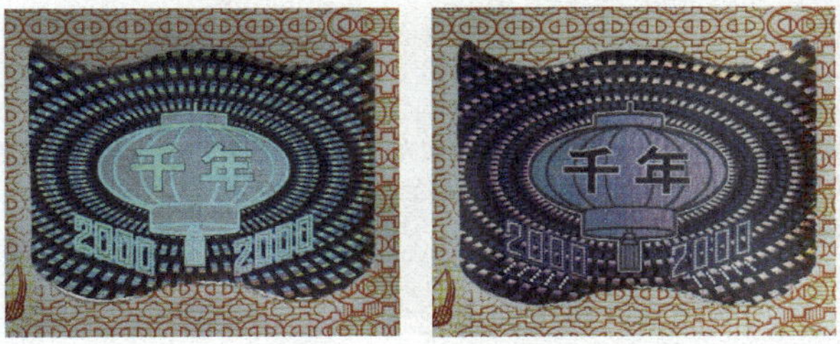

图6-75　动态全息图

图6-76　透射光可见装置

三、第29届奥林匹克运动会纪念钞

（一）票面特征

券别：10元

版别：2008

基材：纸质基材

主景图案：正面为国家体育场（鸟巢）；背面为古希腊雕塑“掷铁饼者”、运动员群像图案及“2008”字样。如图6-77所示。

主色调：绿

票幅：148.5毫米×72毫米

发行日期：2008年7月8日

发行量：600万张

正面

背面

①水印 ②光变全息开窗安全线 ④光彩光变面额数字 ⑤珠光油墨图案 ⑥无色荧光油墨印刷图案 ⑦有色荧光油墨印刷图案 ⑧雕刻凹版印刷 ⑨胶印缩微文字 ⑩凹印缩微文字 ⑪双色接线荧光异形号码 ⑫全息定位镂空标识

说明：③涉及的是无色荧光纤维，由于分布于整张票面，故没标出。

图6-77 第29届奥林匹克运动会纪念钞

（二）防伪特征

1. 水印。位于票面正面左侧空白区域。透光观察可见北京2008年奥林匹克运动会主会场——国家体育场图案，其上方为具有明暗渐变效果的面额数字水印“10”，下方为“第29届奥林匹克运动会”字样。如图6-78所示。

图6-78 水印

2. 光变全息开窗安全线。背面左侧有5.5毫米宽光变全息开窗安全线，安全线两侧有缩微文字“BEIJING 2008”，中间有全息图案“10”。变换角度观察时，安全线两侧颜色在绿色与品红色之间交替变化。如图6-79所示。

图6-79 光变全息开窗安全线

3. 无色荧光纤维。在紫外光下观察，票面纸张中随机分布黄色、蓝色荧光纤维。在白光下不可见。如图6-80所示。

图6-80 无色荧光纤维

4. 光彩光变面额数字。位于正面左上方。垂直观察，面额数字呈绿色，中部有横向亮条；平视时，面额数字呈蓝色。随着观察角度的改变，面额数字颜色在绿色和蓝色之间交替变化，同时亮条呈现上下滚动效果。如图6-81所示。

5. 珠光油墨图案。位于正面主景右方，平视时，可见“10”“★”等图案。如图6-82所示。

图6-81　光彩光变面额数字

图6-82　珠光油墨图案

6. 无色荧光油墨印刷图案。位于正面主景图案左上方。在紫外光下观察，可见黄色荧光图案。如图6-83所示。

7. 有色荧光油墨印刷图案。位于背面，由缩微文字“BEIJING 2008”等组成的蓝绿色图纹，在紫外光下呈现绿色荧光特征。如图6-84所示。

图6-83　无色荧光油墨印刷图案

图6-84　有色荧光油墨印刷图案

8. 雕刻凹版印刷。正面主景北京2008年奥林匹克运动会主会场——国家体育场图案、“中国人民银行”行名、国徽图案、第29届奥林匹克运动会会徽图案、手感线等均采用雕刻凹版印刷，用手触摸有明显的凹凸感。如图6-85所示。

图6-85　雕刻凹版印刷

9. 胶印缩微文字。正背面胶印图案中有“BEIJING 2008”“10”及“同一个世界同一个梦想”字样的胶印缩微文字。如图6-86所示。

图6-86　胶印缩微文字

10. 凹印缩微文字。正面右下方面额数字“10”中有凹印缩微文字，在放大镜下观察可见“BEIJING 2008”字样。如图6-87所示。

图6-87　凹印缩微文字

11. 双色接线荧光异形号码。位于票面主景图案左下方。冠字号码前四位为上边红色与下边黑色接线，后五位为上边黑色与下边红色接线。接线位置高度呈渐变趋势。在紫外光下观察，号码具有红色、绿色荧光效果。如图6-88所示。

图6-88　双色接线荧光异形号码

12. 全息定位镂空标识。位于正面左下方。标识主景图案为古希腊雕塑“掷铁饼者”，上方为面额数字“10”，下方为“2008”。变换角度观察时，标识的颜色和明暗随之变化。透光观察，可见镂空文字“BEIJING 2008”“29”字样。如图6-89所示。

图6-89　全息定位镂空标识

四、中国航天纪念钞

（一）票面特征

券别：100元

版别：2015

基材：纸质基材

主景图案：正面为“神舟九号”飞船与“天宫一号”交会对接图案；背面为“嫦娥一号”卫星图案、2020年中国空间站“天宫”、喷气式客机、“冯如2号”双翼螺旋桨飞机、飞禽海东青图案。如图6-90所示。

主色调：蓝、紫

票幅：155毫米×77毫米

发行日期：2015年11月26日

发行量：3亿张

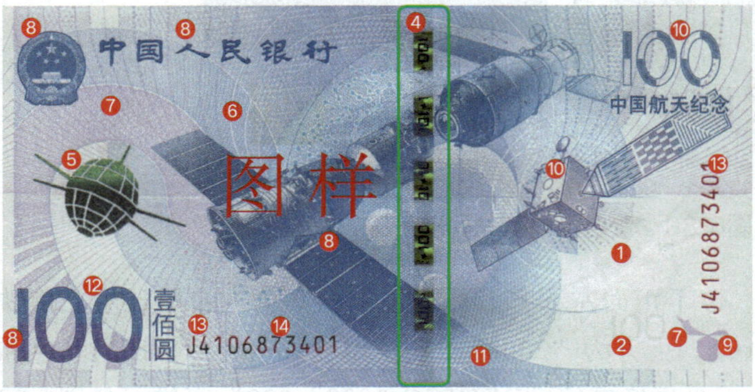

正面

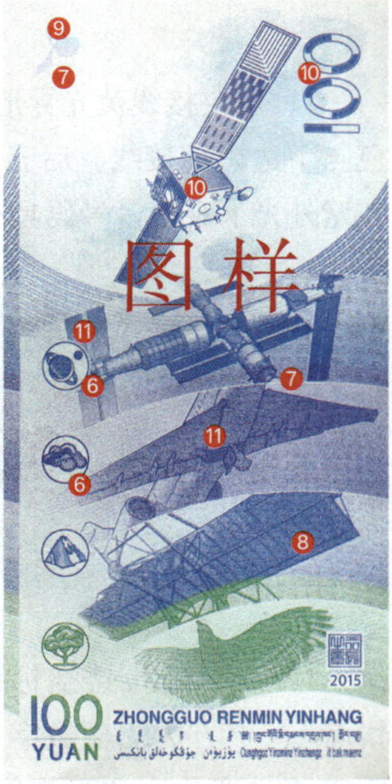

背面

①多层次水印　②白水印　④动感光变开窗安全线　⑤光彩光变图案　⑥无色荧光油墨印刷图文　⑦有色荧光油墨印刷图文　⑧雕刻凹版印刷　⑨胶印对印图案　⑩凹印对印图案　⑪胶印缩微文字　⑫凹印缩微文字　⑬横竖双号码　⑭接线号码

图6-90　中国航天纪念钞

（二）防伪特征

1. 多层次水印。位于正面右侧的空白处。透光观察，可见“东方红一号”卫星水印。如图6-91所示。

2. 白水印。位于正面右下方。透光观察，可见透光性很强的面额数字“100”字样。如图6-92所示。

图6-91　多层次水印

图6-92　白水印

3. 无色荧光纤维。纸张中随机加入无色荧光纤维，在紫外光照射下呈黄色、蓝色荧光，白光下不可见。如图6-93所示。

4. 动感光变开窗安全线。开窗部分在正面。垂直票面观察，安全线呈金色；倾斜票面观察，安全线呈绿色；开窗处可见星形图案和数字“100”。随着观察角度的变化，安全线亮光带颜色交替、滚动变化。如图6-94所示。

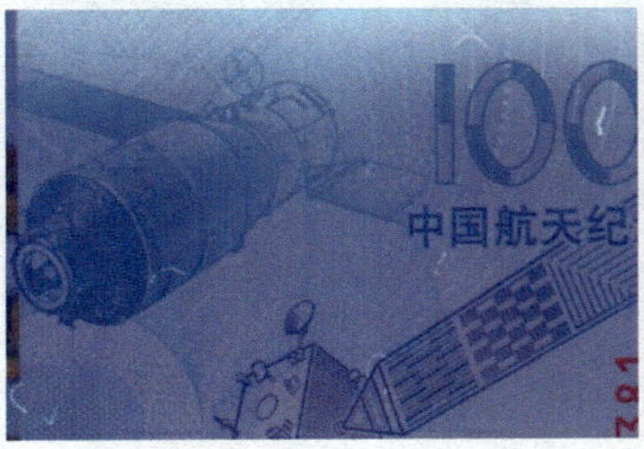

图6-93　无色荧光纤维

图6-94　动感光变开窗安全线

5. 光彩光变图案。位于正面左侧的“东方红一号”卫星光彩光变图案，垂直票面观察，图案为绿色；平视观察，图案为蓝色。随着观察角度的改变，图案颜色在绿色和蓝色之间交替变化，并可见到一条亮光带上下滚动。如图6-95所示。

图6-95　光彩光变图案

6. 无色荧光油墨印刷图文。在特定波长的紫外光下，正面行名下方胶印底纹处，可见黄色面额数字“100”字样，背面可见黄色的太阳系及世界地图图案。以上图文均采用无色荧光油墨印刷。如图6-96所示。

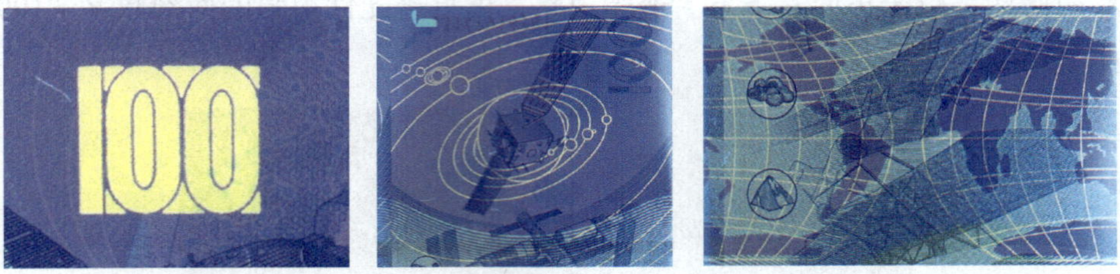

图6-96　无色荧光油墨印刷图文

7. 有色荧光油墨印刷图文。在特定波长的紫外光下，正面左侧紫色图纹、右下角胶印对印图案呈现绿色荧光，背面左上角胶印对印图案蓝色部分、中部图文呈现绿色荧光。以上图文均采用有色荧光油墨印刷。如图6-97所示。

8. 雕刻凹版印刷。正面国徽、“中国人民银行”行名、主景图案、面额数字等均采用雕刻凹版印刷，用手指触摸有凹凸感。如图6-98所示。

图6-97　有色荧光油墨印刷图文

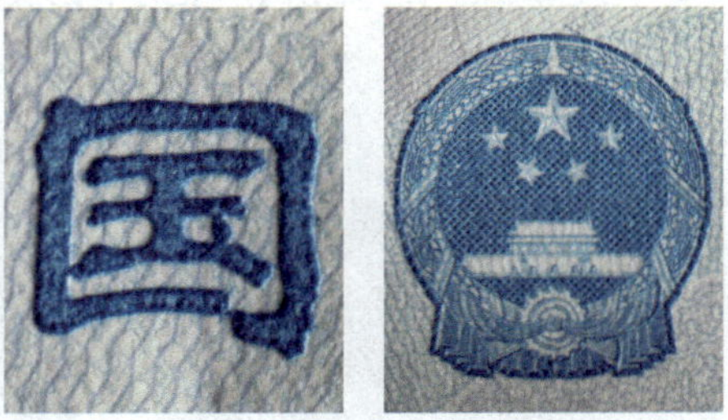

图6-98　雕刻凹版印刷

9. 胶印对印图案。票面正面右下角和背面左上角均有一个风筝局部图案，透光观察，可以看到正背面的局部图案合并成为一个完整的风筝图案。如图6-99所示。

图6-99　胶印对印图案

10. 凹印对印图案。位于正面右侧和背面上方的“嫦娥一号”卫星图案和面额数字“100”，透光观察，正背面“嫦娥一号”卫星图案互补重叠，面额数字完整。如

图6-100所示。

图6-100　凹印对印图案

11. 胶印缩微文字。票面背面图案中，多处印有胶印缩微文字，通过放大镜可以看到“100RMB”字样。如图6-101所示。

12. 凹印缩微文字。正面左下角面额数字“100”内有采用凹印印刷的缩微文字“100”和风筝图案。如图6-102所示。

图6-101　胶印缩微文字

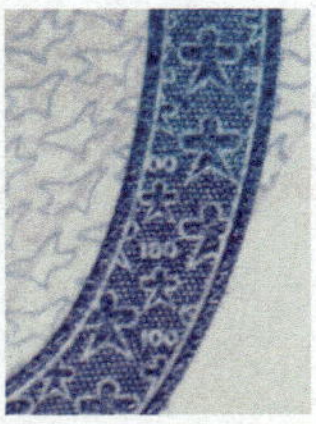

图6-102　凹印缩微文字

13. 横竖双号码。正面左下方印有横号码，由红色和黑色两种颜色构成，右侧竖号码为红色。横竖号码均由1位冠字“J”与10位阿拉伯数字组成。如图6-103所示。

14. 接线号码。位于正面左下方，前5位上半部分为红色，下半部分为黑色；后6位上半部分为黑色，下半部分为红色。如图6-104所示。

图6-103　横竖双号码

图6-104　接线号码

五、人民币发行 70 周年纪念钞

（一）票面特征

券别：50元

版别：2018

基材：纸质基材

主景图案：正面主景图案为树木年轮与第一套至第五套人民币局部图案。背面主景图案为中国人民银行大楼、中国人民银行旧址、第一套人民币发行布告及城市建筑剪影图案。如图6-105所示。

主色调：黄

票幅：150毫米×70毫米

发行日期：2018年12月28日

发行量：1.2亿张

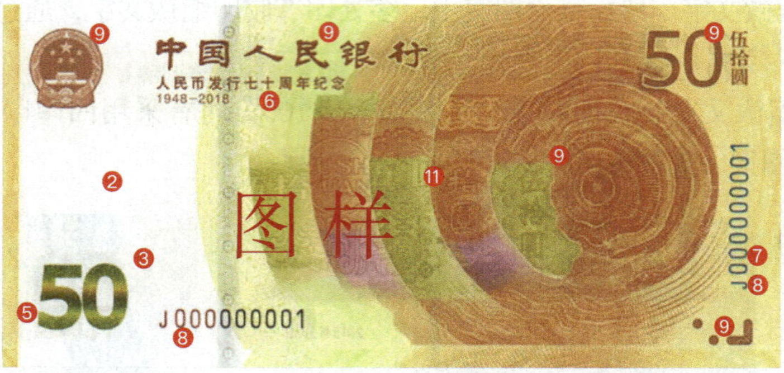

正面

背面

①动感光变镂空开窗安全线 ②多层次水印 ③白水印 ⑤光彩光变面额数字 ⑥无色荧光油墨图文 ⑦有色荧光油墨图文 ⑧冠字号码 ⑨雕刻凹版印刷 ⑩凹印缩微文字 ⑪凹印接线

图6-105 人民币发行70周年纪念钞

（二）防伪特征

1. 动感光变镂空开窗安全线。位于票面背面。垂直票面观察，安全线呈金色；与票面成一定角度观察，安全线呈绿色；开窗处可见古钱币图案、“¥50”字样。随着观察角度的变化，安全线亮光带出现颜色交替、滚动变化。如图6-106所示。

2. 多层次水印。位于票面正面左侧的空白处。透光观察，可见长城图案的多层次水印。如图6-107所示。

3. 白水印。位于票面正面左侧。透光观察，可见透光性很强的面额数字“50”字样。如图6-108所示。

4. 无色荧光纤维。在紫外光下观察，票面纸张中随机分布黄色、蓝色荧光纤维。在白光下不可见。如图6-109所示。

图6-106　动感光变镂空开窗安全线

图6-107　多层次水印

图6-108　白水印

图6-109　无色荧光纤维

5. 光彩光变面额数字。位于票面正面左下方的面额数字“50”，垂直票面观察，面额数字为金色；倾斜观察，面额数字为绿色。随着观察角度的变化，面额数字颜色在金色和绿色之间交替变化，并可见到一条亮光带上下滚动。如图6-110所示。

6. 无色荧光油墨图文。位于正面行名下方。在特定波长的紫外光下可以看到面额数字“50”字样。该图案采用无色荧光油墨印刷，在白光下不可见。如图6-111所示。

图6-110　光彩光变面额数字

图6-111　无色荧光油墨图文

7. 有色荧光油墨图文。票面正面右侧蓝色竖冠字号码和背面城市建筑剪影在特定波长紫外光照射下可见绿色荧光效果。如图6-112所示。

图6-112　有色荧光油墨图文

8. 冠字号码。采用横竖双号码，票面正面左下方为横号码，前4位为暗红色，后6位数字为黑色，右侧竖号码为蓝色。

9. 雕刻凹版印刷。票面正面国徽、“中国人民银行”行名、主景图案、面额数字、盲文等均采用雕刻凹印印刷，用手指触摸有凹凸感。如图6-113所示。

图6-113　雕刻凹版印刷图案

10. 凹印缩微文字。背面右下角面额数字“50”内有凹印缩微文字“50”。如图6-114所示。

11. 凹印接线。正面主景大树年轮、背面右下角面额数字“50”采用凹印接线技术印刷。如图6-115所示。

图6-114　凹印缩微文字

图6-115　凹印接线

07 第七章 人民币硬币识别与防伪特征

第一节 人民币硬币发行概况

一、流通硬币发行概况

硬币作为小面额主辅币，使用寿命长，便于清洁，在流通领域发挥着不可或缺的作用。1948年12月1日中国人民银行成立后，发行的第一批人民币均为纸币，新中国成立后才开始陆续发行硬币。到目前为止，共发行了四套流通硬币。除第三套人民币流通硬币和第四套人民币1角流通硬币退出流通外，其他套别流通硬币现在并存流通。流通硬币发行基本情况详见表7-1。

表7-1 人民币硬币发行概况

套别	系列	面值	首次发行时间
第二套	硬分币	1分、2分和5分	1957年12月1日
第三套	长城币	1角、2角、5角和1元	1980年4月15日
第四套	花卉币	1角、5角、1元	1992年6月1日
第五套	花卉币	1999年版1角、1元	2000年10月16日
		1999年版5角	2002年11月18日
		2005年版1角	2005年8月31日
		2019年版1角、5角、1元	2019年8月30日

注：1. 2000 年发行的 1 角流通硬币为铝镁合金材质；

2. 2005 年发行的 1 角流通硬币为不锈钢材质；

3. 2019 年版第五套 5 角硬币调整为钢芯镀镍材质。

二、纪念币发行概况

根据《中华人民共和国人民币管理条例》，中国人民银行可以根据需要发行纪念币。纪念币是具有特定主题、限量发行的人民币，包括普通纪念币和贵金属纪念币。

普通纪念币自1984年发行以来，已经历三十多年的发展历程。截至2021年6月底，共发行了一百余个品种。普通纪念币发行的目的主要是主题宣传纪念。普通纪念币涉及题材广泛，涵盖了国内外重大事件、文化、自然地理、体育赛事、人物纪念等，尤其选取国家重大事件和纪念意义浓厚的特定主题加以表现，充分实现纪念币的宣传教育功能。同时，作为人民币系列重要组成部分，普通纪念币更加注重新工艺、新技术、新材料的研发和应用，体现了造币工艺与美学设计的和谐统一，展示了我国硬币制造领域的前沿技术和最高水平。

1979年，我国发行了新中国成立以来的第一套贵金属纪念币——中华人民共和国成立30周年纪念金币。该枚纪念币的成功发行标志着我国贵金属纪念币的设计、生产、发行正式拉开了帷幕。我国贵金属纪念币表现题材非常广泛，表现的题材涵盖国内外重大事件、重要活动、杰出人物、文化经典、珍稀动植物、名胜古迹、自然景观等方面，具有浓郁的民族风格，反映了历史悠久的中华民族传统文化。贵金属纪念币的发行使我国绚烂多彩的钱币文化得到进一步的传承和发展，同时，它作为一种独特的艺术收藏品，也受到广大钱币爱好者和投资者的青睐与认可。

第二节　流通硬币识别与防伪特征

第一套人民币产生于解放战争时期，受历史条件限制，硬币并未纳入生产发行计划。新中国成立后，我国从第二套人民币开始，纸钞和硬辅币的设计研制工作同期进行，开始全面开展硬币的开发和生产。

一、第二套人民币硬币识别与防伪特征

（一）发行流通情况

自1955年开始，我国开始铸造以造币铝合金为材质的1分、2分和5分流通硬币，1957年12月1日正式发行。由于均为分币，因而该套硬币又称为硬分币。

自1992年起，由于市场对流通货币的结构需求发生变化，硬分币批量生产基本停止，每个年号仅铸造少量装帧币供公众收藏。

根据银行计息结算需求，从2005年开始，根据发行需求，不定期制造一定数量的1分硬币（2014年除外）。

（二）防伪特征与技术参数

第二套人民币硬币以铝镁合金材料为材质，保证了硬币的加工性能和耐蚀性。在防伪方面，主要通过丝齿、图文质量、重量、尺寸和化学成分等设计参数进行比照鉴别。其防伪特征与技术参数详见表7-2。

表7-2 第二套人民币硬币图样特征与技术参数

面额		1分	2分	5分
正面				
		国名与国徽	国名与国徽	国名与国徽
背面				
		麦穗、面额和年号	麦穗、面额和年号	麦穗、面额和年号
公众防伪（边部）				
		连续直丝齿	连续直丝齿	连续直丝齿
材质 *		铝镁合金	铝镁合金	铝镁合金
形制		圆形	圆形	圆形
规格	直径（毫米）	18.00	21.00	24.00
	单枚质量（克）	0.67	1.08	1.60
	边厚（毫米）	1.35	1.60	1.80
	边部齿数（根）	101	115	128

* 1957年、1958—1981年和1981年以后生产发行硬分币虽均为铝镁合金，但三者成分存在差异。

二、第三套人民币硬币识别与防伪特征

（一）发行流通情况

自1980年起，我国陆续发行铜合金材质的1角、2角、5角和1元流通硬币。其中，1元币背面以长城为主图案，故又称“长城币”。该套流通硬币发行数量较少，1987年停止生产。

（二）防伪特征与技术参数

第三套人民币硬币的图样特征与技术参数详见表7-3。

表7-3　第三套人民币硬币图样特征与技术参数

面额		1角	2角	5角	1元
正面		 国名与国徽	 国名与国徽	 国名与国徽	 国名、国徽、年号
背面		 麦穗、齿轮、面额、年号	 麦穗、齿轮、面额、年号	 麦穗、齿轮、面额、 年号	 长城、面额
公众防伪（边部）		 连续直丝齿	 连续直丝齿	 连续直丝齿	 连续直丝齿
材质		铜锌合金	铜锌合金	铜锌合金	铜镍合金
形制		圆形	圆形	圆形	圆形
规格	直径（毫米）	20.00	23.00	26.00	30.00
	单枚质量（克）	2.62	4.18	6.02	9.32
	边厚（毫米）	1.30	1.50	1.70	1.90
	边部齿数（根）	110	125	140	166

三、第四套人民币硬币识别与防伪特征

（一）发行流通情况

随着国民经济的发展，低面值纸币使用寿命短、易磨损、回笼困难等问题日益突出。对此，中国人民银行决定逐步推行小面额货币硬币化，健全和完善我国的硬币体系。

1992年6月1日，中国人民银行发行了第四套人民币1角、5角、1元3种金属流通币。第四套人民币硬币对此前发行的铜合金元角币的图案、种类、材质进行了必要调整，与铝合金分币共同构成了我国小面额货币的硬币系列。根据中国人民银行公告〔2018〕第6号规定，自2018年5月1日起，停止第四套人民币1角硬币在市场上流通。

（二）第四套人民币硬币的特点

与以往铸造的硬币相比，第四套人民币硬币具有以下三个显著特点：

1. 设计图案构思新颖，庄重大方，具有较强的时代感和浓郁的民族风格。正面图案使用对称构图，国徽居中靠上，周围配以“中华人民共和国”国名的中文和汉语拼音以及发行年号，给人以严肃端庄之感；背面图案采用了非对称布局，分别再现了我国三种著名的花卉：菊花、梅花、牡丹花，这三种花卉均是我国名花，分别象征着高洁、坚强和富丽。同时进一步突出了硬币的面值文字。

2. 在币材选择上，不同面值使用不同材质，提高了可识别性。根据我国有色金属资源状况和生产能力，1角、5角、1元三种硬币分别采用了铝合金、黄铜合金、钢芯镀镍三种不同的合金材料。这三种合金材料的色泽不同，比重各异，容易区别。1角币选用的是铝合金材料，具有色泽美观、耐磨耐蚀、成本低廉等特点。5角币选用了经过技术改进的黄铜合金，色泽金黄，具有一定的抗变色性能。1元币选用了电镀型造币材料钢芯镀镍，这种材质的特点是密度适中、外表美观、质感好；金属充填性好、易于加工塑型；硬度高，耐磨耐腐蚀。钢芯镀镍硬币属于全包覆类型，外观与纯镍币相似，它不但保留了纯镍币的部分特征，具有一定的耐磨抗变色能力，而且大大降低了铜、镍等有色金属的用量，节约了铸造成本。

3. 在规格尺寸、设计风格上突破了以往传统做法，更趋于科学合理。第四套硬币1角、5角、1元硬币的直径分别为22.5毫米、20.5毫米、25毫米；边厚分别为2.4毫米、1.65毫米、1.85毫米。在规格的设置上突破面额越大，直径、边厚越大的传统。除此之外，1角币在边饰设计上还采取了增加边部厚度，外圆内九边形、边部无丝齿的光边设计方案，以明显区别于流通的铝分币。

（三）防伪特征与技术参数

随着我国造币工艺技术的不断发展和进步，第四套人民币硬币在防伪技术方面进行了大胆的尝试和应用。除了产品图文重量、尺寸、化学成分等技术指标特征外，1角流通硬币首次应用了内九边形结构，5角流通硬币首次应用了间断丝齿技术，尤其是1元流通硬币应用了当时最新的钢芯镀镍技术，能够设定镀层厚度和机读参数，硬币的防伪性能得到大大提升。第四套人民币硬币的发行，标志着我国造币技术进入快速发展时期，新型硬币防伪技术的研发开始进入新的历史阶段。其图样特征与技术参数详见表7-4。

表7-4　第四套人民币硬币图样特征与技术参数

面额		1角	5角	1元
正面		 国徽、国名、国名汉语拼音字母、年号	 国徽、国名、国名汉语拼音字母、年号	 国徽、国名、国名汉语拼音字母、年号
背面		 菊花、面额、面额汉语拼音字母	 梅花、面额、面额汉语拼音字母	 牡丹花、面额、面额汉语拼音字母
公众防伪（边部*）		无防伪特征		无防伪特征
		光边	间断丝齿	光边
材质		铝镁合金	铜锌合金	钢芯镀镍
形制		圆形	圆形	圆形
规格	直径（毫米）	22.50	20.50	25.00
	单枚质量（克）	2.20	3.80	6.05
	边厚（毫米）	2.40	1.65	1.85
	边部齿数（根）	—	48*	—

*5角流通硬币边部均匀分布间断丝齿，共6组，每组8根。

四、第五套人民币硬币识别与防伪特征

（一）发行流通情况

20世纪90年代后期，我国启动了第五套人民币流通硬币的设计研制工作，并于2000年10月在全国范围内开始发行1角和1元硬币，其中1角硬币材质为造币铝合金，1元硬币材质为镍包钢。2002年11月，我国发行了5角硬币，其材质为铜包钢。2005年8月，为提升1角流通硬币的技术质量，中国人民银行决定在不改变直径、厚度和图案的情况下，将第五套人民币1角硬币材质由铝合金改为不锈钢，色泽为钢白色。

（二）第五套人民币硬币的特点

与第四套人民币硬币相比，第五套人民币硬币的特点包括以下四个方面：

1. 重新调整了硬币的主题图案，1角硬币采用了兰花图案，5角硬币采用了荷花图案，1元硬币采用了菊花图案。

2. 正面“中华人民共和国”改为“中国人民银行”。

3. 5角硬币沿用边部均匀分布的间断丝齿，1元硬币则增加了边部滚字技术，大大提高了硬币的公众防伪性能。

4. 调整了1角硬币的单枚质量，5角硬币的材质从造币铜合金调整为铜包钢（钢芯镀铜）。

（三）防伪特征与技术参数

第五套人民币硬币的图样特征与技术参数详见表7-5。

表7-5　1999年版和2005年版第五套人民币硬币图样特征与技术参数

面额	1角	5角	1元
正面	 行名、面额、面额汉语拼音字母、年号	 行名、面额、面额汉语拼音字母、年号	 行名、面额、面额汉语拼音字母、年号
背面	 兰花、行名汉语拼音字母	 荷花、行名汉语拼音字母	 菊花、行名汉语拼音字母
公众防伪（边部*）	无防伪特征 光边	 间断丝齿	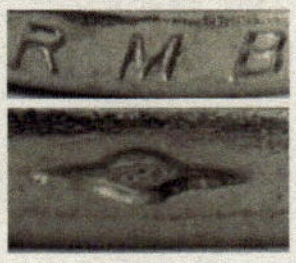 滚字
材质	铝合金 / 不锈钢	钢芯镀铜	钢芯镀镍
形制	圆形	圆形	圆形
规格 直径（毫米）	19.00	20.50	25.00
规格 单枚质量（克）	1.15/3.20	3.80	6.05
规格 边厚（毫米）	1.75	1.65	1.85
规格 边部齿数（根）	—	48	—

*5角硬币边部均匀分布间断丝齿，共6组，每组8根。1元硬币在边部未采用丝齿设计，但应用了滚字技术，印有“RMB”及“ ”符号，共3组。

五、2019年版第五套人民币硬币识别与防伪特征

（一）发行流通情况

2018年，为进一步提高第五套人民币硬币的防伪性能并考虑公众使用需求，我国在现行第五套流通硬币基础上进行充分调研和方案讨论，系统开展了硬币提升工程，并于2019年8月30日在全国范围内发行2019年版第五套人民币1角、5角、1元硬币。

（二）2019年版第五套人民币硬币的特点

与1999年版和2005年版第五套人民币硬币相比，2019年版第五套人民币硬币主要有以下特点：

1. 对主题图案进行了局部调整。硬币正面调整了面额数字的造型，数字设计风格活泼，立体感更强。硬币背面浮雕层次和结构关系保持不变，但对花卉图案进行了适当收缩。同时，1元币和1角币在边部增加圆点，5角币采用了外圆内十一边形结构特征，在色泽一样的条件下，辨识感更强。

2. 实现防伪技术在流通硬币上的集成应用。借鉴英镑、加拿大元等国际硬币在防伪能力提升方面的思路和经验，在1元硬币上，新增一项公众防伪技术——隐形图文的应用，提高了伪造门槛。

3. 规格轻量化。顺应国际硬币发展“小型化、轻量化”的趋势，1元币直径由25毫米缩减为22.25毫米、单枚质量由6.05克减轻为4.78克，减少率分别为11%和21%，满足公众便于携带使用的需求。

4. 调整了5角硬币的材质。根据国家产业政策，钢芯镀铜合金生产工艺属于拟淘汰的落后工艺。5角硬币的材质由钢芯镀铜调整为钢芯镀镍。

（三）防伪特征与技术参数

2019年版第五套人民币硬币的图样特征与技术参数详见表7-6。

表7-6 2019年版第五套人民币硬币的图样特征与技术参数

面额	1角	5角	1元
正面	 行名、面额、面额汉语拼音字母、年号	 行名、面额、面额汉语拼音字母、年号	 行名、面额、面额汉语拼音字母、年号

续表

面额		1角	5角	1元
背面				
		兰花、行名汉语拼音字母	荷花、行名汉语拼音字母	菊花、行名汉语拼音字母
公众防伪	表面	—	—	
		—	—	调整硬币至适当角度，可在硬币正面面额数字轮廓线内观察到“¥”“1”构成的隐形图文
	边部*	无防伪特征		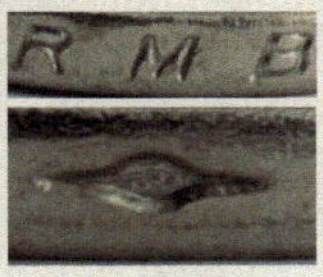
		光边	间断丝齿	滚字
材质		不锈钢	钢芯镀镍	钢芯镀镍
形制		圆形	圆形	圆形
规格	直径（毫米）	19.00	20.50	22.25
	单枚质量（克）	3.20	3.80	4.78
	边厚（毫米）	1.75	1.65	1.85
	边部齿数（根）	—	48	—

第三节 纪念币识别与防伪特征

纪念币是具有特定主题、限量发行的人民币，包括普通纪念币和贵金属纪念币。从我国纪念币防伪技术的发展和应用情况来看，普通纪念币与贵金属纪念币具有不同特点。

一、普通纪念币识别与防伪特征

普通纪念币集中体现了工艺技术与美术设计的和谐之美，在注重主题宣教的同时，也非常重视造币新工艺、新技术、新材料、新设备的研发和应用。

早期的普通纪念币一般采用单一防伪技术模式，单纯依靠材质防伪。进入20世纪90年代后，随着硬币防伪技术研发和应用的提速，普通纪念币逐步采用集成防伪技术模式。下面对具有代表性防伪技术的普通纪念币进行介绍。

（一）“庆祝中华人民共和国香港特别行政区成立”普通纪念币

“庆祝中华人民共和国香港特别行政区成立”普通纪念币，一套2枚，于1997年7月1日发行。正面图案为国名、年号、香港特别行政区区旗上带有五星花蕊的紫荆花；背面图案分别为《中华人民共和国香港特别行政区基本法》封面和牡丹花、香港风光。如图7-1所示。

①双金属结构
该套纪念币由黄白双色金属构成。其中，外环、内芯由黄铜合金、白铜合金镶嵌加工而成。

②间断丝齿
边部外缘采用间断丝齿技术。共均匀分布8个丝齿段，每个丝齿段有15根丝齿。

图7-1 “庆祝中华人民共和国香港特别行政区成立”普通纪念币

该套纪念币应用了双金属结构和间断丝齿两项防伪技术。其中，双金属硬币技术是我国在普通纪念币生产中的首次应用，外观黄白相间，结构美观大方，并具有较高的防伪性能。其技术参数如表7-7所示。

表7-7 “庆祝中华人民共和国香港特别行政区成立”普通纪念币技术参数

材质	直径（毫米）	重量（克）	边厚（毫米）	形制	齿数（根）
双色铜合金	25.50	7.80	1.95	圆形	120*

*该产品采用间断丝齿技术。边部外缘有8个丝齿段及8个柱面段，每个丝齿段有15根丝齿，共计120根丝齿。

（二）“辛亥革命90周年”普通纪念币

“辛亥革命90周年”普通纪念币，一套1枚，于2001年9月27日发行。正面图案为国徽、飘带、国名、年号；背面图案为人民英雄纪念碑上的武昌起义浮雕。如图7-2所示。

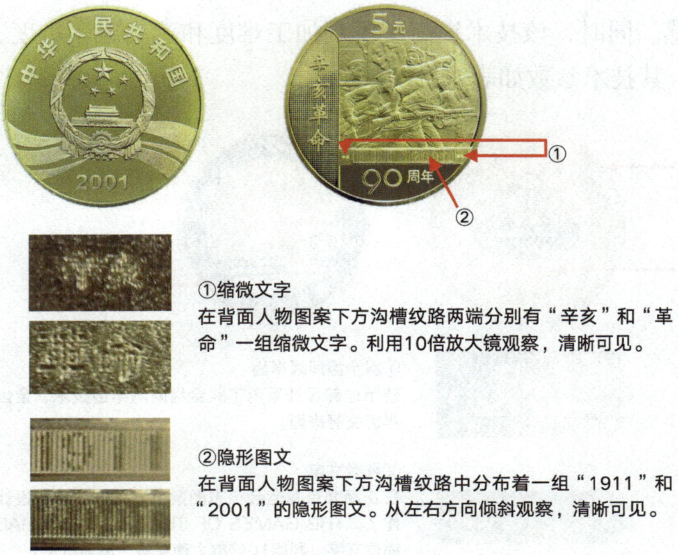

图7-2　“辛亥革命 90 周年”普通纪念币

该纪念币应用了缩微文字和隐形图文两项防伪技术。其中，缩微文字技术是我国在普通纪念币生产中的首次应用。清晰、规整的缩微文字和隐形图文对雕刻设备的精度和企业造币技术水平提出了很高要求，增加了造假成本和伪造难度。其技术参数如表7-8所示。

表7-8　“辛亥革命90周年”普通纪念币技术参数

材质	直径（毫米）	重量（克）	边厚（毫米）	形制	齿数（根）
黄铜合金	30.00	12.80	2.50	圆形	165

（三）“第29届奥林匹克运动会——射箭”普通纪念币

“第29届奥林匹克运动会”普通纪念币自2006年9月20日起发行了3组，共计8枚，正面图案均为北京2008年奥运会会徽、国家体育场和跑道俯视图景、国名及年号，背面图案分别为北京2008年奥运会吉祥物“福娃”举重、游泳、体操、射箭、乒乓球、足球、击剑、现代五项 8 个运动造型及“第29届奥林匹克运动会”字样。其防伪特征如图7-3所示。

该套纪念币是中国人民银行第一次面向国际征集设计图稿的成功案例。该系列纪念币均采用斜全齿间隔半齿、缩微文字、隐形图文等新型集成防伪技术，体现了我国当时造币防伪技术最高水平。其中，斜全齿间隔半齿技术改变以往纪念币边部丝齿单一结构，出现长短交替变化的丝齿，丝齿以一定斜度规则性排列，使产品边部呈现动态美感和节奏感。同时，该技术提高了模具加工难度和产品压印难度，大大提高了硬币的防伪能力。其技术参数如表7-9所示。

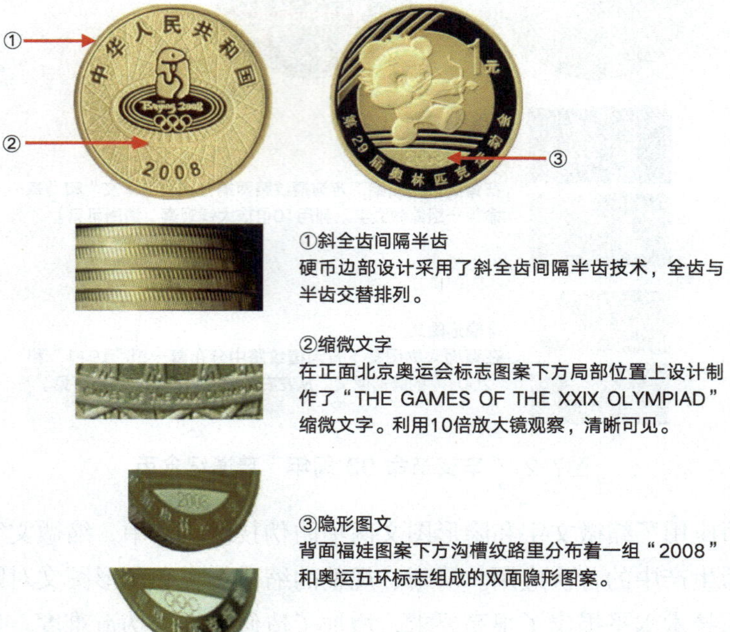

图7-3 “第29届奥林匹克运动会——射箭”普通纪念币

表7-9 “第29届奥林匹克运动会——射箭”普通纪念币技术参数

材质	直径（毫米）	重量（克）	边厚（毫米）	形制	齿数（根）
黄铜合金	25.00	6.75	1.90	圆形	168

（四）“上海世界博览会”普通纪念币

2010年11月9日，中国人民银行发行“上海世界博览会”普通纪念币，一套1枚。正面图案为上海世界博览会会徽、国名及年号；背面图案为上海世界博览会吉祥物“海宝”、城市建筑群。该套纪念币的发行充分体现“城市，让生活更美好”的上海世博会主题，反映“欢聚、沟通、展示、合作”的世博会精神。如图7-4所示。

图7-4 “上海世界博览会”普通纪念币

该枚普通纪念币图案设计简约、大气，体现了主题表达和设计美感的和谐统一。同时，在防伪技术应用上，它是国内首次应用斜丝齿滚字技术的硬币产品。通过批量试验，实现了边部斜丝齿及滚印字符在产品上的完美呈现。其技术参数如表7-10所示。

表7-10 “上海世界博览会”普通纪念币技术参数

材质	直径（毫米）	重量（克）	边厚（毫米）	形制	齿数（根）	滚字
钢芯镀镍	25.00	6.05	1.85	圆形	240	“RMB”及“◆”符号各三组

（五）“‘和’字书法——草书”普通纪念币（2014）

从2009年开始，中国人民银行陆续发行5组不同书法书写的“和”字普通纪念币，每组1枚。随着“‘和’字书法——楷书”普通纪念币于2017年12月13日公告发行，篆书、隶书、行书、草书、楷书五种字体的“和”字书法系列普通纪念币全部发行完毕。2014年发行的“和”字币（草书）在防伪设计上与2013年发行的“和”字币（行书）大体相同，正面图案为国名、国徽、面值和年号，背面图案为草体“和”字、飞白以及“和”字的五种书法体。如图7-5所示。

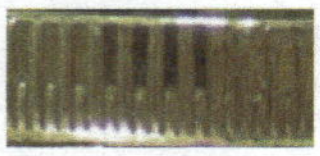
①直齿间隔半齿
直接观察，可看到边部为直齿间隔半齿，全齿与半齿间隔排列。

②隐形图文
从背面竖直偏左约45度，可以观察到飞白图案的右上角有隐形图案——隶书“和”字。

③缩微文字
在背面飞白图案的末端，利用10倍放大镜观察，清晰可见缩微文字“HE”。

图7-5 “‘和’字书法币——草书”(2014)普通纪念币

在防伪技术上，此套纪念币应用了直齿间隔半齿、隐形图文、缩微文字等防伪技术。与以往“和”字币不同的是，该枚纪念币的飞白图案设计形式独特，隐形图文雕刻于精细点阵之上。其技术参数如表7-11所示。

表7-11 “‘和’字书法——草书”普通纪念币技术参数

材质	直径（毫米）	重量（克）	边厚（毫米）	形制	齿数（根）
黄铜合金	30.00	12.80	2.50	圆形	208

（六）2015年贺岁普通纪念币

随着2015年2月6日羊年贺岁普通纪念币的发行，第二轮贺岁普通纪念币的发行拉开帷幕。2015年贺岁币面值为10元，直径27毫米，正面图案为行名、面额、面额汉语拼音和年号，辅以剪纸风格的精细图文设计；背面图案为传统装饰造型的小山羊、宫灯、花朵及干支纪年“乙未”字样。小山羊形象采用老百姓喜爱的传统装饰，它回头翘望迎接新年到来，吉祥可爱的生肖形象体现了中国春节传统文化。同时，采用“宫灯”这一渲染春节气氛的重要元素，烘托出节日喜庆、吉祥的气氛，更兼以装饰花纹点缀，使整个画面设计优美、结构完整。如图7-6所示。

①隐形图文
在正面面额数字“10”内，规则排布有横向沟槽，上下翻转硬币，可以从沟槽中分别观察到“RMB”和三组“10”的双面隐形图案。

②缩微文字
在正面面额数字“1”的轮廓下部居中平面上，利用10倍放大镜观察，清晰可见有缩微文字“RMB 10 YUAN”。

③双金属结构
产品由黄白双色金属构成。其中，外环为黄铜合金，内芯为白铜复合材料。

④复合材料
硬币内芯采用了白铜复合镍质材料，该种材料制作难度较大，同时具有独特的机读性能。

⑤斜全齿间隔半齿
硬币边部设计采用了斜全齿间隔半齿技术，全齿与半齿交替排列。

图7-6　2015年贺岁普通纪念币

与首轮贺岁币相比，第二轮羊年贺岁币采用双金属材质，在艺术设计及防伪设计上较以往有重大突破。该枚纪念币也是我国首枚应用复合材料技术的硬币，在防伪性能和流通识别上取得了明显突破。复合材料技术是指采用复合轧制工艺，在上下两层带材中间加入特定成分带材，形成所谓“三明治”结构，其加工工艺和加工设备均较为复杂。1欧元、2欧元、1美元等中高面值硬币采用了该项防伪技术。复合材料在防伪设计上通常采用具有独特磁性特征的金属材质，通过传感器检测，能够得到规律性变化的信号，从而进行有效识别。同时，保证了硬币机读参数的唯一性和可控性，使加入相应识别模块的自动售货和硬币清分设备可以利用这种信号特征快速识别真假。复合材料的应用大大提升了硬币的机读识别性能，为其流通提供了可靠保障。其技术参数如表7-12所示。

表7-12　2015年贺岁普通纪念币技术参数

材质	直径（毫米）	重量（克）	边厚（毫米）	形制	齿数（根）
双色铜合金	27.00	9.18	2.14	圆形	178

（七）“中国航天”普通纪念币

航天科技成就标志着一个国家的科技发展水平和综合实力。为体现我国综合国力不断提升、航天科技事业稳步发展的良好态势，中国人民银行于2015年11月26日发行了1枚航天题材普通纪念币。正面图案为国名、国徽、年号；背面为“神舟九号”近轨对接航天器、“东方红一号”卫星、“神舟五号”“嫦娥一号”、探月月球车、古代民间飞天图腾、地球和长2F运载火箭图案以及和平鸽演变成的五角星和星星图案。“中国航天”普通纪念币表现了中国航天事业所取得的伟大成就，反映出中国自古以来探索太空的理想和精神，充分展现了实现中华民族伟大复兴中国梦的决心和信心。如图7-7所示。

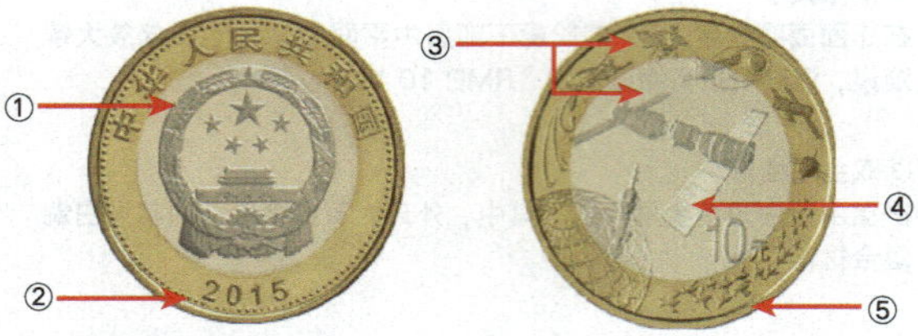

①复合材料
硬币内芯采用了白铜复合镍质材料，此材料制作难度大，同时具有独特的机读性能。

②缩微文字
在正面年号下方装饰点的位置上分布有一组“HANG TIAN”缩微文字。利用10倍放大镜观察，清晰可见。

③双金属结构
产品由黄白双色金属构成。其中，外环为黄铜合金，内芯为白铜复合材料。

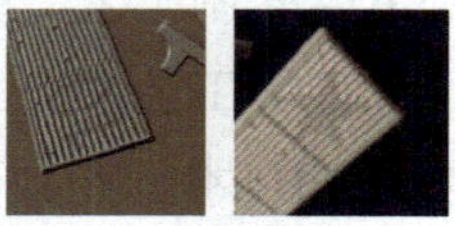

④隐形图文
在背面“神舟九号”航天器太阳能板上分布着一组“★”和“10”的双面隐形图案。从不同的特定角度观看，分别可以看到清晰、完整的“★”和“10”图案。

⑤斜全齿间隔半齿
硬币边部设计采用斜全齿间隔半齿技术，全齿与半齿交替排列。

图7-7 “中国航天”普通纪念币

“中国航天”普通纪念币与国际上发达国家的高面值硬币相比，集成应用的防伪技术更多更全，极大地提高了纪念币的公众防伪和机读识别能力，综合防伪性能已达到当今国际先进水平。其技术参数如表7-13所示。

表7-13 “中国航天”普通纪念币技术参数

材质	直径（毫米）	重量（克）	边厚（毫米）	形制	齿数（根）
双色铜合金	27.00	9.10	2.10	圆形	178

（八）“孙中山先生诞辰150周年”普通纪念币

孙中山先生是中国近代伟大的民主革命先行者，是中国近代民主主义革命开拓者和“三民主义”倡导者。为缅怀孙中山先生为民族独立、社会进步、人民幸福所建立的历史功勋，2016年10月12日，中国人民银行决定发行“孙中山先生诞辰150周年”普通纪念币一枚。该产品正面图案主景为孙中山故居，背面图案主景为孙中山先生头像。如图7-8所示。产品技术参数如表7-14所示。

①缩微文字
在正面年号下方，应用激光雕刻技术制作有缩微文字“1866”“2016”，代替了装饰圆点中的8个对应位置，用10倍以上放大镜观察，清晰可见。

②隐形图文
在孙中山先生故居侧面围墙浮雕上制作了隐形图文。将产品倾斜适当角度，可观察到清晰的“150”字样。

③直齿间隔半齿
硬币边部采用直齿间隔半齿技术，全齿与半齿交替排列。

图7-8　“孙中山先生诞辰150周年”普通纪念币

表7-14　“孙中山先生诞辰150周年”普通纪念币技术参数

材质	直径（毫米）	重量（克）	边厚（毫米）	形制	齿数（根）
黄铜合金	30.00	12.80	2.50	圆形	208

（九）“中国人民解放军建军90周年”普通纪念币

1927年8月1日，随着南昌起义的胜利，标志着新型人民军队登上历史舞台。回顾90年光辉历程，在中国共产党的坚强领导下，人民军队不断走向胜利，为民族独立和人民解放建立了彪炳史册的不朽功勋。为庆祝中国人民解放军建军90周年，中国人民银行于2017年7月31日发行了该枚普通纪念币。

该枚产品正面图案为国名、国徽、年号。背面主景图案是由变形的数字“90”、军徽和时间“1927—2017”构成。数字“9”由五根飘带组成，最后汇聚在一起；数字

“0”由橄榄枝和军徽组成，“0”下方为时间“1927—2017”。内缘下方为钢铁长城。如图7-9所示。产品技术参数如表7-15所示。

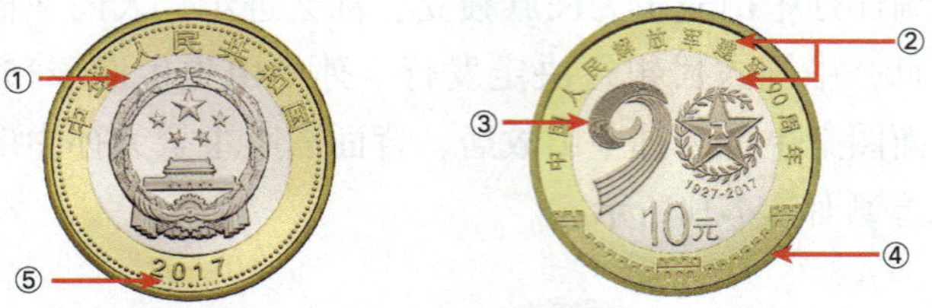

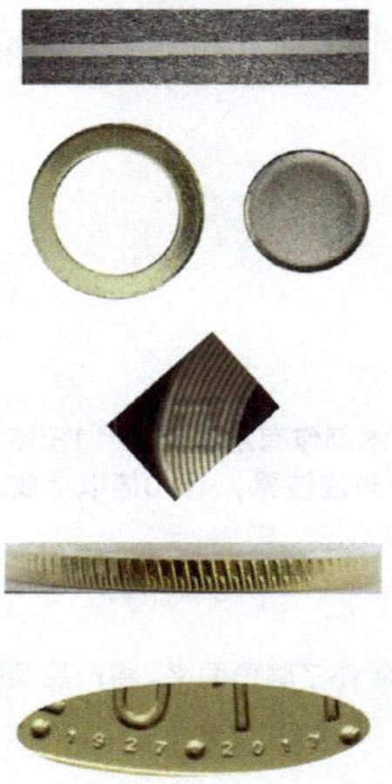

①复合材料
硬币内芯采用了镍带复合白铜材料，此材料制作难度大，同时具有独特的机读性能。

②双金属结构
产品由黄白双色金属构成。其中，外环为黄铜合金，内芯为白铜复合材料。

③隐形图文
在背面主图案数字“9”的飘带内制作了隐形图文，将产品倾斜适当角度，可观察到清晰的“八一”字样。

④斜全齿间隔半齿
硬币边部设计采用了斜全齿间隔半齿技术，全齿与半齿交替排列。

⑤缩微文字
在正面年号下方，应用激光雕刻技术制作的缩微文字“1927”“2017”，代替了装饰圆点中的8个对应位置，用10倍以上放大镜观察，清晰可见。

图7-9 “中国人民解放军建军90周年”普通纪念币

表7-15 “中国人民解放军建军90周年”普通纪念币技术参数

材质	直径（毫米）	重量（克）	边厚（毫米）	形制	齿数（根）
双色铜合金	27.00	9.18	2.14	圆形	178

（十）“中国高铁”普通纪念币

中国高铁建设被誉为中国经济发展奇迹。从技术引进、吸收转化到领先全球仅仅用了十多年时间。在全球高铁建设排行榜上，“中国速度”名列前茅、“中国高铁”引人瞩目。我国高铁运营里程最长、运营时速最高，拥有世界等级最高的高铁——京沪高铁、世界首条新建高寒高铁——哈大高铁、世界单条运营里程最长高铁——京广高铁、世界上一次性建成里程最长的高铁——兰新高铁……“中国高铁”创造了诸多世界纪录，是中国工业制造实力和科技水平的突出代表之一。

中国人民银行于2018年9月3日发行了“中国高铁”普通纪念币一枚。该枚普通纪念币设计元素丰富，背面图案主景为“复兴号”动车组列车，背景为北京南站、大胜关长江大桥、高山、梯田和沙漠，寓意高铁在祖国广袤土地上自由奔驰。如图7-10所示。产品技术参数如表7-16所示。

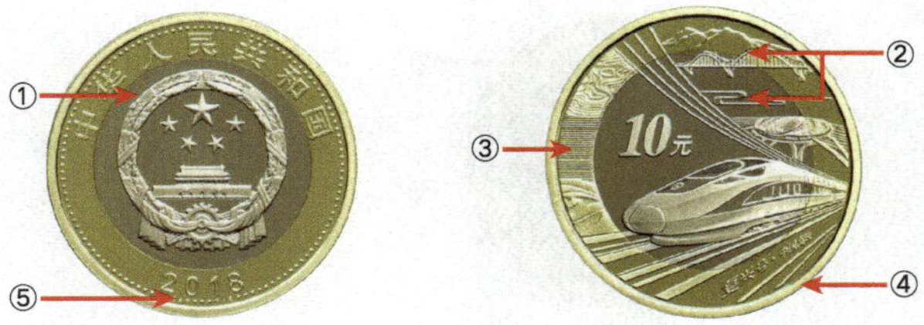

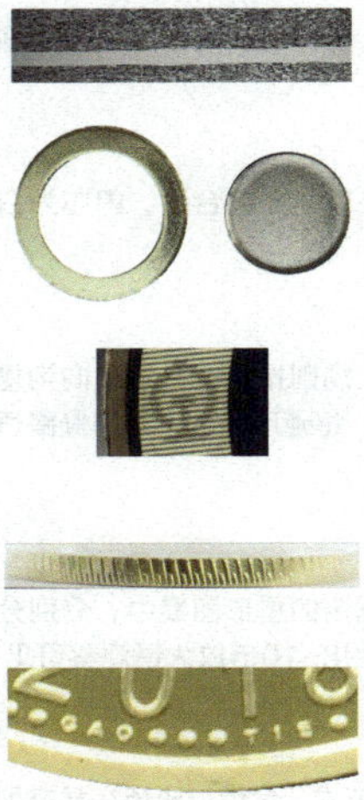

①复合材料
硬币内芯采用了镍带复合白铜材料，此材料制作难度大，同时具有独特的机读性能。

②双金属结构
产品由黄白双色金属构成。其中，外环为黄铜合金，内芯为白铜复合材料。

③隐形图文
在背面面额左侧外环的局部区域，规则排布有横向沟槽，在沟槽上雕刻有中国铁路标志图案。将产品倾斜适当角度观察时，可以观察到中国铁路标志图案“⍝”。

④斜全齿间隔半齿
硬币边部设计采用了斜全齿间隔半齿技术，全齿与半齿交替排列。

⑤缩微文字
在正面年号正下方三个装饰点左右两侧相邻的各三个装饰点位置，分别分布有“GAO”和“TIE”的缩微文字。利用8~10倍放大镜观察，清晰可见。

图7-10　“中国高铁”普通纪念币

表7-16　“中国高铁”普通纪念币技术参数

材质	直径（毫米）	重量（克）	边厚（毫米）	形制	齿数（根）
双色铜合金	27.00	9.18	2.14	圆形	178

（十一）“庆祝改革开放40周年”普通纪念币

1978年，党的十一届三中全会顺利召开，十一届三中全会作出把党的工作重心转移到经济建设上来，实行改革开放的伟大决策。改革开放极大地改变了中国的面貌，中华民族迎来了从站起来、富起来到强起来的伟大飞跃。在中国共产党的领导下，中国人民凭着一股闯劲和韧劲，成功走出一条中国特色社会主义道路，综合国力得到明显提升。为纪念改革开放在中华民族伟大复兴进程中的突出成就，中国人民银行于2018年12月28日起特发行该枚普通纪念币。

产品正面图案为国名、国徽和年号，左右两侧分布有果实图案，寓意丰硕成果。

背面主景图案为阿拉伯数字“40”，背景图案为牡丹花、飘带及礼花等辅助设计元素，烘托热烈喜庆气氛。如图7-11所示。产品技术参数如表7-17所示。

①复合材料
硬币内芯采用了镍带复合白铜材料，该种材料制作难度大，同时具有独特的机读性能。

②双金属结构
产品由黄白双色金属构成。其中，外环为黄铜合金，内芯为白铜复合材料。

③隐形图文
在背面主景图案“40”的局部区域，规则排布有一组横向沟槽，在沟槽上分别雕刻有“4”“0”字样。将硬币沿水平方向倾斜适当角度，可以观察到“4”“0”字样。

④缩微文字
在背面面额“10元”右侧四个礼花尾端的星形图案中，分别分布有“G、G、K、F”的缩微文字。利用8~10倍放大镜观察可见。

⑤斜全齿间隔半齿
硬币边部设计采用了斜全齿间隔半齿技术，全齿与半齿交替排列。

图7-11 “庆祝改革开放40周年”普通纪念币

表7-17 “庆祝改革开放40周年”普通纪念币技术参数

材质	直径（毫米）	重量（克）	边厚（毫米）	形制	齿数（根）
双色铜合金	27.00	9.18	2.14	圆形	178

（十二）“中华人民共和国成立70周年”普通纪念币

1949年，中华人民共和国宣告成立，彻底改变了中国近代以后100多年积贫积弱的悲惨命运，中华民族从此走上了实现伟大复兴的壮阔道路。中华人民共和国成立70年以来，我国经过不断地摸索和实践，综合国力不断发展壮大，取得了令世人惊叹的伟大成就，中国社会面貌为之一新。为纪念这一重大历史节日，中国人民银行于2019年9月10日发行“中华人民共和国成立70周年”普通纪念币。

产品正面主景图案为国徽、国名和年号，衬景图案为牡丹花。背面主景图案为庆祝中华人民共和国成立70周年活动标识，衬景为光芒线、石榴，寓意伟大成就。如图7-12所示。产品技术参数如表7-18所示。

①复合材料
硬币内芯采用了镍带复合白铜材料，此材料制作难度大，同时具有独特的机读性能。

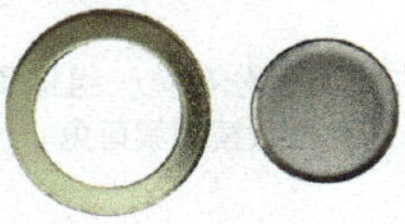

②双金属结构
产品由黄白双色金属构成。其中，外环为黄铜合金，内芯为白铜复合材料。

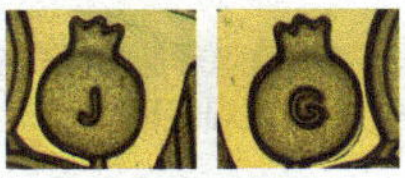

③缩微文字
在硬币背面下方左、右两侧的石榴图案上，可以观察到缩微文字“J”“G”。

④斜全齿间隔半齿
硬币边部设计采用了斜全齿间隔半齿技术，全齿与半齿交替排列。

图7-12　“中华人民共和国成立70周年”普通纪念币

表7-18　“中华人民共和国成立70周年”普通纪念币技术参数

材质	直径（毫米）	重量（克）	边厚（毫米）	形制	齿数（根）
双色铜合金	27.00	9.18	2.14	圆形	178

（十三）“世界文化和自然遗产——泰山”普通纪念币

为满足人民群众对普通纪念币设计新颖的强烈需求，从2019年11月28日开始，中国人民银行陆续发行以形制新颖为特点的“世界文化和自然遗产”系列普通纪念币。“世界文化和自然遗产——泰山”普通纪念币采用了方形形制设计，面值为5元。正面图案为中华人民共和国国徽，国徽上方刊“中华人民共和国”国名，下方为装饰风格的泰山图案并刊年号“2019”字样；背面主景图案为泰山，包括泰山松柏、泰山日出、挑山工、泰山石刻、南天门、十八盘以及玉皇顶等，主景图案下方刊“世界文化和自然遗产——泰山”字样，右侧刊面额“5元”字样。如图7-13所示。

①圆角正方形

②外缘丝齿
纪念币外缘分布有疏密排列的丝齿。

③缩微文字
在纪念币背面泰山山体和石刻的左下方，分布有一组缩微文字"T""S"和篆体"山"字。利用8~10倍放大镜观察可见。

④隐形图文
在纪念币背面泰山图案右下方，雕刻有一组隐形图文世界遗产标识主要素图案"◎"。转动硬币，从特定角度观察可见。

图7-13　"世界文化和自然遗产——泰山"普通纪念币

此币在我国已发行的普通纪念币中首次应用了异形设计结构，并首次应用了疏密齿技术，同时结合缩微文字和隐形图文等防伪特征，其综合防伪性能得到明显提升。产品技术参数如表7-19所示。

表7-19　"世界文化和自然遗产——泰山"普通纪念币技术参数

材质	外接圆直径（毫米）	重量（克）	边厚（毫米）	形制	齿数（根）
黄色铜合金	30.00	11.45	2.27	方形	136

（十四）"世界文化和自然遗产——武夷山"普通纪念币

"世界文化和自然遗产——武夷山"普通纪念币于2020年12月21日发行，它延续泰山币设计风格，重点体现武夷山奇特和险峻的自然风光。产品正面图案为国徽、国名和年号，下方为武夷山俯瞰图案。背面主图案为武夷山玉女峰，辅图案为九曲溪、金斑啄凤蝶、茶叶、竹排、武夷精舍、石刻等设计元素。如图7-14所示。产品技术参数如表7-20所示。

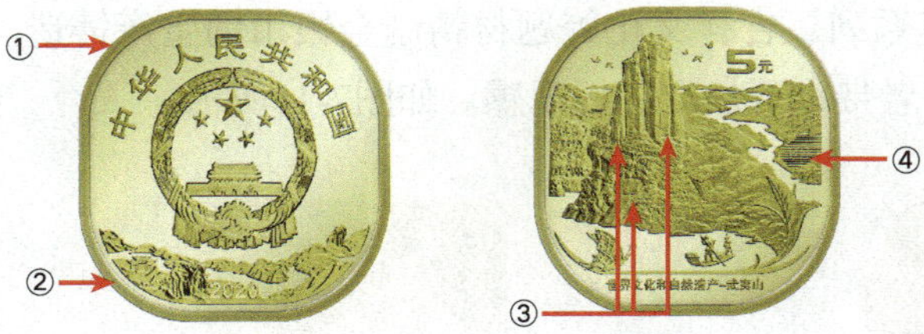

①圆角正方形

②外缘丝齿
纪念币外缘分布有疏密排列的丝齿。

③缩微文字
在硬币背面武夷山玉女峰局部山体，可观察到缩微文字“W”“Y”和篆体“山”字。

④隐形图文
将硬币倾斜适当角度，在背面武夷山图案右侧，可观察到世界遗产标识主要素图案“◎”。

图7-14 “世界文化和自然遗产——武夷山”普通纪念币

表7-20 “世界文化和自然遗产——武夷山”普通纪念币技术参数

材质	外接圆直径（毫米）	重量（克）	边厚（毫米）	形制	齿数（根）
黄色铜合金	30.00	11.45	2.27	方形	136

二、贵金属纪念币识别与防伪特征

贵金属纪念币的防伪主要是通过采用材质防伪、流通硬币的部分防伪技术以及模具制作方法来实现的。

贵金属纪念币主要是通过浮雕设计、多层次的喷砂工艺以及全息、彩印、局部镀等特殊造币工艺来实现纪念币的艺术张力。由于贵金属纪念币一般发行量小，设计规格和形制风格多变，更兼以可适用于金银材质的特定浮雕高度，使贵金属纪念币的表现力和收藏价值在硬币类别中首屈一指。

同时，贵金属纪念币在产品设计过程中也会根据需要应用适当的防伪技术。目前贵金属纪念币部分品种应用的防伪技术主要有异形、斜丝齿、双金属结构、缩微文字、隐形图文等，在追求艺术观感效果的同时，也表现了造币工艺技术的独特魅力。

异形形制主要应用于生肖系列、吉祥文化等题材精制金银币的生产铸造。各具特点的产品外形给钱币集藏爱好者带来更加丰富的观感。如图7-15所示。

图7-15 贵金属纪念币示例

斜丝齿技术则大多应用于熊猫普制金银币，成为该类金银币独有的防伪特征。如图7-16所示。

图7-16 边部斜丝齿

此外，少数贵金属纪念币品种也应用了双金属结构、隐形图文、缩微文字等硬币常用防伪技术。这些防伪技术防伪能力较强，并将防伪图文融于币面主题表达，为贵金属纪念币的设计效果增光添彩。如图7-17所示。

双金属结构　　全息、隐形图文　　缩微文字

图7-17 防伪技术在部分贵金属纪念币上的开发应用

08 第八章 主要外币的图样设计与防伪特征

第一节 美元

一、美元的概况

美元（United States dollar），是美国的官方货币。货币符号为“$”，货币代码（ISO4217：2008标准）为USD。

历史上，美国国会曾授权财政部和部分商业银行发行多种名称货币，包括美国券、国民银行券、联邦储备银行券（以下简称“联储券”）、金币券、银币券等，美国政府对上述货币实行永不作废政策，除非在流通中自然减损。1913年，美国国会通过《联邦储备法案》，授权美国联邦储备银行系统（即美国中央银行）发行联储券作为法定货币，可以偿付一切公私债务。目前，市场绝大部分流通的是联储券。

美元纸币一共发行过12种面额，目前流通的是1元、2元、5元、10元、20元、50元和100元7种；500元、1000元、5000元、1万元联储券和10万元金币券曾经作为大额支付或银行间结算工具，自1969年后不再使用，但仍然是法定货币，基本上只存在于收藏领域。目前主要流通的美元纸币图样见附录8-1。

美元联储券的票幅分大小两种，美国联邦储备银行（以下简称“美联储”）在1928年以前发行的美元纸币票幅为187毫米×89毫米；1929年美元纸币印制实行标准化管理，票幅缩小30%，统一为156毫米×66毫米，一直保持至今。

1929年以后的美元纸币按图样设计和防伪技术应用，可分为以下版别：

1990版[①]：又称小头版，包括1929—1990年和1990—1996年两个时期发行的美元纸币，共同特点是主景人物居中、头像较小，防伪技术简单。1990年以后发行的美元纸币应用了安全线、缩微文字等防伪技术。

1996版：又称大头版，特点是主景人物放大、不在纸币居中位置。各面额首次发行时间：100元1996年，50元1997年，20元1998年，10元和5元为2000年。

2004版：又称彩钞版，特点是应用了彩色胶印底纹。各面额首次发行时间：20元2003年，50元2004年，10元2006年，5元2008年，100元2013年。

1元和2元因为伪造率相当低，分别自1963年和1976年后未再改版，目前仍为小头版版式。

二、美元纸币的主要图样特征

以2004版的100美元为例（如图8-1所示），该版美元具有以下图样特征：

①主景图案 ②美联储行印 ③财政部印章 ④装饰底纹 ⑤国家名称 ⑥纸币名称 ⑦支付保证 ⑧财政部长和司库长签名 ⑨国家箴言 ⑩冠字号码 ⑪美联储各分行代号 ⑫钞位编号 ⑬年版号 ⑭无障碍特征

图8-1 2004版100美元图样特征示意

① 由于美元标注的发行年份与版别更新、财政部长更换等有关，也无类似于人民币第几套的称谓，为清晰界定美元的套别概念，以美元改版标志年份作为其套别的名称。

①主景图案：正面主景是美国历史上著名政治人物肖像，背面主景是相关的建筑或标志性图案等。2004版取消主景人像边缘的椭圆形边框，人像进一步增大（主要是颈、肩部面积扩大）。

②美联储行印：位于正面左侧，黑色。小头版行印的样式中心有标志字母、各分行行名等，自1996版即大头版起，采用新制式行印，如取消齿边、标志字母、分行行名，统一标识为"UNITED STATES FEDERAL RESERVE SYSTEM"，中间为鹰、国旗、橄榄枝和橡树叶组成的标志，详见表8-1。

表8-1　美联储各分行的代号、标志字母对应表

州名	城市名	代号	标志字母
马萨诸塞（Massachusetts）	波士顿（Boston）	1	A
纽约（New York）	纽约（New York）	2	B
宾夕法尼亚（Pennsylvania）	费城（Philadelphia）	3	C
俄亥俄（Ohio）	克利夫兰（Cleveland）	4	D
弗吉尼亚（Virginia）	里士满（Richmond）	5	E
佐治亚（Georgia）	亚特兰大（Atlanta）	6	F
伊利诺伊（Illinois）	芝加哥（Chicago）	7	G
密苏里（Missouri）	圣路易斯（St.Louis）	8	H
明尼苏达（Minnesota）	明尼阿波利斯（Minneapolis）	9	I
堪萨斯（Kansas）	堪萨斯城（Kansas City）	10	J
得克萨斯（Texas）	达拉斯（Dallas）	11	K
加利福尼亚（California）	旧金山（San Francisco）	12	L

③财政部印章：又称"库印"位于正面右侧，绿色。圆形，外边有40个齿，圆中心为一枚盾徽，外环一圈文字。1968年B版起，外环文字由拉丁文改为英文"THE DEPARTMENT OF THE TREASURY 1789"，1789年是美国财政部建立的时间。盾徽内上下部共有39个圆点。天平代表公正，钥匙表示职务权限，而"V"形臂章里的13颗星代表北美最初爆发独立运动的13个州。

④装饰底纹：2004版和以前各版美元纸币不同之处，是在正面与背面空白处增设彩色几何线纹，以及和"美国独立"设计主题相呼应的装饰性图案。详见表8-2。

表8-2　2004版美元纸币装饰图案

面额（美元）	设计元素	装饰图案
100	独立宣言	正面人像右侧，宣言文本片段，一支象征着美国国父签署重要文件的金色羽毛笔
50	美国国旗	正面人像左侧，国旗上一组蓝色的五角星； 正面人像右侧，三条红色条纹； 正面人像右下侧，银蓝色金属油墨印制的五角星
20	美国鹰	正面人像左侧，大的蓝色鹰； 正面人像右下侧，绿色金属油墨印制的鹰
10	自由火炬	正面人像左侧，大的红色火炬； 正面人像右下侧，红色金属油墨印制的火炬
5	美国国玺	正面人像右侧，美国国玺上的鹰和盾徽，紫色； 正面人像和国玺两侧，两组五角星

⑤国家名称："THE UNITED STATES OF AMERICA"（美利坚合众国），位于美元纸币正面右上方和背面正上方。

⑥纸币名称："FEDERAL RESERVE NOTE"（联邦储备券），位于美元纸币正面左上方。

⑦支付保证："THIS NOTE IS LEGAL TENDER FOR ALL DEBTS，PUBLIC AND PRIVATE"，即本币是法定货币，用于一切公私债务支付。这段文字来自《美国法典》第31卷第5103条"法定货币"项："美国硬币和现钞（包括联邦储备券和流通中的联邦储备银行券和其他国家银行券）是法定货币，用于支付一切债务、公共费用、税费。"作为对美元纸币法定支付能力的承诺。

⑧财政部长和司库长签名：100元的都在正面左侧行印下方，其他4个券别的分别位于美联储行印和财政部印章下方。

⑨国家箴言：1956年根据美国国会通过的一项法律，以"IN GOD WE TRUST"（我们相信上帝）作为国家箴言。1957年起开始出现在美元纸币上，位于背面主景图案上方。

⑩冠字号码：双号码，均位于正面。1996版以前美元纸币冠字号码由一个前缀字母、8个数字和一个后缀字母组成。前缀字母为美联储的12家分行（从A到L）代号，后缀字母和中间8位数字循环组合，不使用字母O、Z。1996版起冠字号码由两个前缀字母、8个数字和一个后缀字母组成，第一个前缀字母代表钞票年版号，第二个前缀字母代表发行该纸币的美联储分行标志字母。另外，还可以见到冠字号码后缀有星号的情况，即印钞过程中剔除瑕疵币后的补号券。美元纸币年版与冠字号码的对应关系详见表8-3。

表8-3　美元纸币年版与冠字号码对应表

<table>
<tr><th>版别</th><th>年版</th><th>对应冠字</th><th>版别</th><th>年版</th><th>对应冠字</th></tr>
<tr><td rowspan="8">1996版</td><td>1996</td><td>A</td><td rowspan="8">2004版</td><td>2004</td><td>E</td></tr>
<tr><td>1999</td><td>B</td><td>2004A</td><td>G</td></tr>
<tr><td>2001</td><td>C</td><td>2006</td><td>I</td></tr>
<tr><td>2003</td><td>D</td><td>2009</td><td>J</td></tr>
<tr><td>2003A</td><td>F</td><td>2009A</td><td>L</td></tr>
<tr><td>2006</td><td>H</td><td>2013</td><td>M</td></tr>
<tr><td rowspan="2">2006A</td><td rowspan="2">K</td><td>2017</td><td>N</td></tr>
<tr><td>2017A</td><td>P</td></tr>
</table>

⑪美联储各分行代号：由字母+数字组成。1996版以前字母位于左侧联储银行印章内，数字位于正面四角空白处。1996版起移至正面左上方冠字号码下方，为字母+数字组合。1元和2元依然使用1996版以前的样式。

⑫钞位编号：位于纸币正面左下角、左上角或右上角，为字母与数字（1位）组合，表示该钞票在整张钞纸中的位置。

⑬年版号：位于美元纸币正面主景人像左下侧、右下侧或左下角，形式为"SERIES 0000（年份）"，表示印制纸币钞版被批准使用的年份，或者启用新的财政部长签名的年份。其间如财政部长或司库长更换签名，或者生产停顿一段时间后重新印制，在该年版号的数字后加大写字母"SERIES 0000A"，表示改动。

⑭无障碍特征：2011年在美国视障人士权益保护组织的努力下，财政部提出改善视障人士使用美元纸币的三项措施，其中一项是在各面额设置对比鲜明的大面额数字，5元和100元背面分别设置了紫色和金色的大面额数字，帮助视障人士区分不同的美元面额。

三、美元纸币的主要防伪特征

美元钞票的设计、制版、印刷等由美国财政部印制局统一管理实施。

（一）美元设计的重大改版：1996版美元

20世纪80年代末，国际有组织犯罪集团采用和真美钞相似的材料和技术制造了几乎可乱真的假美钞。为对付日益猖獗的假钞威胁，美国对美元进行了近70年以来首次重大更新，推出1996版美元，应用了一些新的防伪措施，并对当时的防伪措施进行了优化升级。如图8-2所示。

②水印　③全埋式安全线　⑤光变油墨　⑥磁性油墨　⑦红外油墨　⑧雕刻凹印　⑨缩微文字　⑩精细底纹

说明：①为钞纸特征，④为红蓝纤维，分布于整张票面，故没标出。

图8-2　1996版100美元防伪特征示意

1. 钞纸及其添加物特征

①钞纸：美元纸币使用棉麻混合材质，具有纸质硬挺、手感特殊，耐磨性能好等特点。

②水印：1996版新增防伪特征，位于美元纸币正面财政部印章右侧空白处，各面额水印图案与相应的主景人像相同。

③全埋式安全线：1990年开始添入美元纸币中，不同面额钞票的安全线位置也有所不同，同时在紫外光照射下显示出不同颜色，迎光观察，能看见线上印有表示面额的缩微文字或数字，详见表8-4。

表8-4　1996版美元安全线特征概览

面额（美元）	在纸币上的位置（正面）	缩微文字或数字	紫外光下颜色
100	人像左侧	USA 100	粉红
50	人像右侧	USA 50，小旗，条纹加50	黄
20	人像左侧	USA TWENTY，小旗，条纹加20	绿
10	人像右侧	USA TEN，小旗，条纹加10	橙
5	人像左侧	USA FIVE，小旗，条纹加5	蓝

④红蓝纤维：沿用前一版美元的防伪特征，在美元纸币正背面随机分布。

2. 油墨特征

⑤光变油墨：1996版新增防伪特征，除5元外，10元、20元、50元和100元正面右下角的面额数字使用凹印光变油墨印刷，晃动钞票时，面额数字由绿色变为黑色。

⑥磁性油墨：用于正面人像、装饰边框、国名、行名等部位的局部图文，可供机读检测。

⑦红外油墨：1998年以后发行的1996版美元在背面增加了红外油墨防伪特征，在红外视频检验设备下观察，背面图案中左到中部有自上而下的两个白条出现，随着面额的不同，白色条纹的宽度、数量及间距也不相同。详见表8-5。

3. 印刷特征

⑧雕刻凹印：雕刻凹印是美元的主要防伪手段。正面主景人物、装饰边框、国名、行名、面额、签名等都应用了雕刻凹印技术。

⑨缩微文字：1996版美元纸币各面额不同部位分布着若干组连续排列的缩微文字，由美国国名全称或缩写、面额数字或文字等组成，笔画极为细微，单凭肉眼很难看清，具有良好的防复制功能。如图8-3所示。

表8-5　1996版美元红外油墨特征概览

面额（美元）	分布
100	
50	
20	

续表

面额（美元）	分布
10	
5	

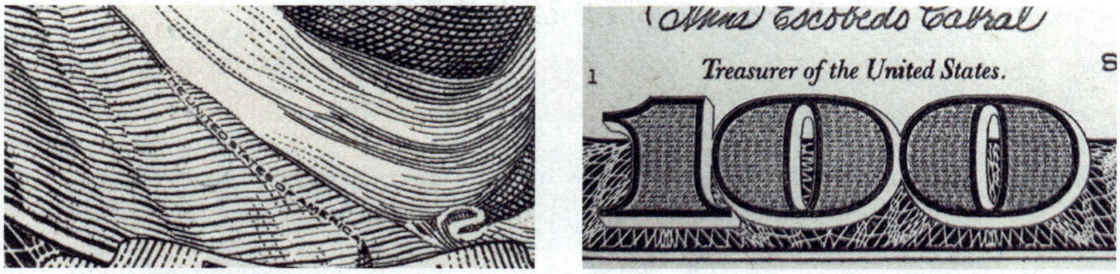

正面人像衣领处　　左下角面额数字里

图8-3　1996版美元缩微文字特征

⑩精细底纹：在1996版正面主景人像和背面建筑主景的背景中均有应用，这些线条和间距均只有0.1毫米宽，排列成波浪线、折线、同心弧线等，具有防范数码设备扫描、复制的作用。

（二）美元设计的革命性变化：2004版美元

2004版美元纸币于2003年开始发行，先后发行了20元、50元、10元、5元和100元，设计特征、防伪特征都发生了重大变化，如图8-4所示。

①水印：10元、20元、50元和100元水印的位置和内容都与1996版美元相同，但5美元右侧的人像水印改为面额数字水印，在人像左侧增加一列面额数字白水印。如图8-5所示。

①水印　②全埋式安全线　③动感安全线　⑤光变油墨面额数字与图案　⑥缩微文字　⑦彩色底纹　⑧防复印标记

说明：④为红蓝纤维，分布于整张票面，故没标出。

图8-4　2004版美元纸币防伪特征示意

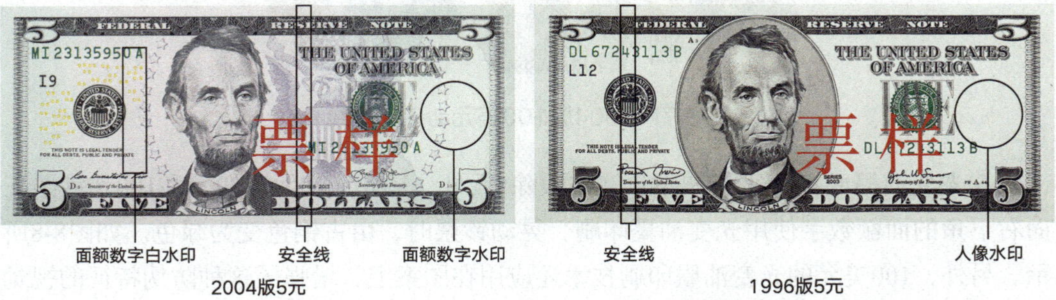

图8-5　2004版与1996版5元的水印、安全线位置比较

②全埋式安全线：2004版美元所有面额的安全线在紫外光下的荧光特征与1996版相同。10元、20元、50元和100元的安全线位置、缩微图文和1996版相同，只有5元券安全线由人像左侧移至右侧，缩微图文由“USA FIVE”改为“USA 5”，没有小旗。如图8-6所示。

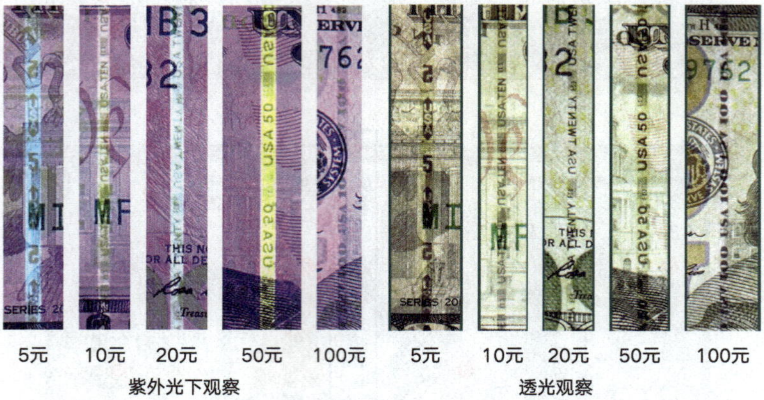

图8-6　2004版美元各面额安全线

③动感安全线：位于票面正中，有一条蓝色开窗式安全线，宽度达6毫米。上下晃动钞票时，可见动感安全线上的自由钟图案和数字“100”左右移动；左右晃动钞票时，自由钟和“100”上下移动。如图8-7所示。

④红蓝纤维：该特征仍然保留，但分布得更加均匀，更加便于肉眼观察。

图8-7　2004版100美元动感安全线

⑤光变油墨面额数字与图案：2004版除5元外，10元、20元、50元和100元钞票正面右下角的面额数字使用光变油墨印刷，晃动钞票时，由古铜色变为绿色。如图8-8所示。另外，100美元的光变油墨印刷技术还应用在图案上，增强了这种防伪特征的视觉效果。在100美元正面人像右下侧有一个墨水瓶和自由钟图案，其中自由钟是使用光变油墨印制的。晃动钞票，墨水瓶里的自由钟由古铜色变为绿色。如图8-9所示。

①水印　②全埋式安全线　③动感安全线　⑤光变油墨面额数字与图案　⑥缩微文字　⑦彩色底纹　⑧防复印标记

说明：④为红蓝纤维，分布于整张票面，故没标出。

图8-4　2004版美元纸币防伪特征示意

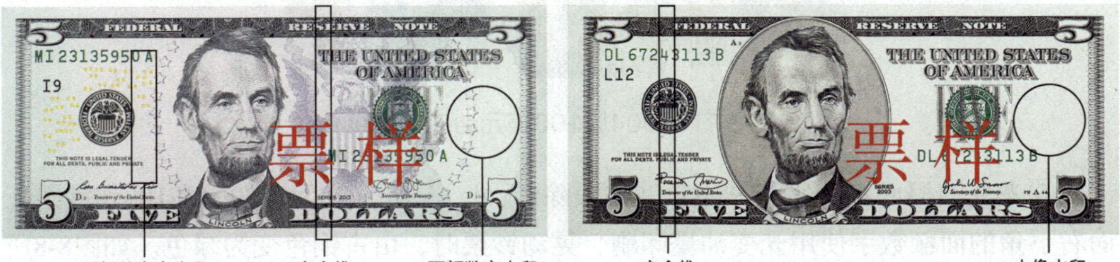

图8-5　2004版与1996版5元的水印、安全线位置比较

②全埋式安全线：2004版美元所有面额的安全线在紫外光下的荧光特征与1996版相同。10元、20元、50元和100元的安全线位置、缩微图文和1996版相同，只有5元券安全线由人像左侧移至右侧，缩微图文由“USA FIVE”改为“USA 5”，没有小旗。如图8-6所示。

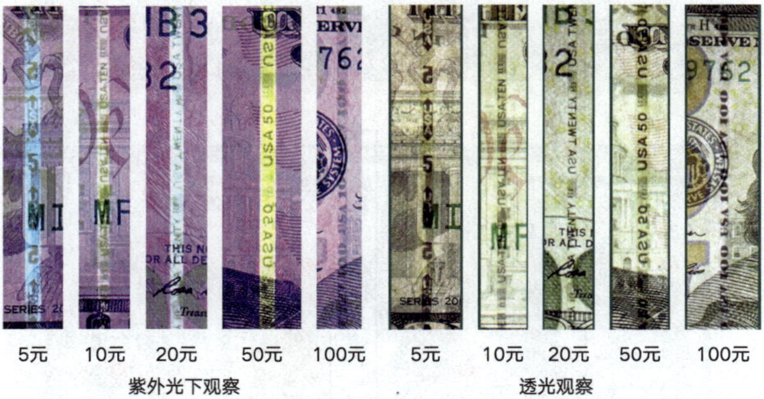

图8-6　2004版美元各面额安全线

③动感安全线：位于票面正中，有一条蓝色开窗式安全线，宽度达6毫米。上下晃动钞票时，可见动感安全线上的自由钟图案和数字“100”左右移动；左右晃动钞票时，自由钟和“100”上下移动。如图8-7所示。

④红蓝纤维：该特征仍然保留，但分布得更加均匀，更加便于肉眼观察。

图8-7　2004版100美元动感安全线

⑤光变油墨面额数字与图案：2004版除5元外，10元、20元、50元和100元钞票正面右下角的面额数字使用光变油墨印刷，晃动钞票时，由古铜色变为绿色。如图8-8所示。另外，100美元的光变油墨印刷技术还应用在图案上，增强了这种防伪特征的视觉效果。在100美元正面人像右下侧有一个墨水瓶和自由钟图案，其中自由钟是使用光变油墨印制的。晃动钞票，墨水瓶里的自由钟由古铜色变为绿色。如图8-9所示。

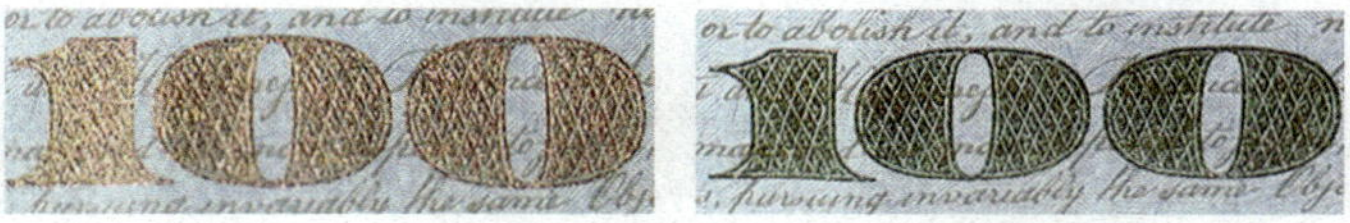

图8-8　2004版100美元光变油墨面额数字

图8-9　2004版100美元光变油墨自由钟图案

此外，红外油墨应用部位和特征与1996版相同。

⑥缩微文字：2004版美元各面额的缩微文字使用面积较1996版明显增加，如图8-10所示。

人像左侧衣领部位　　正面人像左侧底纹

图8-10　2004版50美元缩微文字

2004版美元缩微文字特征概览详见表8-6。

表8-6　2004版美元缩微文字特征概览

面额（美元）	在钞票上的位置（正面）	缩微文字
100	沿富兰克林衣领	THE UNITED STATES OF AMERICA
	钞票竖边框	100
	富兰克林像底边	USA
	沿钞票正面右侧的金色羽毛笔	ONE HUANDRED USA
100	沿正背面空白水印窗	USA 100
	背面左右边	USA

续表

面额（美元）	在钞票上的位置（正面）	缩微文字
50	沿格兰特衣领	THE UNITED STATES OF AMERICA
	在人像左侧两个蓝色星星里	50，USA，FIFTY
	沿左右两个边框	FIFTY
20	司库长签字下的边框里	THE UNITED STATES OF AMERICA20USA
	人像右侧，作为“USA TWENTY”文字飘带起始部分的边饰	USA 20
10	人像下面	THE UNITED STATES OF AMERICA
	人像左侧火炬图案下面	USA 10
	沿左右边框	TENDOLLARS
5	人像右侧鹰图盾徽的顶端	E PLURIBUS UNUM
	鹰图盾徽内的各竖列之间重复出现	USA
	在左右边框里重复出现	FIVE DOLLARS
	背面紫色大面额数字“5”下半部边缘	USA FIVE

⑦彩色底纹：2004版美元新增防伪特征。自1928年以来发行的美元纸币只有绿和黑两种颜色，各面额票幅完全相同，不仅不利于公众识别区分，也给变造货币者提供了可乘之机。2004版美元纸币主色调虽然依然是绿和黑，但在无图文空白处增设了彩色几何线条构成的底纹，这些线纹十分精细，可以有效地防范数码设备复制仿造。如图8-11所示。

图8-11　2004版美元各面额彩色底纹细节（从左至右分别为100、50、20、10、5美元）

⑧防复印标记：2004版美元新增防伪特征，100元、10元和5元正背均有分布，50元和20元只在背面分布，由若干组黄色小圆圈组成，巧妙地与数字组成面额，这种小圆圈本身具有防止彩色复印机复制功能。如图8-12所示。

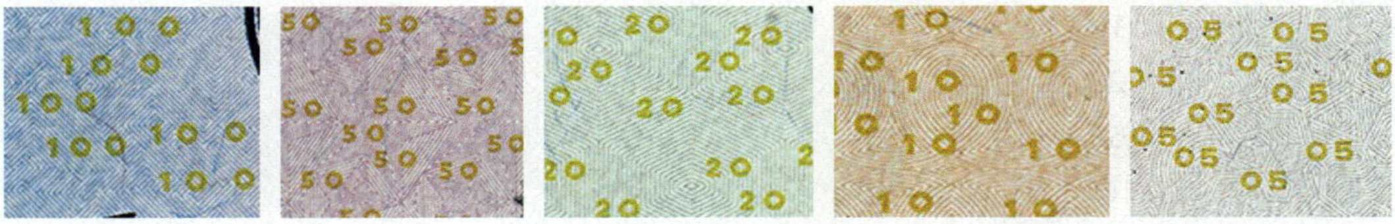

图8-12　2004版美元各面额防复印标记（从左至右分别为100、50、20、10、5美元）

第二节　欧元

一、欧元的概况

欧元是欧元区国家的单一流通货币。货币符号为“€”，货币代码（ISO4217:2008标准）为EUR。截至2021年6月，欧元区国家有19个，包括奥地利、比利时、芬兰、法国、德国、希腊、爱尔兰、意大利、卢森堡、荷兰、葡萄牙、斯洛文尼亚、西班牙、马耳他、塞浦路斯、斯洛伐克、爱沙尼亚、立陶宛和拉脱维亚。

根据欧盟法律规定，欧洲中央银行及欧元区各国央行都有发行欧元纸币的权力。欧洲中央银行主要负责纸币的设计和改版，制定纸币质量标准与管理体系，监督检查各印钞厂生产质量，以及欧元纸币的反假管理工作。各国央行负责纸币投放与回笼。欧盟委员会负责协调欧元区有关硬币设计、制造、流通与反假等事务，欧元区各国负责欧元硬币的发行，其投放与回笼由各国央行执行。

欧元纸币目前已发行两版。第一版欧元纸币由奥地利中央银行的纸币设计专家罗伯特·卡利娜（Robert Kalina）设计，主题为“欧洲的时代与风格”，2002年1月1日一次性发行；第二版欧元以希腊神话人物欧罗巴形象为主要特征，主题仍然保持不变，因此又称欧罗巴系列，由德国独立设计师Reinhold Gerstetter设计，从2013年开始按面额从小到大分次发行。

第一版欧元纸币有7种面额：5、10、20、50、100、200和500欧元。2016年5月4日，欧洲中央银行宣布，为防止大面额欧元被犯罪分子用于洗钱等非法活动，第二版欧元未设计、发行500欧元面额纸币，面额为5、10、20、50、100和200欧元。同时，第一版欧元依然是法定货币，继续流通使用。第一版、第二版欧元纸币图样见附录8-2。第二版欧元首次发行时间见表8-7。

表8-7 第二版欧元纸币发行时间

面额（欧元）	首次发行时间
5	2013年5月2日
10	2014年9月23日
20	2015年11月25日
50	2017年4月4日
100	2019年5月28日
200	2019年5月28日

二、欧元纸币的主要图样特征

第二版欧元的主景图案、风格、色调与第一版基本相同，但在布局上做了一些调整：正背面主景图样与水印窗之间由直线改为弧线，给欧罗巴人物肖像水印腾出更多的表现空间，整体布局也有了新的气象。另外，欧盟地图、语言文字种类有所扩展增加，反映了第一版欧元发行以来欧盟和欧元区的发展变迁。下面以第二版欧元为主介绍欧元纸币的图样特征。如图8-13所示。

①主景建筑图案 ②欧盟旗、星 ③欧洲地图 ④行长签名 ⑤多种文字行名首写字母 ⑥多种文字货币名称 ⑦发行年份 ⑧冠字号码与国家代码 ⑨印制编码 ⑩著作权标识

图8-13 第二版欧元图样特征示意

欧元纸币正面选择了代表欧洲文化史上七个时期建筑风格的门与窗（图号①）及代表欧盟成立时的12个成员国家五角星（图号②），背面主景图案是7座不同时代的欧洲桥梁（图号①）及欧洲地图（图号③），第二版欧元背面的欧洲地图新增了马耳他和塞浦路斯，但风格样式沿用第一版欧元，详见表8-8。

表8-8　欧元纸币主景图案的建筑风格

面额（欧元）	建筑风格
5	古典式
10	罗马式
20	哥特式
50	文艺复兴式
100	巴洛克与罗可可式
200	19世纪铁与玻璃建筑风格
500	20世纪建筑风格

根据欧元纸币设计原则，考虑到印刷效果，欧洲地图不包括400平方公里以下岛屿，但在第一、第二版欧元背面左下角仍设置了一个区域，表现加那利群岛和一些法属海外领地等使用欧元的地区（如图号③-1所示）。

④行长签名：第一版欧元的行长签名在正面行名缩写字母的下方，先后有维姆·德伊森贝赫（Willem Frederik Duisenber）、让·克罗德·特里谢（Jean Claude Trichet）和马里奥·德拉吉（Mario Draghi）三个签名，第二版欧元的行长签名在欧盟旗帜下方，签名有马里奥·德拉吉和克里斯蒂娜·拉加德（Christine Lagarde）。他们是欧洲中央银行成立以来担任过或在任的行长，所签字的欧元纸币都是合法有效货币。如图8-14所示。

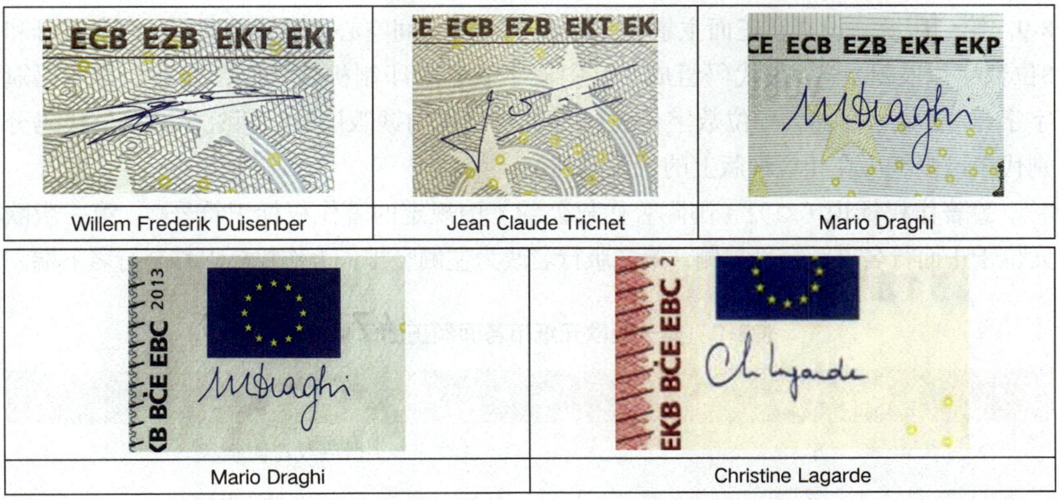

图8-14　欧元纸币上的四位行长签名

⑤多种文字行名首写字母：第一版正面中间上方、第二版正面左侧有欧洲中央银行行名首写字母，第一版5种：BCE、ECB、EZB、EKT和EKP，第二版10种，其中5、10和20欧元上增加ЕЦБ（保加利亚文）、EKB（匈牙利文）、BĊE（马耳他文）、EBC（波兰文）4种，50、100和200欧元又增加了ESB（克罗地亚文）。这些文字种类的增加反映了欧盟向东不断扩张的发展进程：2004年，波兰、捷克、匈牙利、斯洛伐克、斯洛文尼亚、塞浦路斯、马耳他、拉脱维亚、立陶宛和爱沙尼亚共10个国家同时加入欧盟，是欧盟历史上规模最大的一次扩容。2007年保加利亚和罗马尼亚加入欧盟。2013年克罗地亚加入欧盟。

⑥多种文字货币名称：位于第一版正面左下方和背面左、右下方，第二版正面左下方和背面右下方。第一版为拉丁文（EURO）和希腊文（EYPΩ）两种。2007年使用斯拉夫语言的保加利亚加入了欧盟，第二版又增加了斯拉夫文（ЕВРО）。

⑦发行年份：第一版欧元发行年份均为“2002”；第二版欧元因采取分次发行，发行年份则为5欧元“2013”、10欧元“2014”、20欧元“2015”、50欧元“2017”、100欧元及200欧元为“2019”。

⑧冠字号码与国家代码：第一版、第二版欧元都是双组冠字号码，印在纸币背面。但第一版是双横号码，每个号码由1个冠字字母加11位数字构成，这个字母代表获得欧洲中央银行授权印制、发行欧元纸币的央行，又称作国家代码，但并不一定代表实际印制纸币的国家，因为有的获得授权的央行可能委托另一个国家的公营或私营印制机构印制欧元。两个横号码使用相同颜色的油墨印制。第二版是横竖双号码，横号码用黑色油墨印制，由两个冠字字母加10位数字组成，第一个字母是印制机构代码，取代第一版的国家代码；第二个字母是为了与后面的数字构成更多组合而设置。竖号码用不同颜色油墨印制，只有6位数字，和横号码后6位数字相同。

⑨印制编码：第一版在正面左、右侧底纹不同位置，空心五角星或条状内，见表8-9。第二版统一设置在正面主景右上方和全息条之间空心条状内。编码由1个字母和3位数字以及2位印钞位代码组成，其中冠字字母为印制机构代码，和背面横号码冠字字母相同，后面第1~3位数字代表印制机构制作的钞版序号，第5位和第6位代码分别代表该张纸币在相应钞版上的行位与列位。

⑩著作权标识（©）：《国际著作权公约》中规定的著作权标识符号©。第一版欧元位于正面行名首写字母左侧，第二版行名改为左侧竖排，著作权标识移至行名下端。

表8-9　第一版欧元纸币各面额正面印制编码

面额（欧元）	位置
5	主景底纹左侧条状
10	主景底纹8点位星形

续表

面额（欧元）	位置
20	主景底纹9点位星形
50	主景底纹右侧条状
100	主景底纹9点位空心星形右侧
200	主景底纹7点位空心星形上方条状
500	主景底纹9点位星形

欧元纸币和很多国家货币的设计一样，在主色调设置方面以冷暖相间、相邻不近似为原则，方便公众区别不同面额。票幅按面额从小到大递增。具体来说，长度逐张递增，宽度分为两档，第一版欧元5～50欧元相邻面额等差5厘米，100～500欧元宽度相同。第二版欧元取消了500欧元，同时将100、200欧元的宽度统一，其他面额票幅变化与第一版相同。详见表8-10。

表8-10　欧元纸币各面额票幅与主色调

面额（欧元）	票幅（毫米）	主色调
5	120×62（第一版、第二版相同）	灰
10	127×67（第一版、第二版相同）	红
20	133×72（第一版、第二版相同）	蓝
50	140×77（第一版、第二版相同）	橘
100	第一版：147×82；第二版：147×77	绿
200	第一版：153×82；第二版：153×77	棕黄
500	第一版：160×82	淡紫

三、欧元纸币的主要防伪特征

第一版欧元纸币在应用水印、安全线、凹印等传统防伪技术的基础上，注重油墨、全息、防复印等新型技术的应用，第二版欧元纸币新增镂空视窗、光彩光变油墨防伪，并提升全息特征。荧光特征有紫外长波和紫外短波两种效果，无色荧光纤维由一根一色升级为一根多色，整体防伪水平显著提高。如图8-15所示。

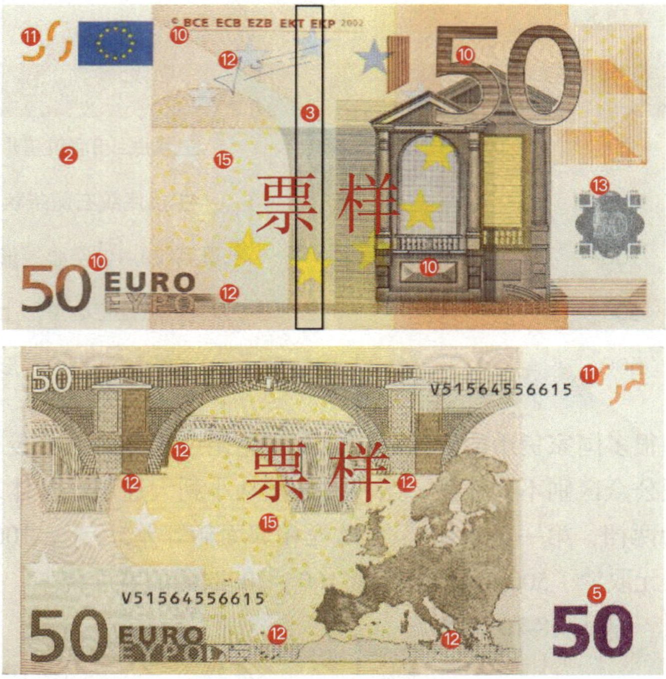

第一版

第二版

②水印 ③安全线 ⑤光变油墨面额数字 ⑥光彩光变油墨面额数字 ⑦珠光油墨图案 ⑧荧光油墨图案 ⑨红外油墨特征 ⑩凹印图文 ⑪对印面额数字 ⑫缩微文字 ⑬全息条（标） ⑭全息人像镂空视窗 ⑮防复印标记

说明：①为纸张特征，④为无色荧光纤维，分布于整张票面，故没标出。

图8-15　第一版和第二版欧元防伪特征示意

①纸张：欧元钞纸为棉质纸，清脆挺括。5欧元和10欧元是使用频率较高的小面额纸币，这两个面额的第二版在钞纸表面覆盖了一层很薄的涂层保护票面，钞纸手感略显厚实。应用这一技术可以提高纸币的耐用性。

②水印：位于正面左边空白水印窗处，透光观察，由水印图案和水印数字组成，第一版水印图案是与正面主景图案风格相同的门窗图案，下方为白水印面额数字，右侧为若干条条形水印。第二版水印在相同部位，图案为欧罗巴头像和门窗图案，白水印数字移至欧罗巴头像右上方。如图8-16所示。

第一版　　第二版

图8-16　第一版和第二版欧元水印特征

③安全线：第一版、第二版安全线位置相同，都在纸币（正面）中间略偏左。透光观察，为全埋式镂空安全线。不同的是第一版安全线上的镂空文字是几组交替出现的欧元名称“EURO”和面额数字，第二版安全线上的镂空文字是几组交替出现的欧元符号“€”和面额数字。如图8-17所示。

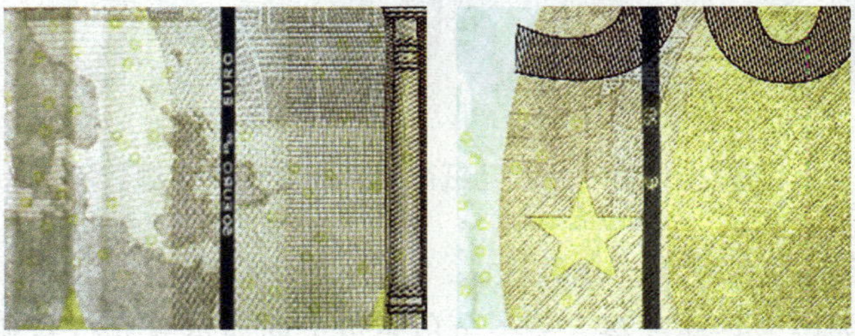

第一版　　第二版

图8-17　第一版和第二版欧元安全线

④无色荧光纤维：在纸币正背面随机分布，常光下不可见，紫外光下可见，第一版每根纤维呈现红、绿或蓝任一种颜色，第二版在同一根纤维上呈现红、黄、蓝三种颜色。如图8-18所示。

⑤光变油墨面额数字：第一版50欧元、100欧元、200欧元、500欧元背面右下角面额数字用光变油墨印刷，晃动观察，颜色由紫色变为橄榄绿色。如图8-19所示。

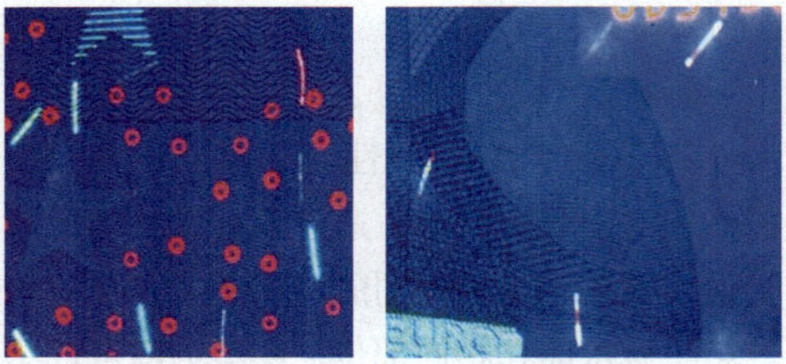

第一版　　第二版

图8-18　第一版、第二版欧元纸币在紫外光下无色荧光纤维颜色比较

图8-19　第一版欧元纸币光变油墨面额数字

⑥光彩光变油墨面额数字：第二版欧元所有面额新增防伪特征，位于正面左下角，十分醒目。晃动观察，面额数字的颜色从翠绿变为深蓝，并且有动感效果。100欧元和200欧元的这一特征除变色外，还可以观察到面额数字上出现多个小的欧元符号“€”，如图8-20所示。

图8-20　第二版欧元纸币光彩光变油墨面额数字

⑦珠光油墨图案：位于第一版5欧元、10欧元和20欧元背面正中，第二版位于所有面额的背面偏左部位。晃动观察，一条金色条带上面显示欧元符号和面额数字，两版的文字排列方向不同。如图8-21所示。

第一版　　第二版

图8-21　第一版、第二版欧元纸币珠光油墨特征

⑧荧光油墨图案：第一版和第二版欧元都具有可以在长波紫外光下观察的特征，但应用的部位和呈现出的荧光颜色有所不同（如图8-22、表8-11所示）。此外，第二版欧元还有短波紫外荧光特征，在短波紫外光（波长280纳米以下）照射下，纸币上应用荧光油墨印刷的部位呈现的颜色与长波紫外光下有所不同。如表8-12所示。

第一版欧元在长波紫外光下特征

第二版欧元在长波紫外光下特征

第二版欧元在短波紫外光下特征

图8-22 第一版和第二版欧元长波、第二版欧元短波紫外光荧光特征

⑨红外油墨特征：第一版和第二版欧元纸币各面额正面的部分图文使用红外油墨印制，在红外视频检测设备下呈现特有的红外吸收特征：主景建筑图案的左半部消失，右半部可见。如图8-23所示。

表8-11　第一版和第二版欧元纸币在长波紫外光下的荧光特征对比

特征位置		第一版	第二版
正面	欧盟旗	绿色	不发光
	欧盟旗上的星、票面中部大五星和防复印标记	橙色	黄色
	行长签名	绿色	不发光
	圆形主景		黄色
背面	地图、桥梁和面额数字	黄色	不发光
	圆形主景右下四分之一和右上局部		绿色
	右上横号码和珠光油墨条		红色

表8-12　第二版欧元纸币在两种波长紫外光下的荧光特征对比

特征位置		长波紫外光下	短波紫外光下
正面	正面防复印标记	黄色	黄色
	正面中部大五星	黄色	橙色
	正面圆形主景	黄色	橙色
	正面欧元符号	不可见	可见
背面	地图、桥梁和面额数字	无荧光	
	圆形主景右下四分之一及其他部位	绿色	无荧光
	右上横号码和珠光油墨带	红色	

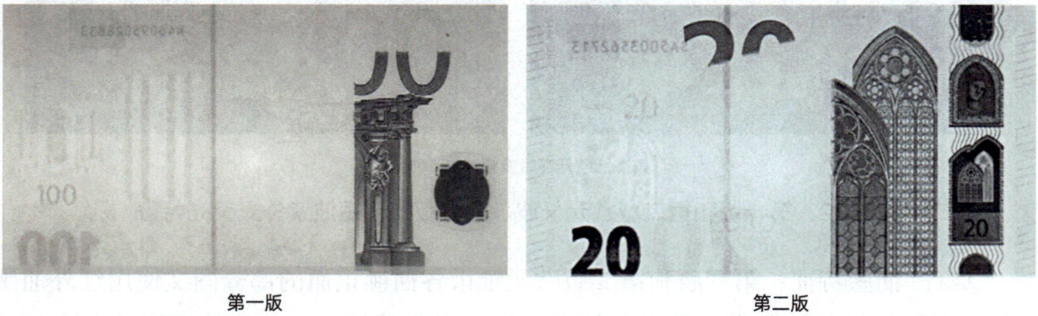

第一版　　第二版

图8-23　第一版、第二版欧元纸币红外特征

⑩凹印图文：第一版欧元正面上端5种文字行名、主景图案、正面右上方大面额数字、右下方（200欧元）和右侧（500欧元）的手感线均为凹印。第二版欧元正面左边多种文字行名缩写、主景图样、左右两侧手感线、中间上方大面额数字等，手摸有明显的凹凸感。如图8-24所示。

第一版　　　　第二版

图8-24　第一版、第二版欧元纸币凹印防伪特征

⑪对印面额数字：位于第一版欧元纸币正面左上角，欧盟旗旁边的不规则图形与背面对应处，迎光观察，互补成面额数字，对接准确，无错位。第二版5欧元、10欧元、20欧元和50欧元均无这一特征。如图8-25所示。

图8-25　第一版欧元纸币对印特征

⑫缩微文字：第一版欧元正面货币名称缩写，底纹中的空心欧盟星，主景建筑下缘，背面桥梁图案、底纹，第二版欧元正面空心欧盟星、背面桥梁图案等多处印有缩微文字，须借助放大镜观察。如图8-26所示。

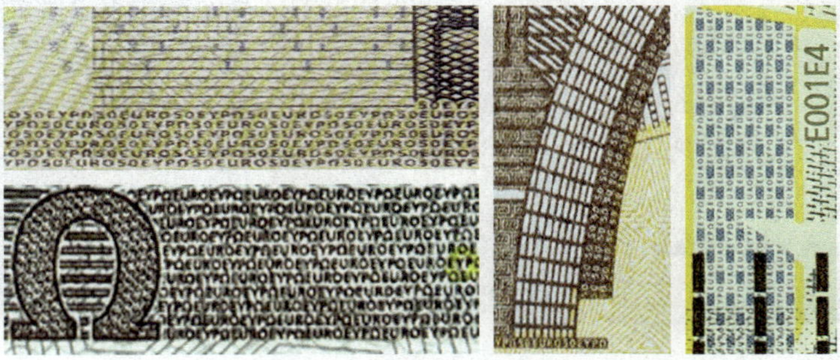

第一版

第二版

图8-26　第一版、第二版欧元纸币缩微文字

⑬全息条（标）：全息条，在第一版5、10、20欧元和第二版所有面额正面右侧。晃动观察，第一版全息条上可见欧元符号和面额数字，应用了缩微文字技术。第二版全息条上图案较为丰富，可见欧罗巴头像、建筑图案、欧元名称及符号、面额数字，应用了缩微文字技术。100和200欧元全息条上部的全息图案，晃动观察时可见有小的欧元符号环绕中间面额数字，如同星际一样旋转。全息标，第一版50、100、200、500欧元正面右下角有应用呈块状的全息标，晃动观察，可见明亮的主景图案、欧元符号和面额数字，也应用了缩微文字技术。如图8-27所示。

第一版　　　　第二版

图8-27　第一版、第二版欧元全息条（标）

⑭全息人像镂空视窗：应用于第二版欧元20、50、100和200欧元，全息条上部设置了透明视窗，透光观察，纸币正背面均可见欧罗巴头像；晃动纸币观察，正背面视窗则显示彩虹色线条和面额数字。如图8-28所示。

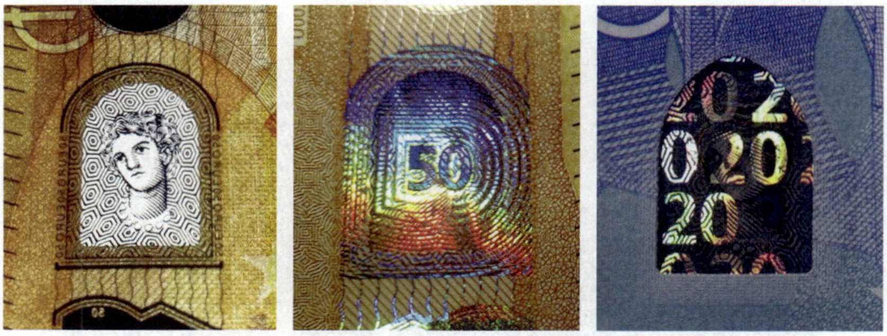

图8-28　第二版欧元全息人像镂空视窗

⑮防复印标记：在第一版和第二版欧元正背面都分布有若干组黄色小圆圈，能防范彩色复印机复印纸币。

第三节　英镑

一、英镑的概况

英镑的货币符号为“£”，货币代码（ISO4217：2008标准）为GBP。狭义上的英镑钞票是专指英格兰银行发行的英镑钞票①。1844年英国议会通过的《银行特许法令》授予英格兰银行独家发行货币的权力。但直到20世纪初，英格兰银行才完全垄断了在英格兰和威尔士的货币发行权，苏格兰和北爱尔兰的货币发行权依然由当地银行垄断②。

第二次世界大战后至今，英格兰银行已发行了C版、D版、E版（包括E版提升版）、F版和G版5个版别的钞票，面额有10先令，1、5、10、20、50英镑6种。1971年，英国货币制度改为10进制，10先令券退出流通。1英镑硬币发行后，1英镑纸币于1988年退出流通，目前钞票面额结构为5、10、20和50英镑4种。今天的英格兰银行发行的钞票在英格兰和威尔士具有法定货币地位，在苏格兰和北爱尔兰不是法定货币，但可以支付使用。正在流通的英镑钞票F版和G版，包含纸币和塑料钞（如表8-13所示），主要流通图样见附录8-3。

英镑钞票票幅采取面额从低到高递增形式，相邻面额长度相差7毫米，宽度相差5毫米，票幅分别为：5英镑135毫米×70毫米，10英镑142毫米×75毫米，20英镑149毫米×80毫米，50英镑156毫米×85毫米。目前，流通的英镑塑料钞规格为：5英镑125毫米×65毫米，10英镑132毫米×69毫米，20英镑139毫米×73毫米，50英镑146毫米×77毫米。

---

① 广义上的英镑钞票是指在不列颠群岛（包括联合王国和英国皇室属地）流通的、以英镑作为货币面额的钞票，包括英格兰银行及其他 7 家商业银行（苏格兰银行、苏格兰皇家银行、克莱兹代尔银行、爱尔兰银行、第一信托银行、丹斯克银行、阿斯特银行）发行的以英镑为单位的钞票。英国 3 个海外领地（福克兰群岛、直布罗陀、圣赫勒拿 – 阿森松岛）的货币也称为镑，与英国英镑等价。

② 英国的货币发行体制与世界上大多数国家由政府或央行垄断发行的情况迥然不同，英格兰银行虽然是英国的中央银行，但除它而外，还有上述 7 家零售银行分别在苏格兰和北爱尔兰印制、发行自己的钞票。英格兰银行垄断英格兰和威尔士的货币发行，管理苏格兰和北爱尔兰银行的货币发行。英国皇室属地和海外领地的英镑发行由当地政府管理。这种特殊的发行体制源于联合王国形成的独特历史背景。

表8-13　流通中的英镑钞票

面额（英镑）	背面主景	首次发行时间	流通情况
E版改良版			
5	伊丽莎白·弗莱	2002年5月21日	2017年5月5日退出流通
10	查尔斯·达尔文	2000年11月7日	2018年3月退出流通
20	爱德华·艾尔加	1999年6月22日	2010年6月30日退出流通
F版（纸币）			
20	亚当·斯密	2007年3月13日	正在流通
50	詹姆斯·瓦特和 马修·博尔腾	2011年11月2日	正在流通
G版（塑料钞）			
5	温斯顿·丘吉尔	2016年9月13日	正在流通
10	简·奥斯汀	2017年9月14日	正在流通
20	威廉·透纳	2020年2月20日	正在流通
50	艾伦·图灵	2021年6月23日	正在流通

二、英镑钞票的主要图样特征

英镑钞票从1960年开始，一直使用英国女王伊丽莎白二世的形象（不同时期）作为正面主景人像。1970年以后，钞票背面选用英国历史上在文学、艺术、经济、科学研究与发明、工业生产等领域作出贡献的杰出人物和相关事件场景作为主景图案。目前已经使用过的历史人物有莎士比亚、牛顿、法拉第、南丁格尔、艾尔加等人。

流通中英镑钞票图样特征，如图8-29所示。

①主景图案：G版5英镑正面仍然以英国女王伊丽莎白二世肖像为主景，背面选择英国前首相丘吉尔及其相关场景威斯敏斯特宫和诺贝尔奖章作为主景；10英镑背面人物为英国19世纪著名女作家简·奥斯汀，以《傲慢与偏见》《理智与情感》等作品闻名于世；20英镑背面人物为英国学院画派风景绘画大师威廉·透纳，以及他的画作*The Fighting Temeraire*；50英镑的背面人物为有“计算机之父”之称的英国科学家艾伦·图灵，背景是他奠定计算机科学基础的论文，以及1和0组成的二进制代码（表示19120623，即图灵的出生日期）和一台早期电子计算机。

①主景图案　②行徽　③无障碍特征　④支付保证　⑤总出纳签名　⑥英国女王全名缩写
⑦著作权标识与年版号　⑧大面额数字　⑨横竖异形双色号码　⑩镂空装饰图案

图8-29　英镑G版钞票图样特征示意

②行徽：在现行流通的英镑钞票正面，都有一个圆形图案，其中为不列颠女神形象，正面或侧身端坐，身着头盔、披风，双手分持三叉戟和橄榄枝，盾牌倚在身旁。这一图案或以印刷，或以全息标加贴形式呈现。

③无障碍特征：除5英镑外，10~50英镑均设有触摸手感压印点，且压印点数量随票面面额增加而增加。例如，10英镑为4个凸起点为一组，设有两组；20英镑为4个凸起点为一组，设有三组；50英镑为4个凸起点为一组，设有四组。此标识可供视障人士触摸感知。如图8-30所示。

图8-30　G版英镑钞票无障碍标识

④支付保证：信用货币时期，支付保证只是作为钞票设计的一种元素，象征着发行机构对钞票信用的保证。在英镑钞票各面额正面行名下方，有一排文字“I PROMISE TO PAY THE BEARER ON DEMAND THE SUM OF ×××POUNDS”，意为“见票即付××英镑”。

⑤总出纳签名：在E版5、10英镑正面水印窗左上方，F版20、50英镑正面左侧水印区，G版5英镑和10英镑正面透明视窗左上方，为英格兰银行总出纳签名。

⑥英国女王全名缩写：“EIIR”字样，即拉丁文Elizabeth II Regina的缩写，即女王伊丽莎白二世。

⑦著作权标识与年版号：E版5、10英镑在正、背面水印窗边缘，20、50英镑在正面的全息条或动感安全线左下侧，背面的英格兰银行行名下方，G版5英镑在正、背面“Five Pounds”下方，有一排符号、文字、数字组合：“©THE GOVERNOR AND BANK OF THE BANK OF ENGLAND 2015”。

⑧大面额数字：所有面额都在正面左上角设置了字体粗大醒目的面额数字和英镑符号，F版20英镑和50英镑以及G版5、10、20、50英镑又在右上角设置了一个更大的面额数字，目的是方便视障人士识别、区分不同面额。

⑨横竖异形双色号码：E版5、10英镑的号码在正面，左上方是可变高度和色彩渐变（红绿）的横号码，由中间向两侧增高，右边是不变高度的单色（蓝）竖号码。F

版20、50英镑和G版5、10、20、50英镑的在背面，左上角不变高度的单色（蓝）竖号码，右下角是可变高度和色彩渐变（红绿）的横号码，由中间向两侧增高。

⑩镂空装饰图案：在钞票背面右上方，有一个与面额主景要素相关联的镂空图案，透光观察，与正面的全息王冠出现叠加效果。如图8-31所示。

图8-31 G版英镑钞票镂空装饰图案

三、英镑钞票的主要防伪特征

（一）英镑纸币防伪特征

E版和F版英镑纸币的防伪特征如图8-32所示。

①专用钞纸与凹版印刷：英镑使用专用钞纸印制，用手触摸，有非常独特的感觉。正面女王肖像、英格兰银行行名等部位用手抚摸，有明显的凹凸感。20、50英镑正面右下角的面额数字周围区域也有明显的凹凸感。如图8-33所示。

②安全线：英镑钞票的安全线有三种。一是开窗安全线，开窗部位在背面。正面透光观察可见钞纸中有一条连续的深色线条，背面呈现间断裸露的银色线段。5、10英镑安全线位于正面偏左或背面偏右，20英镑位于正面偏右或背面偏左。二是全埋安全线，在50英镑正面女王肖像左侧。三是动感安全线，只在50英镑钞纸中加入。安全线在正面有5个开窗部分，上面的图像为英镑符号和数字“50”。前后晃动钞票，英镑符号和数字“50”左右移动；左右晃动钞票，两组图案上下移动。如图8-34所示。

③水印：5、10英镑在正面女王肖像左侧，钞票中间偏下，有一个椭圆形空白区域，透光观察，可见女王肖像的水印图案，脸朝向右。如果从背面观察，女王肖像脸朝向左。20、50英镑的水印特征移到钞票正面左侧的长方形空白区域，由女王肖像（多层次水印）、英镑符号和面额数字（白水印）组成。如图8-35所示。

E版

F版

①凹版印刷　②安全线　③水印　⑤无色荧光面额数字　⑥缩微文字　⑦对印图案　⑧全息防伪特征　⑨防复印标记

说明：④为无色荧光纤维，分布于整张票面，故没标出。

图8-32　E版、F版英镑钞票防伪特征示意

图8-33　英镑纸币的凹版印刷

全埋式安全线　　开窗式安全线　　动感安全线

图8-34　英镑纸币上的安全线

5、10英镑水印　　20英镑水印　　50英镑水印

图8-35　英镑纸币上的水印图案

④无色荧光纤维：20、50英镑在紫外光照射下，纸张中随机分布的荧光纤维呈现红色和绿色。如图8-36所示。

⑤无色荧光面额数字：5、10英镑在正面左下角，全息标下方，20、50英镑在正面行名中间，在可见光下不可见，在紫外光下观察可见面额数字呈现红、绿两种颜色。如图8-37所示。

图8-36　英镑纸币上的无色荧光纤维

图8-37　英镑纸币上的无色荧光面额数字

⑥缩微文字：位于钞票正面女王肖像下缘，以及每个面额正背面背景底纹，有多处大小不等的相应券别英文面额数字，F版有英格兰银行英文名称缩写“BOE”字样。如图8-38所示。

图8-38　分布在英镑纸币不同部位的缩微文字

⑦对印图案：位于20、50英镑水印区域右侧中间，总出纳签名下方，透光观察，可见正背面印制的部分图案组成一个完整的英镑符号。如图8-39所示。

正面　　透光

图8-39　20英镑纸币的对印图案

⑧全息防伪特征：分全息标和全息条两种形式。

全息标：位于5、10英镑正面左侧，晃动钞票观察，可见不列颠女神图像和面额数字交替变换，色彩奇妙瑰丽。如图8-40所示。

图8-40　5英镑、10英镑纸币上的全息标晃动效果

全息条：位于20英镑正面主景建筑左侧，全息图案为彩色的亚当·斯密肖像、英镑符号和面额数字。晃动钞票观察，可见亚当·斯密的彩色肖像以及英镑符号和面额数字之间的交替变化。如图8-41所示。

在靠近总出纳签字右侧的一组全息图案为全息雕刻数字“20”。如图8-42所示。

图8-41　20英镑纸币的全息条晃动效果

图8-42　20英镑纸币的全息图案

⑨防复印标记：正在流通的英镑钞票正、背面空白处分布有若干组黄色小圆圈，具有防范彩色复印机复制的功能。

（二）英镑塑料钞防伪特征

近年来，英格兰银行发行的G版英镑，均采取塑料基材印制，具有干净、可靠、耐用、环保的优点。同时沿用了部分前几版英镑钞票使用的并且依然行之有效的防伪技术，以保证公众、零售商、现金收付机构等能够比较顺畅地适应新旧版英镑钞票的衔接。从该版英镑的防伪设置上看，5、10英镑有一个镂空视窗，20、50英镑设置有两个透明视窗。下面以G版20英镑为例，兼谈5、10、20、50英镑的防伪特征，如图8-43所示。

②透明视窗 ③变色视窗边框 ④无色荧光面额数字 ⑤凹版印刷 ⑥缩微文字 ⑦全息图像 ⑧全息面额数字 ⑨全息3D王冠图像 ⑩防复印标记 ⑪小透明视窗与无墨压凸数字

说明：①为基材特征，故没标出。

图8-43 G版20英镑塑料钞防伪特征示意

①塑料基材：出于环保、防伪和耐用三个方面的考虑，G版英镑采用塑料基材印制。

②透明视窗：G版英镑的视窗结构由椭圆形和一个多边形组合叠加而成，上面套印有与各面额主景相关图案。在椭圆形透明视窗内有清晰的女王肖像，根据面额不同，沿该视窗边框有“￡5 Bank of England”“￡10 Bank of England”“￡20 Bank of England”“￡50 Bank of England”字样。如图8-44所示。

图8-44 G版英镑塑料钞的透明视窗

③变色视窗边框：5、10英镑正面左侧（背面右侧）多边形透明视窗边框的油墨具有光变特征，晃动钞票观察，5英镑边框颜色由紫变绿；视窗内右侧英镑符号“£”也由紫变绿；10英镑羽毛笔的颜色由红变紫。正背面均可观察到该防伪特征。20、50英镑无此特征。如图8-45所示。

5英镑　　　　10英镑

图8-45　G版5、10英镑塑料钞变色视窗边框

④无色荧光面额数字：在钞票正面行名中间，可见光下不可见，在紫外光下观察可见面额数字呈现红绿两种颜色。如图8-46所示。

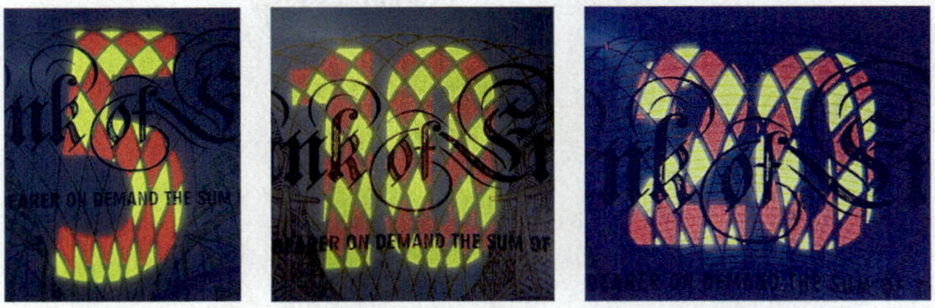

图8-46　G版5、10、20英镑无色荧光面额数字

⑤凹版印刷：正面女王肖像、行名、面额数字等采用凹版印刷，用手触摸有明显的凹凸感。如图8-47所示。

图8-47　G版英镑塑料钞凹版印刷

⑥缩微文字：正背面多处分布有缩微文字，最小的缩微文字在正面女王肖像左下方一个几何图案中，由字母和数字组成。如图8-48所示。

图8-48　G版英镑塑料钞缩微文字

⑦全息图像：在正面左侧（背面右侧）的多边形透明视窗内，晃动钞票观察，全息图像呈现彩虹效果。正背面均可以观察到该防伪特征。如图8-49所示。

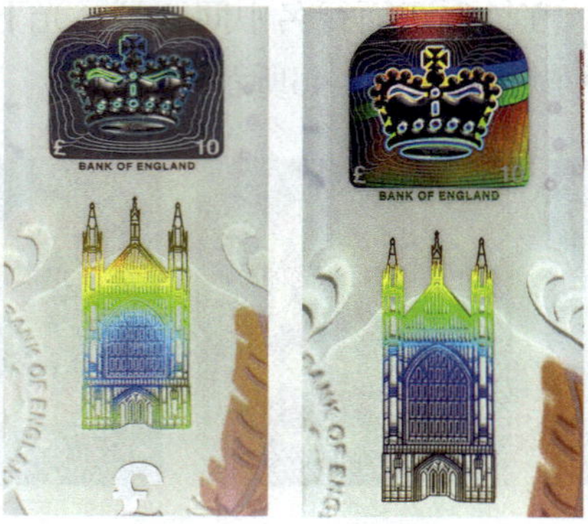

图8-49　G版英镑塑料钞的全息图像

⑧全息面额数字：在正面透明视窗下方，有一个长方形全息标贴，晃动观察，可见英文面额数字与“Pounds”字样交替变化，并且呈现彩虹效果。如图8-50所示。

图8-50　G版英镑塑料钞全息面额数字

⑨全息3D王冠图像：在正面透明视窗上方有一个银色全息标贴，晃动观察，贴标里的王冠有3D效果，并呈现彩虹般多种色彩以及金属质感。如图8-51所示。

图8-51　G版英镑塑料钞全息3D王冠图像

⑩防复印标记：在钞票正面左侧和背面右侧视窗周围空白处，分布有若干组黄色小圆圈，具有防范彩色复印机复制的功能。

⑪小透明视窗与无墨压凸数字：在20、50英镑票面正面右下方及背面左下方，在小透明视窗内可见压印面额数字字样。如图8-52所示。

图8-52　G版英镑塑料钞无墨压凸数字透明视窗

第四节　港元

一、港元的概况

港元，货币符号“$”或“HK$”，货币代码（ISO4217：2008标准）为HKD。港元由香港金融管理局统领全辖货币发行与流通管理工作，经它授权批准，香港上海汇丰银行有限公司、标准渣打银行（香港）有限公司、中国银行（香港）有限公司（以下分别简称汇丰银行、渣打银行和中国银行）在特区辖内发行带有自身行名的流通钞票。三家银行发行的钞票面额均包含20、50、100、500和1000港元5种。

港元的发行体制属于货币局制度，起源于19世纪中期，在20世纪初较为流行，带有明显的殖民时代经济色彩。其特点一是本国货币汇率盯住一种作为基准的外国货币；二是所发行的货币保证完全以外汇储备作为后盾。

港元实行不召回政策，除目前正在流通的2010年版和2018年版，此前发行的各版钞票也依然是法定货币，可以继续流通使用。只是随着时间的流逝，2003年版以前的钞票在流通中很少见到，绝大多数都已回笼销毁或自然消减。在三家发钞行发行的钞票中，汇丰银行发行的钞票约占2/3。2018年版港元的设计理念，集中体现了中国香港作为国际大都市的多元面貌，有市民的恬静生活与休闲，同时还反映了当地特有的地质景观和自然风光。目前主要流通的港元钞票图样见附录8-4。

港元钞票自2003年版以来，各面额票幅大小一脉相承，保持不变，分别为：1000元163毫米×81.5毫米，500元158毫米×79毫米，100元153毫米×76.5毫米，50元148毫米×74毫米，20元143毫米×71.5毫米。主色调分别为：1000元橙色、500元棕色、100元红色、50元绿色、20元蓝色。

英语作为香港官方语言之一，在港元钞票上也有所体现，所有钞票上的文字都用中文繁体和英文两种文字表示。

二、港元钞票的主要图样特征

现行流通的港元为2018年版，由汇丰银行、中国银行和渣打银行分别发行，且钞票票面主题统一，全部采用了正面横向、背面垂直的设计，其中渣打银行首次取消了多年来在纸币正面使用瑞兽图案的传统。同时，也有美感表现形式上的变化。如汇丰银行券主景“狮图”不同面额有角度的变化，该套港元的三家银行纸币的背面图案主题统一但也有艺术表现的差别。但是仍然保留了2010年版港元钞票的主要要素，如行名、货币单位与面额、支付保证、左下角的无障碍特征以及钞票两侧的触摸手感线等特征。现行流通的10港元钞票由香港政府发行，2002年首发版为纸质基材，2007年版起改为塑料基材，此后2012年、2014年、2018年更换年号，截至目前未见更新年号，票面均设有如发行单位、货币单位与面额、发行机构负责人签名、支付保证、无障碍特征（与其他港元不同，为无色凹版印刷的凸起线条，触摸有手感）等特征（上述港元的图样可见附录8-4）。下面以2018年版100港元为例，兼谈其他各面额纸币的主要图样特征，如图8-53所示。

①主景图案　②行名　③货币单位与面额　④发行机构负责人签名　⑤签发日期　⑥支付保证　⑦著作权标识　⑧无障碍特征

图8-53　2018年版100港元图样特征

图8-53　2018年版100港元图样特征（续）

①主景图案：汇丰银行、中国银行和渣打银行发行的2018年版100港元，主景分别为狮图、各银行的办公大楼；背面主景体现粤剧文化。其余面额正面与100港元类似，背面如1000港元描绘中国香港国际金融中心的地位，500港元为景观壮丽的香港地质公园，50港元为在港岛栖息的蝴蝶，20港元表现家庭、休闲等特征的当地茶点文化。

②行名：位于各面额票面正面上端，背面在竖向下端，均用中文繁体和英文表示。

③货币单位与面额：位于正面左上（背面右上），分别用中文繁体和英文表示。

④发行机构负责人签名：位于票面正面左侧下部。

⑤签发日期：位于发行机构负责人签名的下方。

⑥支付保证：位于正面左侧面额数字的下方，用中文、英文表示："凭票即付""PROMISES TO PAY THE BEARER ON DEMAND AT ITS OFFICE HERE"。

⑦著作权标识：均位于票面背面竖向左侧，汇丰银行为："©2018 THE HONG KONG AND SHANGHAI BANKING CORPORATION LIMITED"，中国银行为："©2018 BANK OF CHINA (HONG KONG) LIMITED"，渣打银行为："©2018 STANDARD CHARTERED BANK (HONG KONG) LIMITED"，表示此版港元钞票图样著作权启用时间为2018年。

⑧无障碍特征：均位于票面正面左下侧，属于盲文标识，采用凹印印刷，用手触摸有凹凸感。

三、港元钞票的主要防伪特征

除香港政府发行的10元券外，由三家发钞行发行的港元钞票，尽管图样特征各不相同，但同一版的票幅、主色调和防伪特征设置高度一致，避免了因版别多、面额多给使用者带来识别记忆上的不便。

（一）2010年版港元的主要防伪特征

2010年版港元增加了一些新的防伪特征，同时沿用了前一版使用过的部分防伪特征，但在技术上进行了改进升级，或增加了图样设计的复杂性，或提高工艺制作的难度，或在一个图案里融合两种防伪效果。

2010年版港元的主要防伪特征如图8-54所示。

①水印　②变色开窗安全线　③光彩光变油墨图案　④珠光油墨图案　⑤隐形面额数字　⑥荧光对印标记　⑦荧光异形横竖双号码

图8-54　2010年版港元纸币防伪特征示意

①水印：统一设置在正面右侧空白水印窗，透光观察，多层次水印图案一律为紫荆花及网点图案，白水印为面额数字。

②变色开窗安全线：属于此版港元新增防伪特征，统一设置在钞票背面中间偏左位置。它是融合视读与机读两种功能于一体的新型安全线，一是开窗部位用高倍放大

镜观察，可见缩微镂空英文字母“H”和“K”，这些极为细小的字母又组成较大的“HK”字样和面额数字等；二是具有光变效果，晃动观察开窗部位，呈现紫红色与绿色的交替转换效果；三是具有磁性特征，可以被安装有识别模块的现金自动处理机具识读。如图8-55所示。

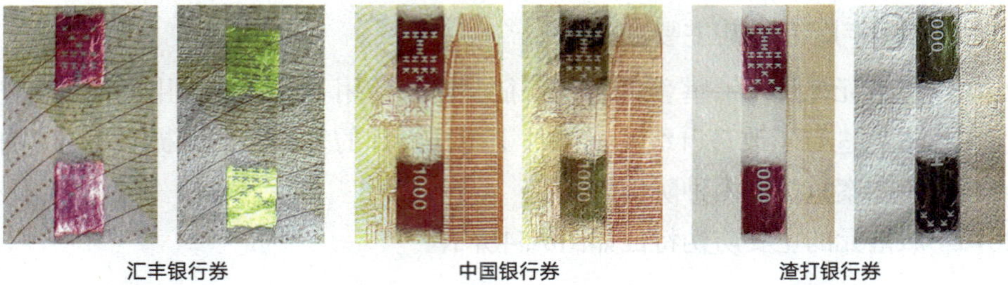

图8-55　2010年版港元纸币变色开窗安全线

③光彩光变油墨图案：统一设置在正面右上角，汇丰银行券改为狮首和面额数字，中国银行券为紫荆花和面额数字，渣打银行券为面额数字。晃动钞票观察，上述图案和数字由金色变为绿色，并有流光溢彩的视觉效果。如图8-56所示。

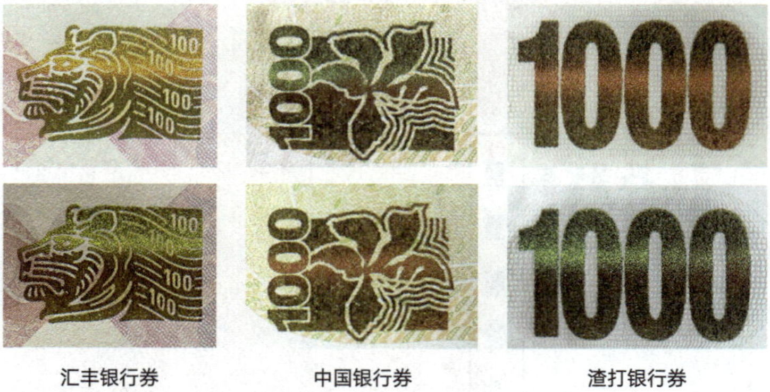

图8-56　2010年版港元纸币光彩光变油墨图案

④珠光油墨图案：统一设置在正面中间面额的左下方，强光下观察可见金色油墨印制的图案，汇丰银行券为行标，中国银行券为中银大厦，渣打银行券为祥云。如图8-57所示。

⑤隐形面额数字：设置在正面主景图案下部，视线与票面平行，转动观察时可见相应的面额数字，较上一版钞票这一特征更加便于观察。中国银行券在背面右侧又增设了这一特征，从不同角度观察分别为“1000”“壹仟”。如图8-58所示。

汇丰银行券　　中国银行券　　渣打银行券

图8-57　2010年版港元纸币珠光油墨图案

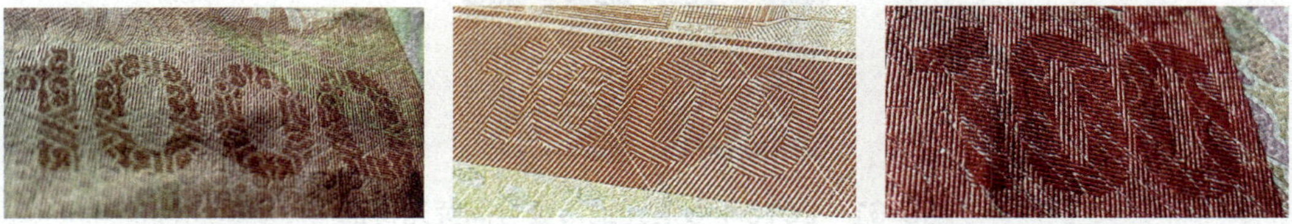

汇丰银行券　　中国银行券　　渣打银行券

图8-58　2010年版港元纸币隐形面额数字

⑥荧光对印标记：均位于正面右下角、背面左下角，融合了对印与荧光特征，在可见光与紫外光下观察呈现不同的效果。在可见光下透视观察，钞票正背两面分别印制的部分图案组合为一个完整的图案，汇丰银行券为行标，中国银行券为面额数字，渣打银行券为一个圆角矩形。2010年版港元纸币的对印图案同时具有有色荧光特征，在紫外光下观察，呈现出红、黄两种颜色。如图8-59、图8-60所示。

图8-59　2010年版港元纸币荧光对印标记（从上至下：汇丰银行券、中国银行券、渣打银行券）

图8-60　2010年版港元纸币对印标记荧光特征
（从左至右：汇丰银行券、中国银行券、渣打银行券）

⑦荧光异形横竖双号码：在钞票正面统一设置一组横竖双号码，无论横竖号码，字体大小均从首至尾递增。竖号码具有有色荧光特征，在紫外光下呈现红色。如图8-61所示。

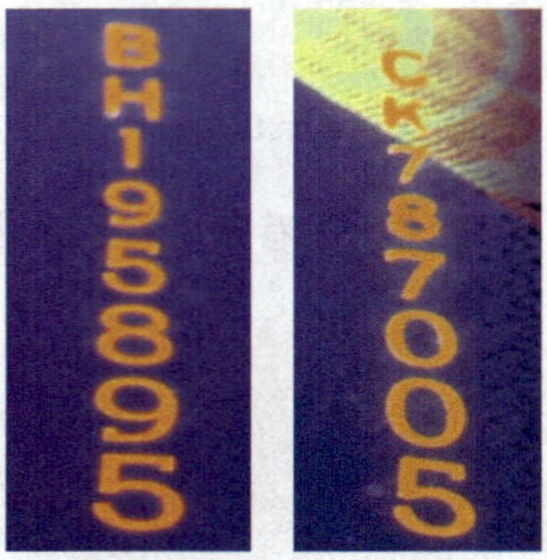

图8-61　2010年版港元纸币竖号码荧光特征

（二）2018年港元的主要防伪特征

2018年版港元统一了防伪技术的分布区域，重视视觉识别，显著提高了港元的防伪性能。2018年版港元的主要防伪特征如图8-62所示。

①水印　②动感光变镂空开窗安全线　③光彩光变油墨图案　④珠光油墨图案　⑤凹印隐形面额数字　⑥荧光对印标记　⑦凹版印刷　⑧凹印接线　⑨荧光底纹

图8-62　2018年版港元纸币防伪特征示意

①水印：三家银行的所有面额钞票均使用统一的紫荆花多层次水印，并根据相应面额的不同，在主水印下设有面额数字白水印。

②动感光变镂空开窗安全线：三家银行的所有面额钞票均使用统一光变特征，以及根据不同面额设置镂空面额数字的开窗安全线，晃动票面可见安全线颜色在绿色和蓝色之间转换，且有光圈移动效果。

③光彩光变油墨图案：三家银行的所有面额钞票，均使用统一光变图案。晃动票面可见该处图案颜色在绿和蓝之间转换，且有光圈移动特征。①~③特征如图8-63所示。

图8-63 2018年版港元纸币水印、光彩光变油墨图案、动感光变镂空开窗安全线

④珠光油墨图案：汇丰银行券在正面使用行徽组成不规则的菱形珠光油墨图案；中国银行券在正面使用相应票面面额数字的珠光油墨图案；渣打银行券在正面使用相应票面面额数字，并配以行徽的珠光油墨图案。如图8-64所示。

汇丰银行券　中国银行券　渣打银行券

图8-64 2018年版港元纸币珠光油墨图案

⑤凹印隐形面额数字：均位于票面正面的主景图案中，转动票面可见相应面额数字。如图8-65所示。

⑥荧光对印标记：均位于票面正面右下角、背面左下角。迎光观察可见正背面图案重叠，形成完整的面额数字（见图8-66）；紫外光下观察具有荧光反应（见图8-67）。

汇丰银行券　　中国银行券　　渣打银行券

图8-65　2018年版港元纸币隐形面额数字

图8-66　2018年版港元纸币对印面额数字图案

图8-67　2018年版港元纸币荧光对印标记

⑦凹版印刷：票面行名、主景、面额数字、手感线均使用凹版印刷，用手触摸有凹凸感。

⑧凹印接线：票面正面、背面的左上角以及部分主景，均为两色组成的凹印接线图案。

⑨荧光底纹：紫外光下可见所有面额港元的票面正面、背面部分底纹具有荧光特征。如图8-68所示。

图8-68　2018年版港元纸币荧光底纹

（三）香港政府发行的10元券防伪特征

香港政府发行的10元有纸币和塑料钞两种，防伪特征既有相似之处，也有一定区别。

1. 10港元纸币防伪特征

如图8-69所示。

①水印：透光观察，可看到紫荆花图案及数字白水印“10”。如图8-70所示。

②开窗式安全线：位于正面中部偏右，开窗在正面。

③无色荧光纤维：在紫外光下，可见红、蓝、绿三色纤维不规则地分布在钞票上。如图8-71所示。

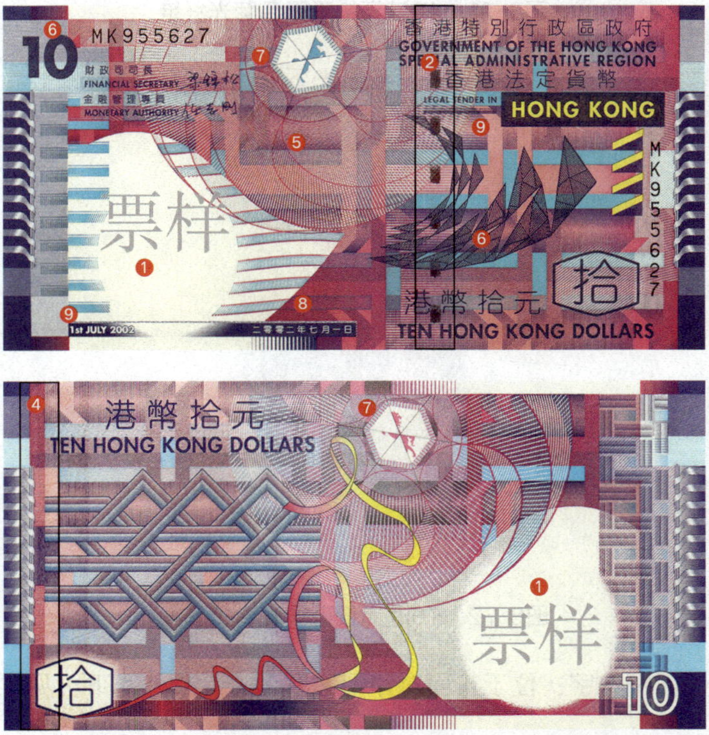

①水印　②开窗式安全线　④珠光油墨图案　⑤无色荧光面额数字　⑥凹版印刷　⑦对印图案　⑧隐形面额数字　⑨缩微文字

说明：③为无色荧光纤维，因它分布于整张票面，故没标出。

图8-69　10港元纸币防伪特征示意

图8-70　10港元纸币水印

图8-71　10港元纸币无色荧光纤维

④珠光油墨图案：位于背面左侧，在强光下倾斜观察钞票时，会看到反光色带上有紫荆花图案及“HK10”字样。如图8-72所示。

图8-72　10港元纸币珠光油墨图案

⑤无色荧光面额数字：位于正面对印图案右下方，紫外光下可见“10”字样。如图8-73所示。

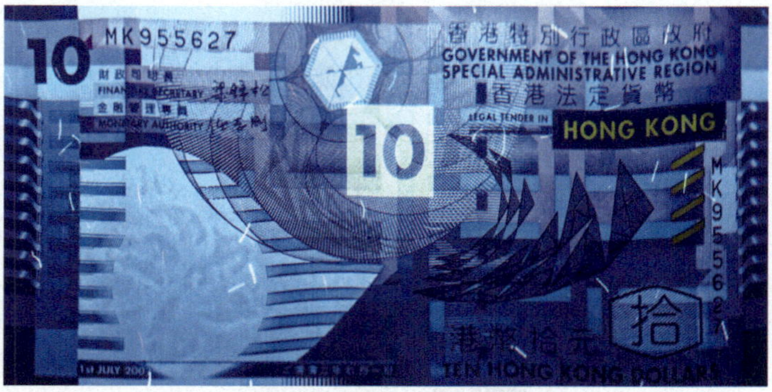

图8-73　10港元纸币无色荧光面额数字

⑥凹版印刷：正面左上角面额数字和中间部分图案，手摸有明显的凹凸感。如图8-74所示。

图8-74 10港元纸币凹版印刷

⑦对印图案：透光观察，可看到正背两面图形拼合成完整的骏马图。如图8-75所示。

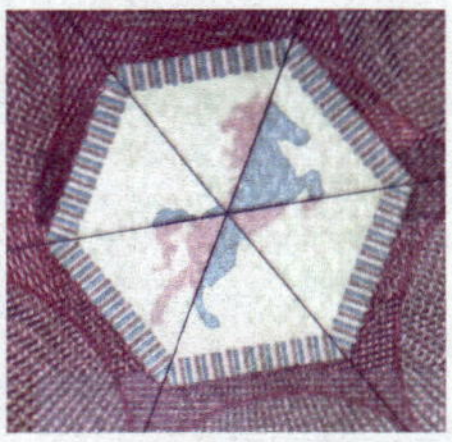

图8-75 10港元纸币对印图案

⑧隐形面额数字：位于正面中间下部。当视线与票面成一定角度时，可看见“10”字样。如图8-76所示。

图8-76 10港元纸币隐形面额数字

⑨缩微文字：在正面两处设置有缩微文字，一处在正面右上，“香港法定货币”英文下方，有两行缩微文字“HONG KONG 10”；另一处在正面左下角发行日期上方，有一行更为细小的缩微文字“TEN · HONG · KONG · DOLLARS”。如图8-77所示。

图8-77 10港元纸币缩微文字

2. 10港元塑料钞防伪特征

如图8-78所示。

①透明视窗：位于正面左部、背面右部，椭圆形。如图8-79（左）所示。

②透明视窗内阴影图案：塑料钞的这个特征近似纸币的水印，紫荆花透光图像与透明窗口结合成完整的图案。如图8-79（中）所示。

③透明视窗内阴影数字（白水印）：塑料钞的这个特征近似纸币的白水印，透光观察，可看到面额数字“10”的透光图像。如图8-79（右）所示。

①透明视窗　②透明视窗内阴影图案　③透明视窗内阴影数字（白水印）　④珠光油墨图案　⑤变色特征
⑥凹版印刷　⑦对印图案　⑧隐形面额数字　⑨缩微文字

图8-78　10港元塑料钞防伪特征示意

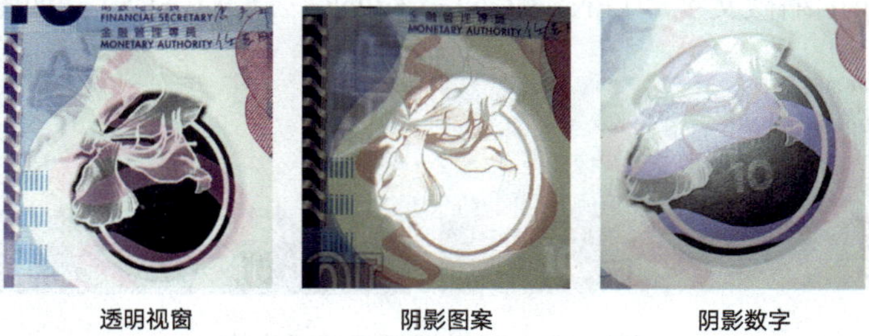

透明视窗　　阴影图案　　阴影数字

图8-79　10港元塑料钞透明视窗、阴影图案与数字特征

④珠光油墨图案：位于背面中间偏右，倾斜转动钞票时，可看到反光色带上有紫荆花图案及“HK10”字样。如图8-80所示。

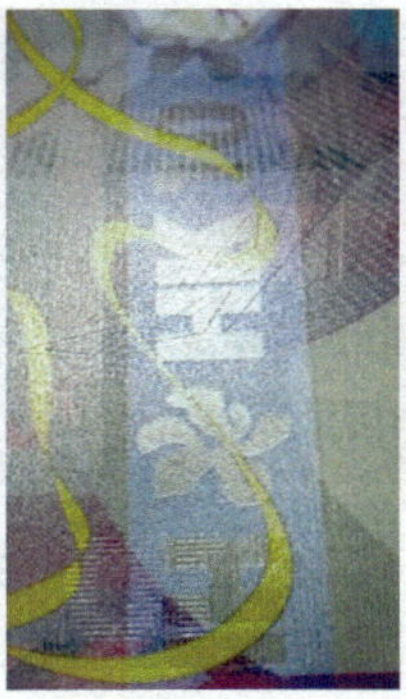

图8-80　10港元塑料钞珠光油墨图案

⑤变色特征：倾斜或在深色的背景下移动钞票时，透明窗口上丝带的颜色会由粉红色变为紫色。如图8-81所示。

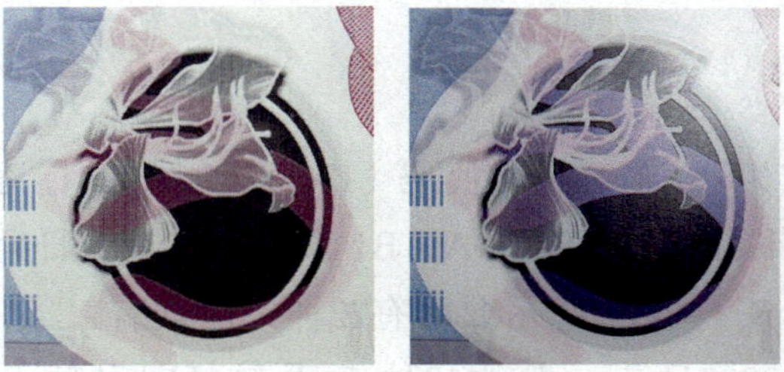

图8-81　10港元塑料钞变色特征

⑥凹版印刷：正面左上角面额数字由凹版印刷而成，且较纸币10港元放大，有明显的凹凸手感。

⑦对印图案：透光观察，可看到正背两面图形拼合成完整的骏马图案。如图8-82所示。

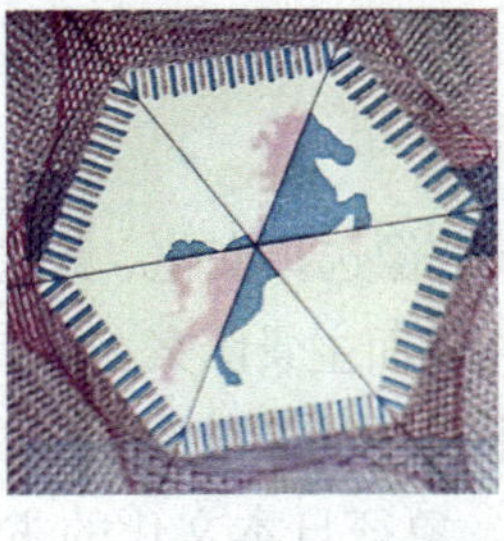

图8-82　10港元塑料钞对印图案

⑧隐形面额数字：倾斜转动钞票时，可看见面额数字“10”。如图8-83所示。

⑨缩微文字：位置、内容和10港元纸币相同。

图8-83　10港元塑料钞隐形面额数字

第五节　日元

一、日元的概况

日元，货币符号为“¥”，货币代码（ISO4217：2008标准）为JPY。第二次世界大战后至今，日本银行共发行5版（A、B、C、D、E版）日元纸币，加上以前发行的几种纸币，目前合法有效的日元纸币有22种，面额有1、5、10、50、100、500、1000、2000、5000和10000日元，其中18种纸币包括D版3种（1000、5000和10000日元）均属于已退出流通的纸币，只收不付；流通中的日元纸币主要是D版券1种（2000日元）和E版券3种（1000、5000和10000日元），但在流通中也可见到D版其余3种，目前主要流通的日元纸币图样见附录8-5。

日元纸币样式宽度相等，长度随面额增大而递增，票幅分别为：1000日元150毫米×76毫米，2000日元154毫米×76毫米，5000日元156毫米×76毫米，10000日元160毫米×76毫米。

二、日元纸币的主要图样特征

从日元D版券开始，正面主景人像选择文化、思想、艺术界著名人物，以本国的标志性自然与人文风景、动植物作为背面主景图案，尤其是使用女性形象作为日元的正背面主景人像，这在主要国家流通货币中也是比较少见的。E版券背面主景设置不同于常见的满版布局，而是“偏心”式，象征日本文化的主景图案均安排在背面的左半部。2000年发行的2000日元，图样设计十分独特：正面以冲绳著名古建筑守礼门为主景，背面主景则为日本12世纪的《源氏物语绘卷》中的片段和古代女作家紫式部的形象。

日元纸币主要图样特征，如图8-84所示。

D版

E版

①主景图案 ②行徽 ③花卉图案 ④行名 ⑤印章 ⑥无障碍标识

图8-84 日元纸币主要图样特征示意

①主景图案：除2000日元外，其他面额纸币正面主景为人物肖像，背面均以富有日本特色的自然和人文景观为主景图案，后者更注重各部分图案的有机结合。详见表8-14。

表8-14　日元D、E两版纸币主景图案比较

版别	面额（日元）	票幅（毫米）	正面主景	背面主景
D版	1000	150×76	夏目漱石，近代著名文学家	丹顶鹤
	2000	154×76	冲绳守礼门	平安时代《源氏物语》绘本片段与小说作者紫式部（首位出现在日元纸币背面的女性）
	5000	156×76	新渡户稻造，明治昭和时期教育家	富士山与本栖湖
	10000	160×76	福泽谕吉，日本江户明治时期的哲学家和教育家	日本国鸟绿雉
E版	1000	150×76	野口英世，流行病学专家，3次获诺贝尔奖提名	富士山与樱花
	5000	156×76	木通口一叶，明治初期小说作家，首位出现在日元正面的女性	江户时代画家尾形光琳的《燕子花图》
	10000	160×76	福泽谕吉，日本江户明治时期的哲学家和教育家	京都平安时代园林平等院的凤凰雕像

②行徽：位于背面“NIPPON GINKO”（日本银行）左侧。

③富有日本民族特色的花卉图案：D版券各面额票面的底纹和装饰边框、花团等多处使用各种形式的宝相花纹饰。E版券以樱花为主要装饰花纹，主景、底纹、边框、全息标识图案等随处可见柔美的樱花纹样，最巧妙的是把黄色的防复印小圆圈嵌入樱花底纹作为花蕊，实现图样与防伪的有机结合。

④行名：背面上方印有“NIPPON GINKO”（日本银行）字样。

⑤印章：正面印有日本银行行长的印章“总裁之印”，背面有“发券局长”印章。

⑥无障碍标识：D版10000、5000、1000日元使用凸起明显的抄造水印纸张，环形水印可供视障人士触摸感知。D版2000日元的无障碍标识位于纸币正面左下角，是使用凹版印刷工艺的一列3个黑色圆点图案。E版在正面（背面）左、右下角各设置一个视障标识，黑色凹印，10000日元为“L”形条，5000日元为八角形块，1000日元为横条。如图8-85所示。

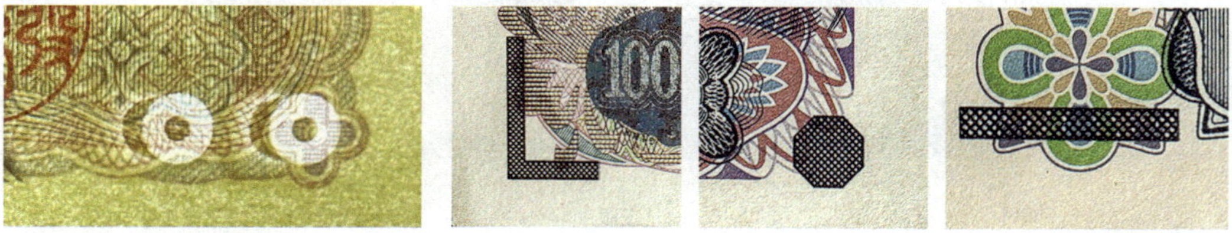

D版　　E版

图8-85　日元D版、E版券无障碍标识

三、日元纸币的主要防伪特征

（一）日元D版券的防伪特征

虽然从2007年起日元D版券的3种面额不再发行，但仍然可以流通使用。因此，金融机构办理货币兑换业务的柜面人员有必要对D版券的防伪特征及鉴别知识有所了解掌握。日元D版券的防伪特征如图8-86所示。

②水印　③有色荧光油墨印刷　④超细线条印刷　⑤凹版印刷　⑥缩微文字

说明：①为专用纸张特征，故没标出。

图8-86　日元D版券防伪特征示意

①专用纸张：纸张含有特有的“三椏树皮纤维”，制成的钞纸呈现特殊的淡黄色，面额越大颜色越深。钞纸手感滑润、柔软而不失坚挺。

②水印：一种是人像水印，位于纸币正中圆形空白处，图案和各面额主景人物肖像相同。10000日元为福泽谕吉，5000日元为新渡户稻造，1000日元为夏目漱石。如图8-87所示。另一种是提供给视障人士使用的水印，为数量不等、代表不同面额的环形水印，位于纸币正面（背面）左下角（右下角）。

10000日元水印　　5000日元水印　　1000日元水印

图8-87　日元D版券人像水印

③有色荧光油墨印刷：正面主景人像左侧的红色印章“总裁之印”在紫外光下呈现橙色。如图8-88所示。

④超细线条印刷：这是日元纸币最令人称道的防伪技术之一，主景人像眼眸、眉毛等部位采用雕刻凹印人像与超细线纹重叠印刷的方法，每根细线不到0.1毫米，具有极好的防伪性。如图8-89所示。

图8-88　日元D版券有色荧光油墨印刷

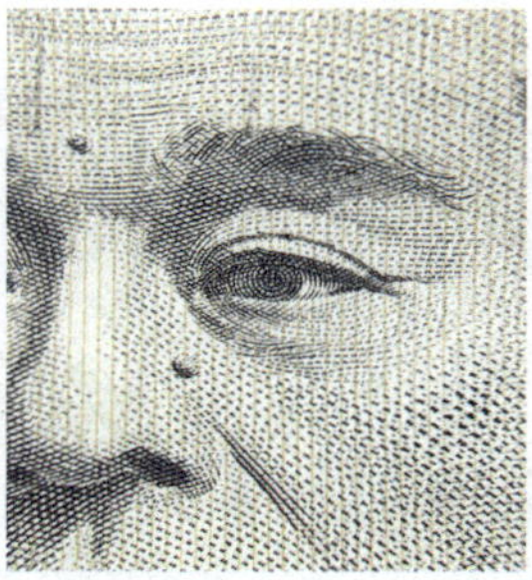

图8-89　日元D版券超细线条印刷

⑤凹版印刷：在大面额纸币上使用了凹版印刷技术。正面汉字面额、行名、券名、主景人像等部位用手触摸有明显的粗糙感。如图8-90所示。

图8-90　日元纸币的凹版印刷

⑥缩微文字：从1993年发行的褐色冠字号码D版券开始采用，在正背面多处有缩微文字“NIPPON GINKO”，使用放大镜才能看清。如图8-91所示。

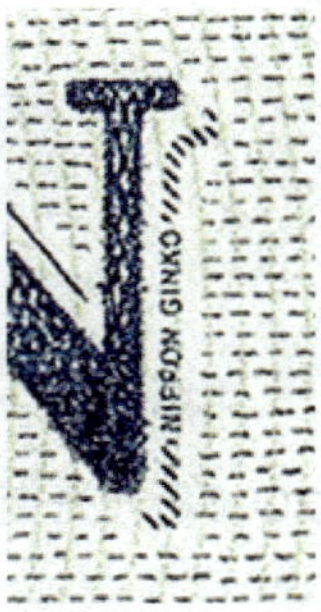

图8-91　日元D版券缩微文字

除上述防伪特征外，D版2000日元券还应用了一些新的防伪技术，并且对已使用的防伪技术也加以改进。如图8-92所示。

①光变油墨面额数字：位于正面右上角，晃动纸币观察，可见数字“2000”的颜色从蓝绿色变为紫色。如图8-93所示。

②珠光油墨印刷：位于纸币正面左右边部空白处，转动纸币到一定角度，可见有粉红色珠光油墨印制的半透明条带。如图8-94所示。

①光变油墨面额数字　②珠光油墨印刷　③凹版印刷　④隐形图文　⑤缩微文字　⑥防复印标记　⑦有色荧光油墨

图8-92　D版2000日元防伪特征示意

图8-93　D版2000日元光变油墨防伪特征

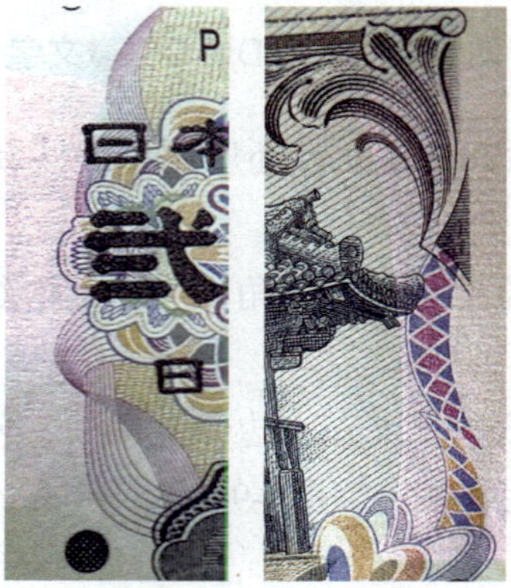

图8-94　D版2000日元珠光油墨防伪特征

③凹版印刷：用手触摸，可以感觉到正面的面额数字文字和主景图案守礼门的墨层明显高于钞票表面，凹凸感十分突出。如图8-95所示。

图8-95　D版2000日元凹印防伪特征

④隐形图文：当视线与纸币表面平行时，可见两处隐形图文。正面左下角黑色团花内可见“2000”字样；背面右上角面额数字下方可见“NIPPON”（日本）字样。如图8-96所示。

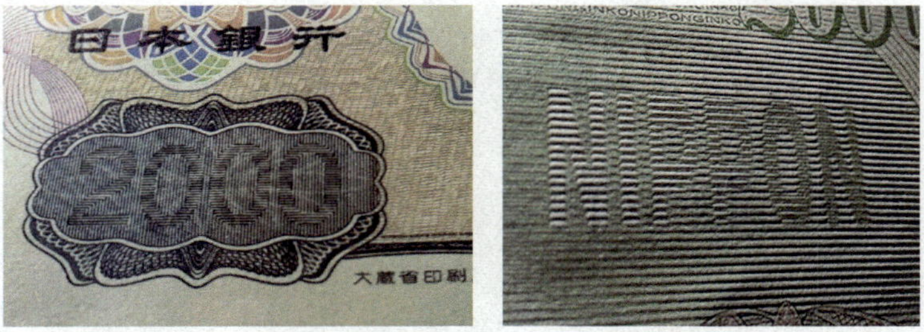

图8-96 D版2000日元隐形图文防伪特征

⑤缩微文字：分布在纸币正背面多处，使用凹印技术印制，内容为“NIPPON GINKO”，这一特征在D版其他面额日元券已经使用。如图8-97所示。

图8-97 D版2000日元缩微文字防伪特征

⑥防复印标记：在正面守礼门左上方和背面水印窗左侧，分布有若干组黄色小圆圈，具有防范彩色复印机复制钞票图案的功能。

⑦有色荧光油墨。在紫外光下，红色的“总裁之印”呈橙色、两侧底纹也设有绿色有色荧光油墨，票面背面“发券局长”印章使用红色有色荧光油墨。

（二）日元E版券的防伪特征

2004年发行的E版日元，共有3种面额纸币，日本银行对外公布的公众防伪特征共有9项，具体到每种面额实际为8项（10000日元和5000日元应用全息图像技术，在1000日元券上则改为隐形面额数字与珠光油墨面额数字组合）。这些特征有的是新增特征，如全息、隐形图文、珠光油墨印刷等，有的则是对原有的技术进行了升级优化。其防伪特征如图8-98所示。

①条形水印：透光观察，位于正面主景人像右侧有竖条形水印，10000日元3条，5000日元2条，1000日元1条。如图8-99所示。

①条形水印 ②珠光油墨印刷 ③有色荧光油墨印刷 ④凹版印刷 ⑤隐形图文 ⑥缩微文字 ⑦全息标识 ⑧防复印标记

图8-98 日元E版券防伪特征示意

10000日元 5000日元 1000日元

图8-99 日元E版券条形水印

②珠光油墨印刷：纸币正面左右两边，从不同角度可以看到粉红色珠光油墨印刷的半透明图案。如图8-100所示。1000日元券则对珠光油墨进行了升级，形成了隐形面额数字与珠光油墨面额数字组合：位于1000日元正面左下角，晃动钞票，可见珠光油墨印刷的“千円”和隐形面额“1000”交替变换。如图8-101所示。

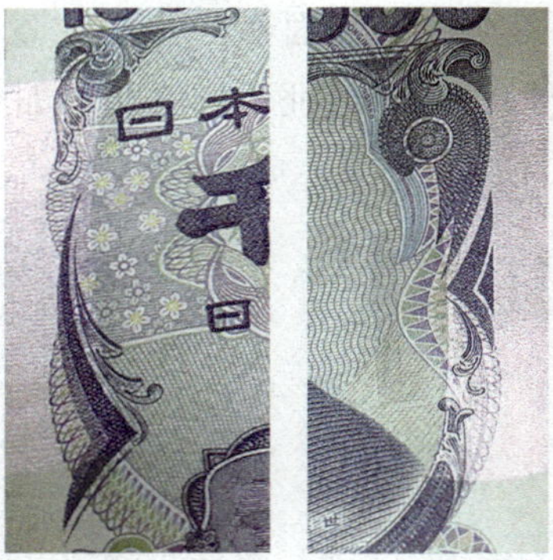

图8-100　日元E版券珠光油墨印刷

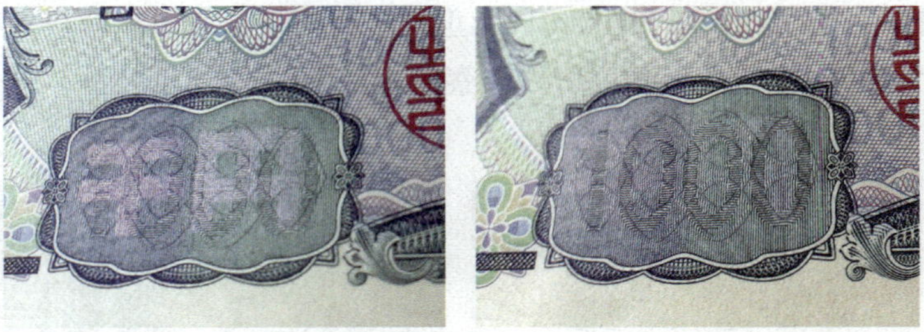

图8-101　E版券1000日元隐形面额数字与珠光油墨面额数字组合

③有色荧光油墨印刷：纸币正面在紫外光下，红色的“总裁之印”呈橙色，票面的正背面底纹也均使用有色荧光油墨，如在1000日元上正背面两侧均使用绿色有色荧光油墨，5000日元正面两侧使用黄色有色荧光油墨，背面两侧为绿色有色荧光油墨；在10000日元正背面两侧均使用黄色有色荧光油墨。如图8-102所示。

图8-102　日元E版券有色荧光油墨印刷

④凹版印刷：正面主景图案、日文面额，背面主景图案等处均应用凹版印刷工艺，图案的油墨层较D版券要厚，凹印特征更加鲜明。如图8-103所示。

图8-103　日元E版券凹版印刷

⑤隐形图文：1000、5000和10000日元正面水印窗左下或下方花符内有面额数字，背面右侧有“NIPPON”，变换角度可以观察到。如图8-104所示。

图8-104　日元E版券隐形图文

⑥缩微文字：在正背面多处有“NIPPON GINKO”缩微文字，作为装饰线条或设置在底纹中，非常细小，有的字体甚至比D版券上使用的缩微文字还要小，具有极好的防复制功能。如图8-105所示。

图8-105　日元E版券缩微文字

⑦全息标识：位于5000日元和10000日元正面左下角，晃动钞票，可见全息标内樱花、面额数字和日本银行行徽的图案变化。如图8-106所示。

5000日元

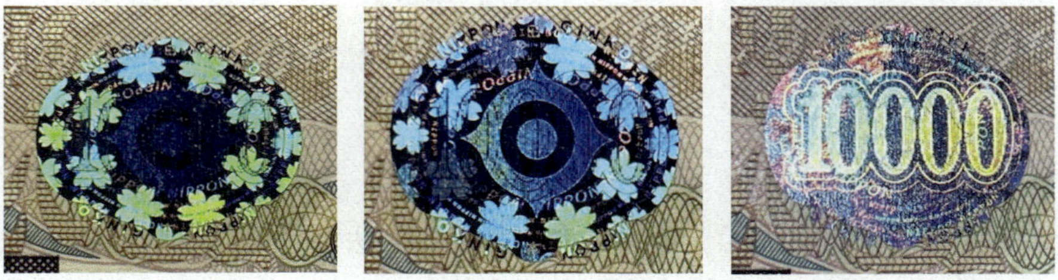

10000日元

图8-106 日元E版券全息标识

⑧防复印标记：钞票正面和背面都有，巧妙地与装饰花卉等结合起来，黄色小圆圈作为花蕊，既有防复印功能，又增添了钞票设计的美感。

同时，日元也做过多次微调式改版。2011年4月16日，日本银行宣布，自当年7月19日起，E版10000日元券和1000日元券的冠字号码由黑色改为褐色。2014年5月8日，日本银行宣布，自当年5月12日起发行5000日元券升级版，一是冠字号码由黑色改为褐色；二是正面左下角全息标形状由椭圆形改为方形，面积比以前更大，更加方便视障人群识别区分不同面额，并提高了该项防伪特征的可见性。如图8-107所示。2018年10月18日宣布，自2019年3月18日起，E版1000日元券的冠字号码由褐色改为蓝色（如图8-108所示），上述局部微调后的钞票均可同时流通。

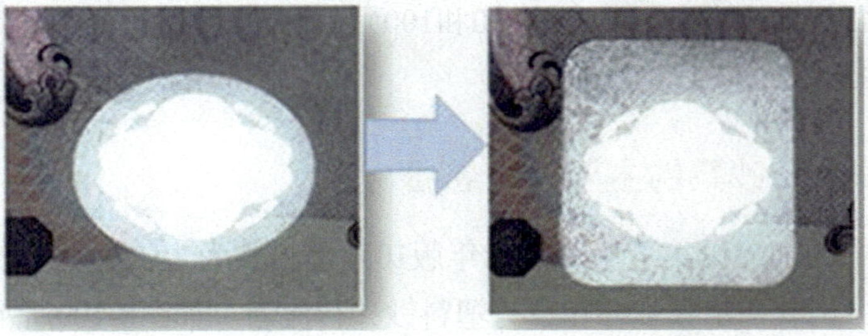

图8-107 E版5000日元（2014年）全息标识变化前后

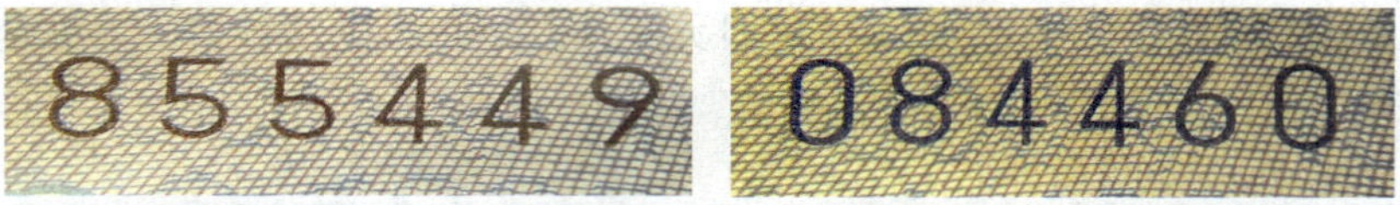

图8-108　E版1000日元（2018年）冠字号码颜色改变前后

第六节　加拿大元

一、加拿大元的概况

加拿大元（以下简称加元）是加拿大银行发行的法定货币，货币代码（ISO4217：2008标准）为CAD，关于它的货币符号有几种形式，加拿大政府和《加拿大写作指南》建议使用“C$”作为加元符号，国际货币基金组织也使用这一符号代表加元，在其他一些经典写作指南书中建议使用“Can$”和“CDN$”。在有些软件程序包中会使用“CA$”作为加元符号，在加拿大一些地方往往简写作“$”。

《加拿大银行法》规定，加拿大银行是加元钞票的唯一发行人，每张钞票上必须使用英文和法文。从1934年成立以来到目前已发行的7版钞票以及2018年版钞票，除第一版外，其余钞票上的行名、面额等均使用英法两种文字标注。

目前第一版至第六版加元钞票已退出流通，但按照加拿大银行的规定，依然是法定货币，在交易双方认可的前提下可以用来支付。

加元钞票共发行过1、2、5、10、20、25、50、100、500元和1000元10种面额，5元以下逐渐被硬币取代。为遏制有组织的犯罪活动，根据加拿大皇家骑警的要求，500元和1000元大面额也已停发。目前主要流通的加元钞票图样见附录8-6。目前流通中加元钞票的面额结构为5、10、20、50和100元5种。加元所有面额固定为同一种票幅尺寸，均为152.4毫米 × 69.85毫米。

二、加拿大元钞票的主要图样特征

目前流通中的加元以第七版和2018年版10元塑料钞为主，第六版各面额虽已停止投放，但流通中仍有一定数量存在，与塑料钞并行流通。如图8-109所示。

第六版

第七版

图8-109　第六版、第七版加元及2018年版10加元主要图样特征

2018年版

①设计主题 ②主景图案 ③国名 ④行名 ⑤面额文字 ⑥支付保证 ⑦副行长、行长签名 ⑧年版号 ⑨印制年份 ⑩著作权标识 ⑪双横冠字号码 ⑫无障碍特征

图8-109 第六版、第七版加元及2018年版10加元主要图样特征（续）

①设计主题：第六版旅程系列加元的主题是宣扬加拿大的文化、历史成就；第七版加元纸币又称边疆系列，展示了加拿大在医学、航天、军事、探险等方面取得的成就与创新精神，反映国家及人民的智慧、决心和勇气；2018年版加元，目前仅发行10元面额，以社会活动家及其相关事物为主景。

②主景图案：两版正面主景人物和建筑物图案相同。主景人物除20加元外，其他面额为加拿大历任总理；主景建筑为国会大厦不同部分。第七版主景人像由右偏脸像变为正面像。2018年版加元，一改原有设计，采用了新的人物肖像，发行的首张10加元采用竖式设计。如表8-15所示。

表8-15 第六版、第七版、2018年版10加元钞票主景图案概况

面额（元）	主色调	版次	题材	正面主景图案	背面主景图案
5	蓝色	第六版	快乐的冬季运动	加拿大第8任总理威尔弗里德·劳雷尔；加拿大国徽；国会大厦西楼	玩雪橇、滑冰和打冰球的孩子们，小说家洛奇·凯瑞的短篇小说《冰球运动衫》
		第七版	太空		移动维修系统Canadarm2和德克斯特机器人

续表

面额（元）	主色调	版次	题材	正面主景图案	背面主景图案
10	紫色	第六版	维护和平	加拿大首任总理、联邦创始人之一约翰·麦克唐纳；国会大厦图书馆	与“战争和国殇”有关的元素：维和部队女兵，警卫，儿童和老兵，和平鸽和虞美人花；诗人约翰·麦格雷的诗篇《在法兰德斯战场》
		第七版	铁路		加拿大国铁“加拿大人号”从多伦多驶向温哥华、加拿大的落基山脉、铁路运营图
	蓝色	2018年版		加拿大反种族主义代表，维奥拉·戴斯蒙德（1914—1965）及其工作、生活的哈利法克斯北部街区	土著居民鹰的羽毛以及加拿大人权及自由宪章文字，主景是加拿大人权博物馆
20	绿色	第六版	艺术的旅程	英国女王伊丽莎白二世；国会大厦和平塔	艺术家BillReid的雕塑《大乌鸦与海达族祖先》，《海达瓜依的精神》，《海达大灰熊》和《神话信使》；法语作家加布里埃尔·罗伊的小说《隐藏的山》
		第七版	纪念碑		维米岭战役纪念碑
50	红色	第六版	国家的建立	加拿大第11任、第13任、第15任总理威廉·莱昂·麦肯齐·金；国会大厦中央大厅	加拿大5位争取妇女权益的女性名人塑像，以女权主义者卡斯格兰的名字命名的“卡斯格兰志愿者服务奖”奖章、象征公平和正义的天平、约翰·彼得斯·汉弗莱先生起草的《世界人权宣言》草案初稿（英法文）
		第七版	北极		破冰船CCGS Amundsen号进行科学研究；加拿大北极地区地图；因纽特文“北极”
100	棕色	第六版	探索与创新	加拿大第9任总理罗伯特·莱尔德·博登；国会大厦东楼	主图案是地质遥感技术下的加拿大地形图，其左上方为遥感卫星，左下方是卫星接收器，代表加拿大科学技术发达。左下方为1632年Samuel de Champlain绘制的加东探险图和当时的探险交通工具独木舟，诗人Miriam Waddington的诗歌《Jacques Cartier in Toronto》
		第七版	医学成就		科研人员观察显微镜，DNA链，心电图，胰岛素药瓶

③国名：位于正面中间或左上方、背面右上方。钞票图样设计中设置国名，目的是体现由国家担保的法定货币信用，这是当今货币设计中的通行惯例。

④行名：位于第六版正面左侧，第七版正面透明大视窗两侧，2018年版位于正面下方，均用英法两种文字。

⑤面额文字：位于第六版、2018年版10加元正面行名下方，第七版正面左侧弧形处，均使用英法两种文字。

⑥支付保证：位于第六版正面行名右侧，第七版正面右侧弧形处，2018年版10加元位于票面正面的加拿大国名下方。英文内容为“THIS NOTE IS LEGAL TENDER”（本券为法定货币），并有相应的法文表述。

⑦副行长、行长签名：位于第六版正面右下、大面额数字下方，第七版左下、大面额数字下方，2018年版10加元在正面下方，使用英法两种文字。

⑧年版号：位于第六版正面右下角、第七版正面右上角，表示该面额加元钞票首次发行年份，用英法两种文字表示。

⑨印制年份：位于第六版背面正中下方，为该面额加元钞票实际印制年份，一般和年版号时间相同或晚于年版号时间。

⑩著作权标识：位于第六版背面右下角，由著作权标识符号加行名构成，用英法两种文字表示。

⑪双横冠字号码：位于第六版、第七版、2018年版10加元背面下方，由黑色的3个字母、7位数字组成。

⑫无障碍特征：第六版位于背面下方，为三条竖线，第七版位于票面的正面左上方及背面的右上方，2018年版加元位于正面右上方及背面左上方，6个凸起点为一组，设有二组。

三、加拿大元钞票的主要防伪特征

第六版与第七版加元正面图案题材相同，但由于采用了不同基材，防伪特征有同有异；2018年版10加元仍使用塑料基材，增加了光彩光变图案。具体如下：

（一）第六版加元纸币防伪特征

该版根据应用的防伪特征分为2001年和2004年两种版别，2001年版只发行了5元和10元两种，防伪特征有凹印、荧光、隐形面额数字和珠光油墨。2004年版先发行的是20元、50元和100元，加入了水印、开窗式安全线、全息条、对印，强化了紫外荧光特征，此后对10元和5元的防伪特征进行升级。第六版加元防伪特征示意如图8-110所示。

①水印　②开窗式变色安全线　⑤无色荧光油墨图案　⑥凹版印刷
⑦对印面额数字　⑧缩微文字　⑨全息条　⑩防复印标记
说明：③、④为蓝色纤维和无色荧光纤维，因分布于整张票面，故没标出。

图8-110　第六版加元防伪特征示意

①水印：位于正中偏下空白区域，透光观察，可见与主景人像相同的水印肖像。

②开窗式变色安全线：位于背面左侧线条间断裸露在钞票表面；晃动观察，开窗部分颜色由金变绿，并可见货币符号“CAN”与面额数字。

③蓝色纤维：在正背面随机分布，常光下可见。

④无色荧光纤维：在正背面随机分布，常光下不可见，紫外光下呈现红色和黄色。

⑤无色荧光油墨图案：位于正面主景人像左半侧，在紫外光下呈现红黄两色交错构成的面额数字和英法文行名。如图8-111所示。

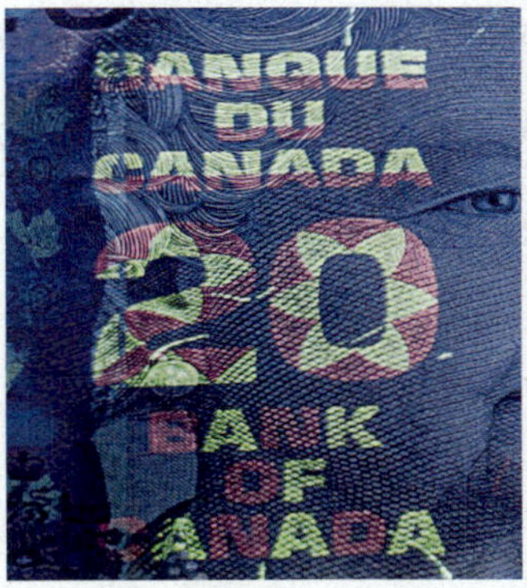

图8-111　第六版加元紫外荧光特征

⑥凹版印刷：触摸正面人物肖像的肩部、右下角的大面额数字、左侧全息条旁的行名，有明显的凹凸感。

⑦对印面额数字：位于正面右下角大面额数字左侧，透光观察，正背面的部分图案构成一个完整的面额数字。

⑧缩微文字：位于正面四角周围边部，内容为英法文面额数字和阿拉伯面额数字。

⑨全息条：位于正面左侧，晃动观察，可见面额数字和枫叶色彩变幻。

⑩防复印标记：在正背面下方分布若干组黄色小圆圈，有防复印功能。

（二）第七版加元钞票防伪特征

该版塑料钞由加拿大钞票公司设计与印制，使用塑料基材。第七版加元防伪特征示意如图8-112所示。

①大透明视窗及全息图案、无墨压凸文字　②小透明视窗及衍射光栅　③凹版印刷　④缩微文字　⑤防复印标记

图8-112　第七版加元防伪特征示意

①大透明视窗及全息图案、无墨压凸文字：视窗位于正面右边和背面左边，为不规则的条状视窗，纵向贯通票面。在透明视窗内可见呈“S”形分布在全息人像和建筑图像之间的透明文字，内容为“CANADA”和面额数字，手摸有微凸感；晃动观察，全息人像和建筑图景的颜色发生变化。如图8-113所示。

图8-113　大透明视窗特征

②小透明视窗及衍射光栅：位于正面左上角和背面右上角，透过该视窗的小孔，对准白炽灯、射灯等点光源可见其中隐藏的货币符号和面额数字。如图8-114所示。

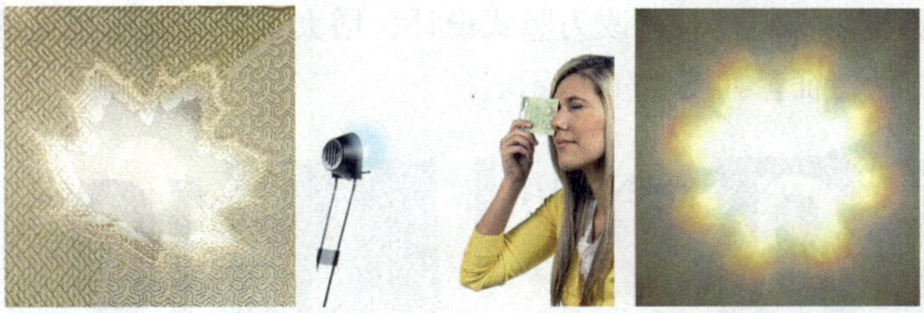

图8-114　小透明视窗及衍射光栅

③凹版印刷：这一特征的分布和第六版相同。正面人物肖像的肩部和发丝，左下角的大面额数字，正面大视窗两侧的英文、法文行名都使用了凹版印刷。如图8-115所示。

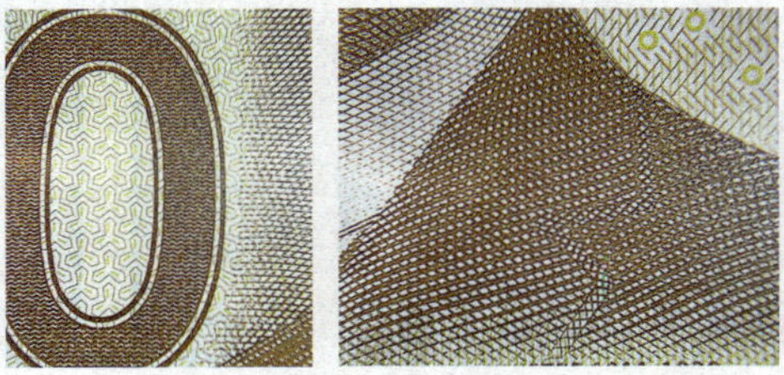

图8-115　第七版加元凹版印刷特征

④缩微文字：沿用第六版的防伪特征，位于各面额背面两侧中段，有数行英法两种文字的加拿大银行行名。如图8-116所示。

图8-116　第七版加元缩微文字特征

⑤防复印标记：位于各面额正面空白处和背面下边，由多组星座小圆圈组成，具有防复印功能。如图8-117所示。

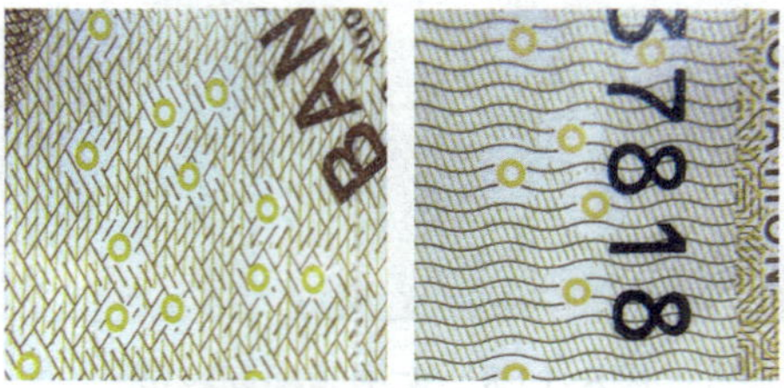

图8-117　第七版加元防复印标记

（三）2018年版加元钞票防伪特征

该版钞票仍使用塑料基材，改为竖式设计，增大了全息透明视窗的面积，运用了光彩光变油墨防伪特征。如图8-118所示。

①大透明视窗及全息图案　②小透明视窗　③凹版印刷　④缩微文字　⑤防复印标记　⑥光彩光变图案　⑦荧光特征

图8-118　2018年版加元防伪特征示意

①大透明视窗及全息图案：具有全息彩虹特征，中部是哥特复兴式建筑样式的加拿大议会图书馆穹顶天花板图案；窗口两侧有加拿大国旗、国徽图案。同时印有缩微文字。金属质感的枫叶图案，晃动观察可见凹凸变化。同时可见压凸枫叶图案里面有面额数字“10”，如图8-119所示。

图8-119　2018年版加元大透明视窗及全息特征

②小透明视窗：由枫叶造型组成。

③凹版印刷：票面正面人像、行名、面额数字均有使用，触摸具有凹凸质感。

④缩微文字：主要分布于票面背面的下方。如图8-120所示。

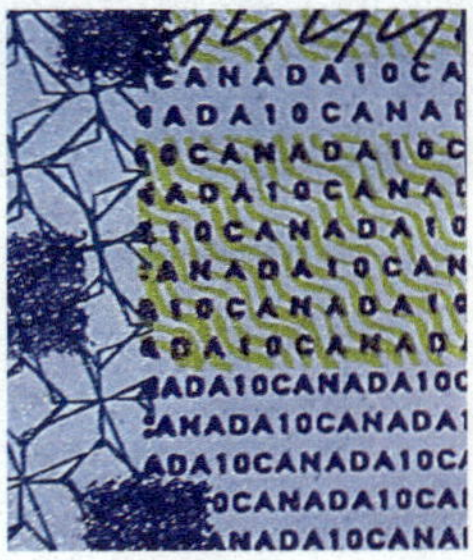

图8-120　2018年版加元缩微文字

⑤防复印标记：在票面背面下方分布若干组小圆圈，有防复印功能。如图8-121所示。

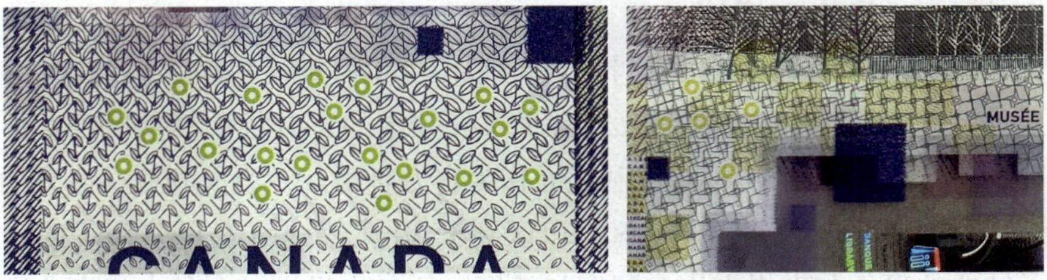

图8-121　2018年版加元防复印标记

⑥光彩光变图案：位于票面背面上部，转动票面可见光变特征（金绿交替变色效果以及色彩流动感），同时透过票面正面小视窗的部分区域也可以观察到光变效果。如图8-122所示。

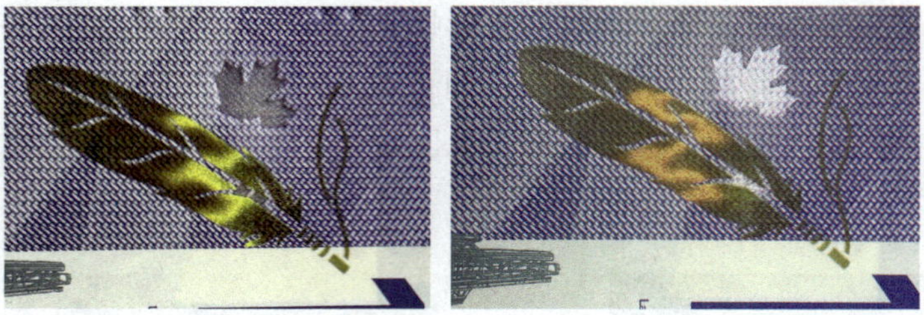

图8-122　2018年版加元光彩光变图案

⑦荧光特征：位于票面正面中部的底纹以及正面的小透明视窗，在紫外光下可见有荧光反应。如图8-123所示。

图8-123　2018年版加元荧光特征

第七节　澳大利亚元

一、澳大利亚元的概况

澳大利亚元，简称澳元，货币符号“＄”，货币代码（ISO4217：2008标准）为AUD，是澳大利亚联邦及其诺福克岛等7个海外领地的官方货币，基里巴斯、瑙鲁、图瓦卢、津巴布韦4个国家也把澳大利亚元作为官方货币。在澳大利亚，澳元的货币符号通常缩写为“＄”，偶尔也用“A＄”以区别于其他以元为单位的货币。

澳元钞票的发行和世界上许多国家和地区一样，也经历过由私人或商业银行分散发行到中央银行集中发行的历史。1945年，《澳大利亚联邦银行法》规定澳大利亚联邦银行是澳大利亚钞票的唯一合法发行人。直到1960年《澳大利亚储备银行法》实施，发行钞票这一职责才移交给承担央行职能的澳大利亚储备银行。

从1966年澳元正式转变为十进制货币后，澳大利亚储备银行发行了两种材质的钞票。第一种是纸币，从1966年到1984年，分次发行，有1、2、5、10、20、50元和100

元7种面额，图样主题反映了澳大利亚的土著文化、独特的自然环境、建筑艺术成就以及人类航天事业的成就。20世纪80年代，磨损率高的1元、2元纸币为硬币所取代。

澳元纸币发行后不久，即出现大量伪造的10元纸币，促使澳大利亚储备银行着手与澳大利亚联邦科学与工业研究组织联合研发新的货币防伪技术。1988年，澳大利亚储备银行启动第二种货币基材——塑料钞的发行工作，它所使用的塑料基材是一种高分子材料聚丙烯，耐用性和整洁度都优于传统的纸币。目前主要流通的澳元塑料钞图样见附录8-7。

到目前为止，澳元塑料钞共发行了3版，第一版是1988年澳大利亚国庆节发行的纪念钞，主题是移民澳大利亚200年。如图8-124所示。

图8-124　澳大利亚第一张塑料钞

1992年起，澳大利亚储备银行发行第二版澳元塑料钞，面额有5、10、20、50元和100元5种，图样主题延续上一版钞票的内涵，体现澳大利亚文化的多样性和科技、艺术、文化成就，钞票正背面使用杰出的男性和女性人物肖像。

第二版澳元塑料钞5元券发行后，因为其淡紫色调和面额数字的字体在光线较弱的情况下很难与10元区分开，于是1995年又发行了加色版5元，加深紫色调并改变面额数字的字体。除此之外，两种5元券的主景图案、票面尺寸等完全相同。

第二版澳元塑料钞长度从5元到100元依序递增，5元130毫米、10元137毫米、20元144毫米、50元151毫米、100元158毫米，宽度均为65毫米。第三版澳元塑料钞规格与第二版澳元相同。

二、澳大利亚元塑料钞的主要图样特征

（一）第二版澳元塑料钞图样特征

根据澳大利亚现钞法规定，已停止发行的和正在流通的所有澳大利亚钞票都是法定货币，包括十进制以前的钞票。目前，第二版和第三版塑料钞混合流通。2016年9月，第三版澳元塑料钞开始发行，已发行有5、10、20、50、100元5种面额。第二版澳元塑料钞图样特征如图8-125所示。

①主景图案 ②背景图案 ③装饰图案 ④国名 ⑤签名 ⑥支付保证 ⑦双横冠字号码 ⑧无障碍特征

图8-125 第二版澳元塑料钞图样特征示意

①主景图案：该版设计主题的选择和其他国家钞票大体相同，即以名人肖像和自然、人文景观作为正背面主景。不同之处主要体现在：除5元使用女王肖像外，其他面额的主景人物选择更侧重于社会、文学、艺术方面，有诗人、作家、记者和发明家，如10元正面选用的是民谣诗人巴顿·帕特森肖像；主景人物中女性形象占有较大比重，每一面额都在正面或背面描绘了为澳大利亚社会发展作出贡献的杰出女性形象。

②背景图案：澳元各面额都选择了与主景人物有密切关联的时空要素，以此烘托强化主景人物的表现力。如20元的正面主景人像是澳大利亚18～19世纪女性航运和房地产商先驱玛丽·莱蓓，人像左边是她在1807年为了与太平洋群岛贸易往来购置的“水星号”纵帆船，右边是1812年她在乔治街开办的一个大型商场建筑。

第二版澳元塑料钞图样概况如表8-16所示。

③装饰图案：钞票上其他装饰图案的选用体现了澳大利亚自然与人文风光特色的景物，如5元券上的桉树叶、金合欢花，10元券上的奔马、风车，20元券上的“水星号”纵帆船、罗盘，50元券上的剪羊毛机、南十字星座，100元券上的女王大剧院、琴鸟等，从不同角度折射了澳大利亚多姿多彩的风情。

表8-16　第二版澳元塑料钞主景图案概况

面额（元）	票幅（毫米）	主色调	票面主图案	
			正面	背面
初版5	130×65	淡紫色	伊丽莎白二世女王	议会大厦和新议会大厦景观计划
加色版5	130×65	紫罗兰/粉红		
10	137×65	蓝色	诗人及民谣作者巴顿·帕特森	女作家和诗人、社会活动家玛丽·吉尔摩夫人
20	144×65	红色	女性航运和房地产商先驱玛丽·莱蓓	全球空中救护服务先驱约翰·弗林牧师
50	151×65	黄色	澳大利亚原住民发言人、作家戴维·乌奈庞	社会工作者及女权主义者艾迪斯·考恩
100	158×65	绿色	世界著名女高音内莉·梅尔巴夫人	军人、工程师和行政官约翰·莫纳什爵士

④国名：位于正背面左侧或右侧。钞票图样设计中设置国名，目的是体现由国家担保的法定货币信用。

⑤签名：位于钞票正面主景人像左或右侧，有行长和司库长两个人的签名。

⑥支付保证：位于正面行长、司库长签名下方，内容为："THIS AUSTRALIA NOTE IS LEGAL TENDER THROUGHOUT AUSTRALIA AND ITS TERRITORIES"（此澳元券为澳大利亚及其领地之法定货币）。

⑦双横冠字号码：除5元（初版和加色版）只在背面右上角设置单横冠字号码外，其他4个面额的塑料钞均在背面左上和右下设置双横冠字号码，冠字号码由2个字母和8位数字组成。

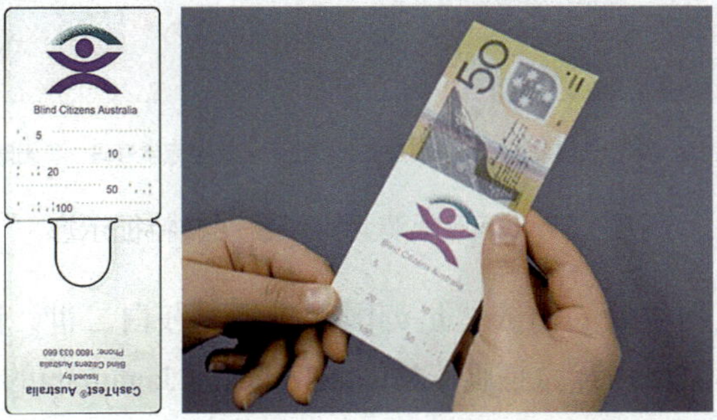

图8-126　澳大利亚储备银行为视障人士开发的验钞器

⑧无障碍特征：澳元的无障碍特征体现在几个方面，一是各面额长度相差7毫米，二是各面额具有不同的主色调，三是统一在正背面右上角使用醒目的大面额数字。此外，澳大利亚储备银行开发了一种和银行卡一样大小的验钞器，根据长度来区分不同面额。这种验钞设备由全澳盲人协会免费提供给视障人士，所有制作成本由澳大利亚储备银行承担。如图8-126所示。

（二）第三版澳元塑料钞图样特征

第三版澳元钞票相较第二版，其正背面主景人物没有更换，而是在底纹、装饰图案等方面大量采用了南十字星座、联邦亭、金合欢树和澳大利亚特有的鸟类等图案，着力表现澳大利亚本土元素；大透明视窗纵贯钞票中部，面积明显增大，给钞票图样设计和防伪技术的应用都提供了更多表现空间；背面冠字号码改为单竖冠字号码。如图8-127所示。

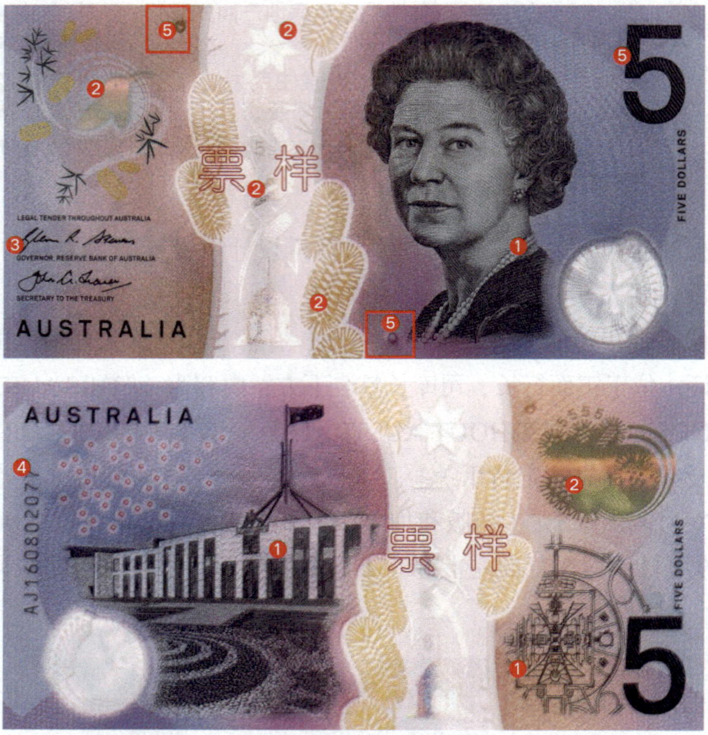

①主景图案　②背景与装饰　③签名与支付保证　④单竖冠字号码　⑤无障碍标识

图8-127　第三版澳元塑料钞图样特征示意

①主景图案：正面主景人物依然是英国女王伊丽莎白二世，图像来源和第二版塑料钞的初版是同一张照片。背面是画家Michael Nelson Jagamara的一幅作品中描绘的议会大厦和大厦平面示意图。

②背景与装饰：澳元第三版塑料钞以澳大利亚特有的鸟类和各种金合欢树作为主题。第二版塑料钞5元透明视窗内的雕刻图案就是金合欢花图案。

③签名与支付保证：位于正面左下方，签名为行长和司库长签名，支付保证内容简化为："LEGAL TENDER THROUGHOUT AUSTRALIA"（全澳法定货币）。

④单竖冠字号码：由第二版5元背面右上角设置单横冠字号码改为背面单竖冠字号码，冠字号码由2个字母和9位数字组成。

⑤无障碍标识：这是第三版澳元新增特征。位于正面整体视窗的左侧和右侧，根据不同面额设置不同数量的凸点。5澳元为一个凸点，10澳元两个凸点，20澳元三个凸点，50澳元为四个凸点，100澳元为五个凸点，供视障人士区分不同面额使用。如图8-128所示。

图8-128 第三版澳元塑料钞无障碍标识特征

三、澳大利亚元塑料钞的主要防伪特征

（一）第二版澳元塑料钞的防伪特征

①塑料基材：澳元第二版塑料钞5种面额具有一个共同的防伪特征，即都使用了手感和观感特殊的塑料基材，易于识别，难以伪造。

其他防伪特征在各面额上表现不一：有的位置相同，但图文有异；有的图案相同，但分布位置不同；还有的位置与具体图文内容均有所区别。第二版澳元塑料钞防伪特征示意如图8-129所示。

②模拟水印 ③透明视窗及无墨压凸图文 ④荧光油墨印刷 ⑤凹版印刷 ⑥对印 ⑦缩微文字 ⑧胶印多色底纹

说明：①为塑料材质，故没标出。

图8-129 第二版澳元塑料钞防伪特征示意

②模拟水印：透光观察各面额某一部分，可见浅色的澳大利亚国徽图案。如图8-130所示。

图8-130　第二版澳元塑料钞模拟水印图案

③透明视窗及无墨压凸图文：这一特征在所有面额上位置相同，都在正面右下（或背面左下），但视窗图案各异，使用的都是澳大利亚本地特有的物产或景观图案，视窗内雕刻的图文也不尽相同。如图8-131所示。

5元　　10元　　100元

图8-131　第二版澳元塑料钞透明视窗及无墨压凸图文

④荧光油墨印刷：这一特征分布在各面额背面。在紫外光下观察，可见背面冠字号码和面额数字呈现不同颜色的荧光，如5元的背面使用荧光色块及蓝色荧光号码，10元也使用蓝色荧光双号码，20、50、100元使用荧光面额数字及荧光双号码，其中100元使用两种颜色的荧光双号码。该套币荧光防伪的缺点是色块、面额数字色泽暗淡，不便识别。如图8-132所示。

10元使用的蓝色荧光双号码

20元使用的黄绿色荧光双号码

图8-132　第二版澳元塑料钞荧光油墨印刷特征

图8-132　第二版澳元塑料钞荧光油墨印刷特征（续）

⑤凹版印刷：主要用于主景人物肖像和大面额数字的印制，有独特的触感。如图8-133所示。

图8-133　第二版澳元塑料钞凹版印刷

⑥对印：图案相同，都是七角状的南十字星。透光观察，正面四个角和背面三个角组合成一个完整的七角南十字星。各面额分布位置不同：5元、10元在正面右上，20元、50元在正面右下，100元在正面左下。如图8-134所示。

图8-134　第二版澳元塑料钞对印：南十字星座

⑦缩微文字：位置和内容均不相同。如图8-135所示。

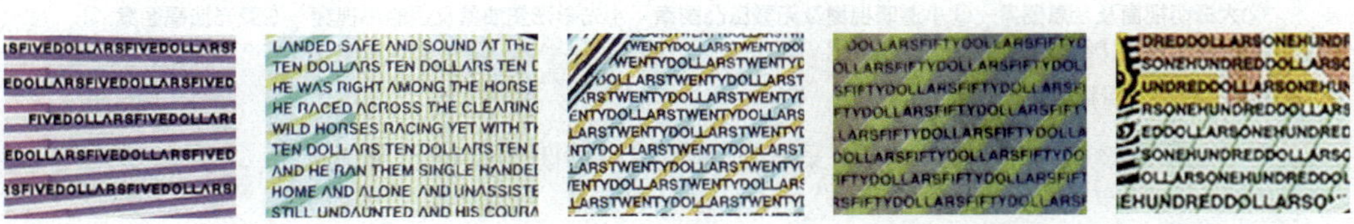

5元　10元　20元　50元　100元

图8-135　第二版澳元塑料钞缩微文字

⑧胶印多色底纹：各面额正背面主景区两侧，都分布有印刷精细复杂、色彩多样的底纹。如图8-136所示。

图8-136　第二版澳元塑料钞胶印多色底纹

（二）第三版澳元塑料钞的主要防伪特征

第三版澳元塑料钞沿用了第二版塑料钞的部分防伪技术，取消了对印，增加了多视窗设置，且视窗与多种全息防伪技术结合，可以两面观察到。第三版澳元塑料钞防伪特征如图8-137所示。

②大透明视窗及全息图案　③小透明视窗及无墨压凸图案　④光彩光变油墨及透明小视窗　⑤荧光油墨图案
⑥凹版印刷　⑦缩微文字　⑧防复印标记
说明：①涉及塑料基材，故没标出。

图8-137　第三版澳元塑料钞防伪特征示意

①塑料基材：第三版澳元也使用具有良好防伪性能、耐用耐脏的塑料基材。

②大透明视窗及全息图案：在钞票中部，贯通上下。晃动钞票观察，可见全息条带上部的金属质感图案，有由凸到凹的变化；中部可见鸟类图案具有翅膀扇动、彩虹色彩变化特征；下部可见建筑物衬托下的面额数字，交替出现“向前—消失—向后”

现象，且具有彩虹色彩变化效果。如图8-138所示。

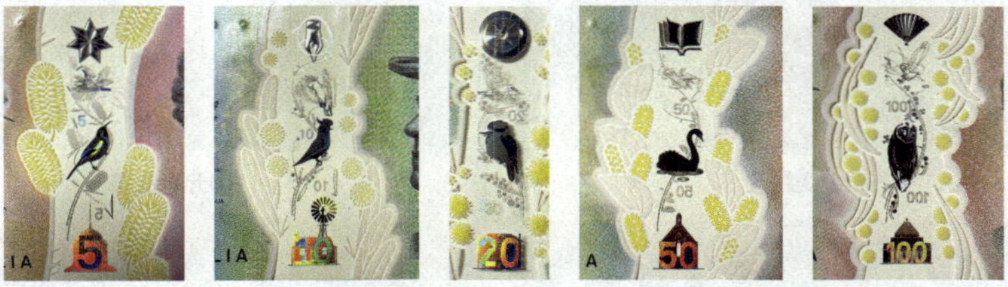

5元　10元　20元　50元　100元

图8-138　第三版澳元塑料钞大透明视窗及全息图案

③小透明视窗及无墨压凸图案：在正面右下角和背面左下角，透明视窗内有无墨压印图案，晃动票面有折光变化的效果。如图8-139所示。

5元　10元　20元　50元　100元

图8-139　第三版澳元塑料钞小透明视窗及无墨压凸图案

④光彩光变油墨及透明小视窗：位于正面左上角和背面右上角，有一个鸟形图案透明视窗与光学渐变图文结合的特征，晃动钞票观察，该视窗有色彩滚动效果。如图8-140所示。

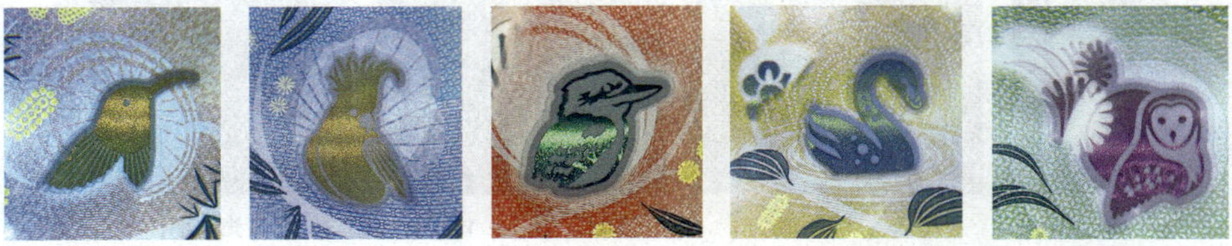

5元　10元　20元　50元　100元

正面

图8-140　第三版澳元塑料钞光彩光变油墨及小透明视窗

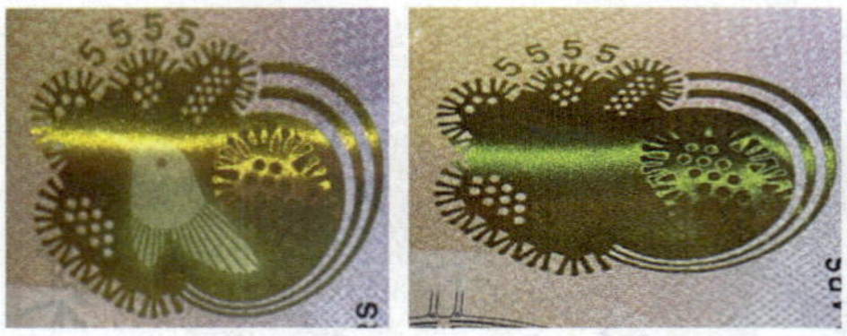

5元金变绿

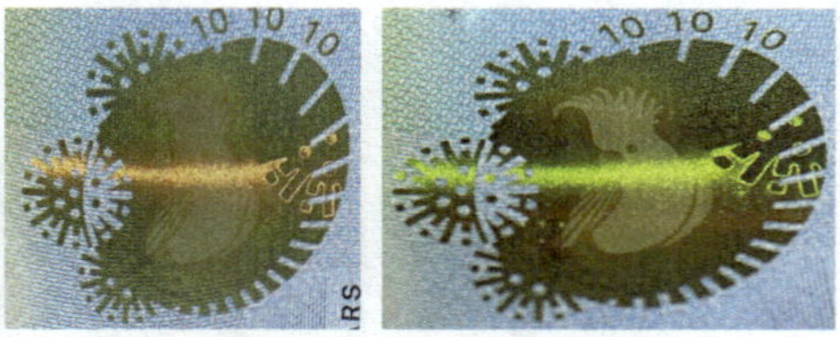

10元金变绿

20元绿变蓝

50元绿变蓝

100元金变红

背面

图8-140 第三版澳元塑料钞光彩光变油墨及小透明视窗（续）

⑤荧光油墨图案：在紫外光下观察，可见钞票正面，大视窗左侧下方，有荧光油墨印制的图案；在背面左侧可见呈绿色荧光的竖号码，在视窗的左侧上方有荧光油墨印制的年份。如图8-141所示。

5元

10元

20元

50元

100元

正面

5元

10元

20元

50元

100元

荧光数字

背面

图8-141 第三版澳元塑料钞荧光油墨图案

⑥凹版印刷：用手触摸人物肖像和面额数字，可以感受到轻微凸起。如图8-142所示。

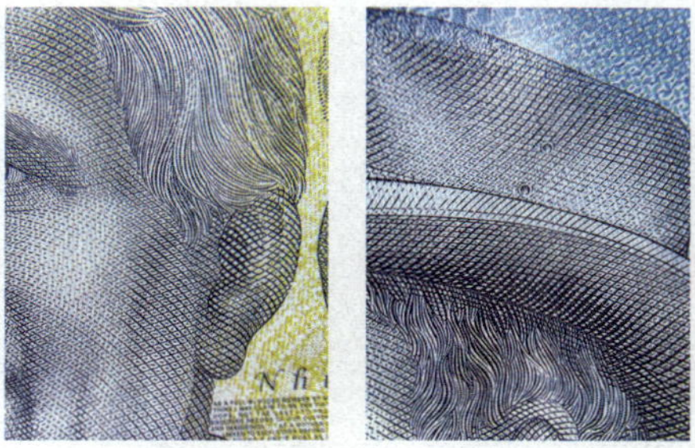

图8-142　第三版澳元塑料钞凹版印刷特征

⑦缩微文字：主要分布在钞票大视窗呈“S”形的条带中，以及正背面左、右下侧，分别使用凹版印刷、胶印印制，字体细小，须借助放大设备才能看清。如图8-143所示。

图8-143　第三版澳元塑料钞缩微文字特征

⑧防复印标记：除5澳元位于票面背面左上角，其余各券别该标志均位于钞票背面大视窗的左侧，具有防范彩色复印功能。

附录 8-1

美元纸币各面额图样 *

		券别：100美元 版别：1996年版 票幅：156毫米×66毫米 首次发行：1996 流通情况：流通中
		券别：50美元 版别：1996年版 票幅：156毫米×66毫米 首次发行：1996 流通情况：流通中
		券别：20美元 版别：1996年版 票幅：156毫米×66毫米 首次发行：1996 流通情况：流通中
		券别：10美元 版别：1996年版 票幅：156毫米×66毫米 首次发行：1999 流通情况：流通中
		券别：5美元 版别：1996年版 票幅：156毫米×66毫米 首次发行：1999 流通情况：流通中
		券别：2美元 版别：1976年版 票幅：156毫米×66毫米 首次发行：1976 流通情况：流通中

* 截至 2021 年 6 月。

		券别：1美元 版别：1963年版 票幅：156毫米×66毫米 首次发行：1963 流通情况：流通中
		券别：100美元 版别：2004年版 票幅：156毫米×66毫米 首次发行：2013.10.8 流通情况：流通中
		券别：50美元 版别：2004年版 票幅：156毫米×66毫米 首次发行：2004.9.28 流通情况：流通中
		券别：20美元 版别：2004年版 票幅：156毫米×66毫米 首次发行：2003.10.9 流通情况：流通中
		券别：10美元 版别：2004年版 票幅：156毫米×66毫米 首次发行：2006.3.2 流通情况：流通中
		券别：5美元 版别：2004年版 票幅：156毫米×66毫米 首次发行：2008.3.13 流通情况：流通中

附录 8–2

欧元纸币各面额图样 *

		券别：500欧元 版别：第一版 票幅：160毫米×82毫米 首次发行：2002.1.1 流通情况：流通中
		券别：200欧元 版别：第一版 票幅：153毫米×82毫米 首次发行：2002.1.1 流通情况：流通中
		券别：100欧元 版别：第一版 票幅：147毫米×82毫米 首次发行：2002.1.1 流通情况：流通中
		券别：50欧元 版别：第一版 票幅：140毫米×77毫米 首次发行：2002.1.1 流通情况：流通中
		券别：20欧元 版别：第一版 票幅：133毫米×72毫米 首次发行：2002.1.1 流通情况：流通中
		券别：10欧元 版别：第一版 票幅：127毫米×67毫米 首次发行：2002.1.1 流通情况：流通中

* 截至 2021 年 6 月。

		券别：5欧元 版别：第一版 票幅：120毫米×62毫米 首次发行：2002.1.1 流通情况：流通中
		券别：200欧元 版别：第二版 票幅：153毫米×77毫米 首次发行：2019.5.28 流通情况：流通中
		券别：100欧元 版别：第二版 票幅：147毫米×77毫米 首次发行：2019.5.28 流通情况：流通中
		券别：50欧元 版别：第二版 票幅：140毫米×77毫米 首次发行：2017.4.4 流通情况：流通中
		券别：20欧元 版别：第二版 票幅：133毫米×72毫米 首次发行：2015.11.25 流通情况：流通中
		券别：10欧元 版别：第二版 票幅：127毫米×67毫米 首次发行：2014.9.23 流通情况：流通中
		券别：5欧元 版别：第二版 票幅：120毫米×62毫米 首次发行：2013.5.2 流通情况：流通中

附录 8–3

英镑钞票各面额图样 *

		券别：50英镑 版别：F版 票幅：156毫米×85毫米 首次发行：2011.11.2 流通情况：流通中
		券别：20英镑 版别：F版 票幅：149毫米×80毫米 首次发行：2007.3.1 流通情况：流通中
		券别：10英镑 版别：E版改良版 票幅：142毫米×75毫米 首次发行：2000.11.7 流通情况：流通中
		券别：5英镑 版别：E版改良版 票幅：135毫米×70毫米 首次发行：2002.5.21 流通情况：2017.5.5
		券别：50英镑 版别：G版 票幅：146毫米×77毫米 首次发行：2021.6.23 流通情况：流通中

* 截至 2021 年 6 月。

		券别：20英镑 版别：G版 票幅：139毫米×73毫米 首次发行：2020.2.20 流通情况：流通中
		券别：10英镑 版别：G版 票幅：132毫米×69毫米 首次发行：2017.9.14 流通情况：流通中
		券别：5英镑 版别：G版 票幅：125毫米×65毫米 首次发行：2016.9.13 流通情况：流通中

附录 8–4

港元钞票各面额图样 *

		券别：1000港元 版别：汇丰2010年版 票幅：163毫米×81.5毫米 首次发行：2010.12.7 流通情况：流通中
		券别：500港元 版别：汇丰2010年版 票幅：158毫米×79毫米 首次发行：2011.2.22 流通情况：流通中
		券别：100港元 版别：汇丰2010年版 票幅：153毫米×76.5毫米 首次发行：2011.11 流通情况：流通中
		券别：50港元 版别：汇丰2010年版 票幅：148毫米×74毫米 首次发行：2011.11 流通情况：流通中
		券别：20港元 版别：汇丰2010年版 票幅：143毫米×71.5毫米 首次发行：2011.11 流通情况：流通中
		券别：1000港元 版别：汇丰2018年版 票幅：163毫米×81.5毫米 首次发行：2018.12.12 流通情况：流通中

* 截至 2021 年 6 月。

		券别：500港元 版别：汇丰2018年版 票幅：158毫米×79毫米 首次发行：2019.1.23 流通情况：流通中
		券别：100港元 版别：汇丰2018年版 票幅：153毫米×76.5毫米 首次发行：2019.9.3 流通情况：流通中
		券别：50港元 版别：汇丰2018年版 票幅：148毫米×74毫米 首次发行：2020.1.14 流通情况：流通中
		券别：20港元 版别：汇丰2018年版 票幅：143毫米×71.5毫米 首次发行：2020.1.14 流通情况：流通中
		券别：1000港元 版别：中银2010年版 票幅：163毫米×81.5毫米 首次发行：2010.12.7 流通情况：流通中
		券别：500港元 版别：中银2010年版 票幅：158毫米×79毫米 首次发行：2011.2.22 流通情况：流通中
		券别：100港元 版别：中银2010年版 票幅：153毫米×76.5毫米 首次发行：2011.11 流通情况：流通中

		券别：50港元 版别：中银2010年版 票幅：148毫米×74毫米 首次发行：2011.11 流通情况：流通中
		券别：20港元 版别：中银2010年版 票幅：143毫米×71.5毫米 首次发行：2011.11 流通情况：流通中
		券别：1000港元 版别：中银2018年版 票幅：163毫米×81.5毫米 首次发行：2018.12.12 流通情况：流通中
		券别：500港元 版别：中银2018年版 票幅：158毫米×79毫米 首次发行：2019.1.23 流通情况：流通中
		券别：100港元 版别：中银2018年版 票幅：153毫米×76.5毫米 首次发行：2019.9.3 流通情况：流通中
		券别：50港元 版别：中银2018年版 票幅：148毫米×74毫米 首次发行：2020.1.14 流通情况：流通中
	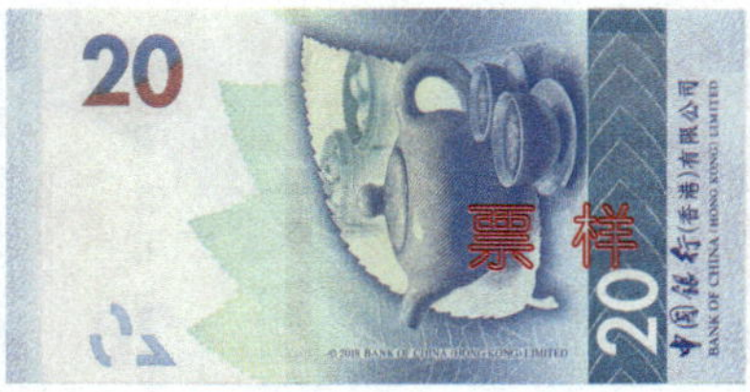	券别：20港元 版别：中银2018年版 票幅：143毫米×71.5毫米 首次发行：2020.1.14 流通情况：流通中

		券别：1000港元 版别：渣打2010年版 票幅：163毫米×81.5毫米 首次发行：2010.12.7 流通情况：流通中
	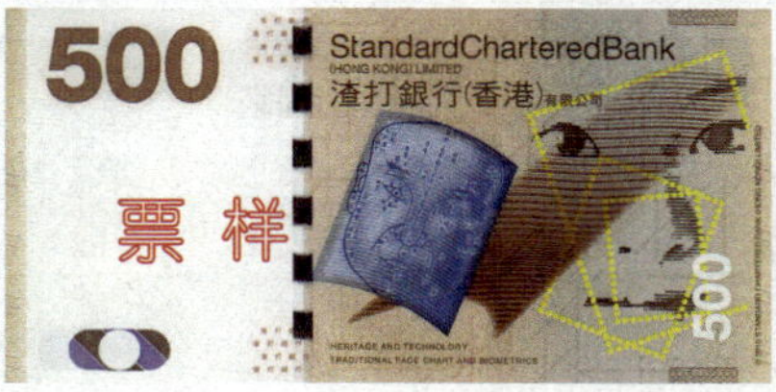	券别：500港元 版别：渣打2010年版 票幅：158毫米×79毫米 首次发行：2011.2.22 流通情况：流通中
		券别：100港元 版别：渣打2010年版 票幅：153毫米×76.5毫米 首次发行：2011.11 流通情况：流通中
		券别：50港元 版别：渣打2010年版 票幅：148毫米×74毫米 首次发行：2011.11 流通情况：流通中
		券别：20港元 版别：渣打2010年版 票幅：143毫米×71.5毫米 首次发行：2011.11 流通情况：流通中
		券别：1000港元 版别：渣打2018年版 票幅：163毫米×81.5毫米 首次发行：2018.12.12 流通情况：流通中
		券别：500港元 版别：渣打2018年版 票幅：158毫米×79毫米 首次发行：2019.1.23 流通情况：流通中

		券别：100港元 版别：渣打2018年版 票幅：153毫米×76.5毫米 首次发行：2019.9.3 流通情况：流通中
		券别：50港元 版别：渣打2018年版 票幅：148毫米×74毫米 首次发行：2020.1.14 流通情况：流通中
		券别：20港元 版别：渣打2018年版 票幅：143毫米×71.5毫米 首次发行：2020.1.14 流通情况：流通中
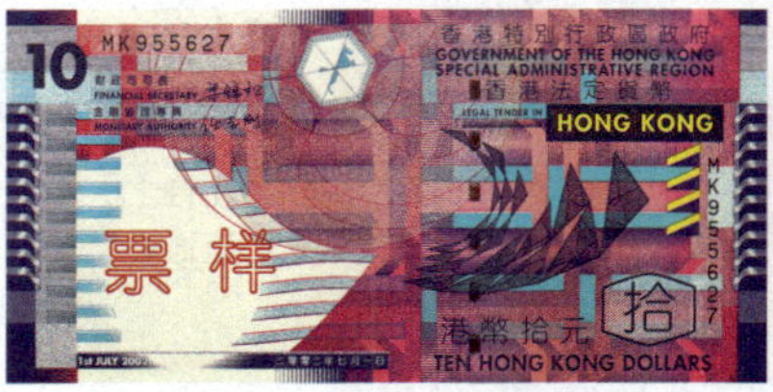		券别：10港元 版别：纸币 票幅：133毫米×66毫米 首次发行：2002.7.1 流通情况：流通中
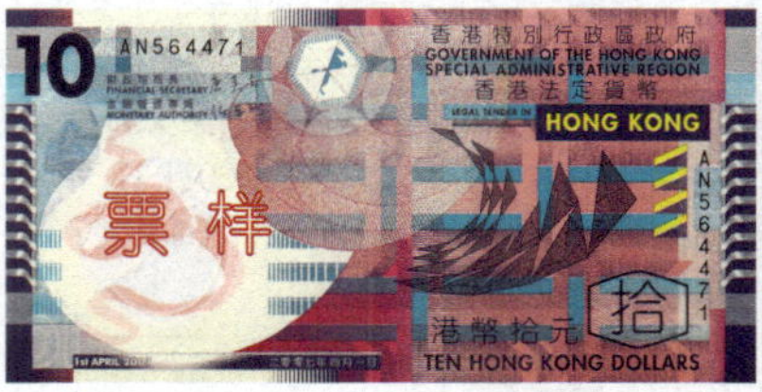		券别：10港元 版别：塑料钞 票幅：133毫米×66毫米 首次发行：2007.4.1 流通情况：流通中

附录 8–5

日元纸币各面额图样 *

		券别：10000日元 版别：D版 票幅：160毫米×76毫米 首次发行：1984.11.1 流通情况：2007.4.2
		券别：5000日元 版别：D版 票幅：156毫米×76毫米 首次发行：1984.11.1 流通情况：2007.4.2
		券别：2000日元 版别：D版 票幅：154毫米×76毫米 首次发行：2000.7.19 流通情况：流通中
		券别：1000日元 版别：D版 票幅：150毫米×76毫米 首次发行：1984.11.1 流通情况：2007.4
		券别：10000日元 版别：E版 票幅：160毫米×76毫米 首次发行：2004.11.1 流通情况：流通中

* 截至 2021 年 6 月。

		券别：5000日元 版别：E版 票幅：156毫米×76毫米 首次发行：2004.11.1 流通情况：流通中
		券别：1000日元 版别：E版 票幅：150毫米×76毫米 首次发行：2004.11.1 流通情况：流通中

附录 8-6

加元钞票各面额图样 *

		券别：100加元 版别：第六版 票幅：152.4毫米×69.85毫米 首次发行：2004.3.17 流通情况：2011.11.14
		券别：50加元 版别：第六版 票幅：152.4毫米×69.85毫米 首次发行：2004.3.17 流通情况：2012.3.26
		券别：20加元 版别：第六版 票幅：152.4毫米×69.85毫米 首次发行：2004.9.29 流通情况：2012.11.7
		券别：10加元 版别：第六版 票幅：152.4毫米×69.85毫米 首次发行：2001.1.17 流通情况：2005.5.18
		券别：5加元 版别：第六版（升级版） 票幅：152.4毫米×69.85毫米 首次发行：2006.11.15 流通情况：2013.11.7
		券别：5加元 版别：第六版（初版） 票幅：152.4毫米×69.85毫米 首次发行：2002.3.27 流通情况：2006.11.15

* 截至 2021 年 6 月。

		券别：100加元 版别：第七版 票幅：152.4毫米×69.85毫米 首次发行：2011.11.14 流通情况：流通中
		券别：50加元 版别：第七版 票幅：152.4毫米×69.85毫米 首次发行：2012.3.26 流通情况：流通中
		券别：20加元 版别：第七版 票幅：152.4毫米×69.85毫米 首次发行：2012.11.7 流通情况：流通中
		券别：10加元 版别：第七版 票幅：152.4毫米×69.85毫米 首次发行：2013.11.7 流通情况：流通中
		券别：5加元 版别：第七版 票幅：152.4毫米×69.85毫米 首次发行：2013.11.7 流通情况：流通中
		券别：10加元 版别：2018年版 票幅：152.4毫米×69.85毫米 首次发行：2018.11.19 流通情况：流通中

附录 8–7

澳元塑料钞各面额图样 *

		券别：100澳元 版别：第二版 票幅：158毫米×65毫米 首次发行：1996.5.15 流通情况：流通中
		券别：50澳元 版别：第二版 票幅：151毫米×65毫米 首次发行：1995.10.4 流通情况：流通中
		券别：20澳元 版别：第二版 票幅：144毫米×65毫米 首次发行：1994.10.31 流通情况：流通中
		券别：10澳元 版别：第二版 票幅：137毫米×65毫米 首次发行：1993.11.1 流通情况：流通中
		券别：5澳元 版别：第二版(加色版) 票幅：130毫米×65毫米 首次发行：1995.4.24 流通情况：流通中
		券别：5澳元 版别：第二版（初版） 票幅：130毫米×65毫米 首次发行：1992.7.7 流通情况：流通中

* 截至 2021 年 6 月。

		券别：5澳元 版别：第二版（纪念钞） 票幅：130毫米×65毫米 首次发行：2001.1.1 流通情况：流通中
		券别：100澳元 版别：第三版 票幅：158毫米×65毫米 首次发行：2020.10.29 流通情况：流通中
		券别：50澳元 版别：第三版 票幅：151毫米×65毫米 首次发行：2018.10.18 流通情况：流通中
		券别：20澳元 版别：第三版 票幅：144毫米×65毫米 首次发行：2019.10.9 流通情况：流通中
		券别：10澳元 版别：第三版 票幅：137毫米×65毫米 首次发行：2017.9.20 流通情况：流通中
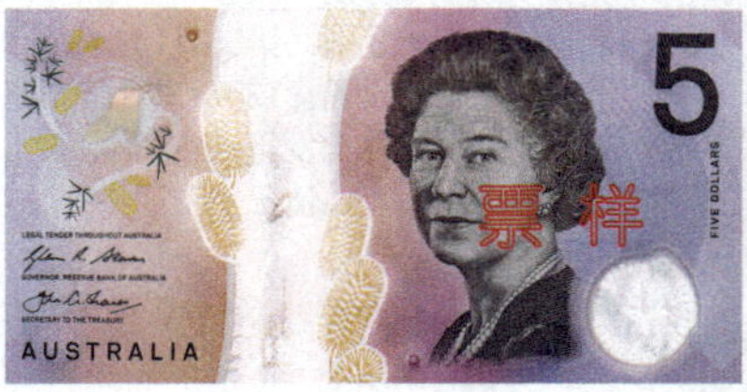		券别：5澳元 版别：第三版 票幅：130毫米×65毫米 首次发行：2016.9.1 流通情况：流通中

09 第九章 假　币

第一节　假币分类及特点

假币是指不由国家（地区）货币当局发行，仿照货币外观或者理化特性，足以使公众误辨并可能行使货币职能的媒介。假币包括伪造币和变造币。

伪造币是指仿照真币的图案、形状、色彩等，采用各种手段制作的假币。伪造币的票面的承印物、油墨、防伪元件、图文、制作工艺等特征均与真币不同。以人民币纸币为例，按照图文的形成方式即印刷方式，可以分为胶印机制伪造币和数码复制伪造币。伪造币针对真币的防伪特征使用不同手段模拟，形成不同特点的假币特征。

变造币是指在真币的基础上，利用挖补、揭层、涂改、拼凑、移位、重印等多种方法制作，改变真币原形态的假币。变造币是在真币上造假或在假币上添加真币元素，不论其造假部分占多大比例，都应视为假币。以不法获利为目的，将两张以上真币的部分票面相互拼接的，也应视为变造币。除金融机构常见的变造币外，不法分子将正常真币变造为“行名倒印”等所谓“错版币”也属于变造币的范畴。变造币类型比较多，重点关注有明确变造目的、发现数量大、传播范围广的变造币。除流通币的变造币外，旧版币为了增值，出现了变造冠字号码、水印、年版号等旧版币的变造币，扰乱钱币收藏市场。

第二节　人民币假币伪造特征分析

由于人民币真币纸币与硬币的制造工艺差异较大，相应地，假币的造假手段也各有不同，因此本节分别对纸币假币与硬币假币的特点及造假方式作详细的介绍。

一、纸币假币

（一）伪造币

早期的纸币伪造方式包括手工描绘、石板或木板刻印、蜡板油印、拓印等。近十几年来，按照伪造的印刷方式，常见伪造币可以分为胶印机制伪造币和数码复制伪造币（扫描打印、复印假币）。胶印机制伪造币的图案多呈现连续线条，表面平滑无凹凸感，细节处图案清晰度较差，通常在印刷后再模仿真币的防伪特征做二次加工来模拟真币的防伪特征。数码复制伪造币图文通常由多色墨点组成，随着打印机、打复印一体机等数码复制设备精度的提高，图文细节的清晰度已有较大提高。下面以第五套人民币假币为例，对比真币的主要防伪特征，分别介绍伪造币相应特征的外观特点及造假方式。

1. 水印

（1）固定人像/花卉水印。水印位于纸币票面固定的位置，是利用纸张纤维的疏密分布形成局部透光率差异，从而形成人像、花卉、景物等图案的防伪特征。它是一项重要且具有悠久历史的纸张防伪特征，是在纸张抄造过程中形成的。到目前为止，在已收缴的人民币伪造币中，尚未发现抄造水印的假币。

伪造币的固定人像/花卉水印通常有两种制作方法，一种是在票面正面或背面使用白色或浅色油墨印刷水印图案。表面印刷“水印”轮廓边缘的线条异常清晰，无自然过渡。透光观察，图文立体感较差，白光观察，可见明显印刷痕迹，如图9-1、图9-2所示。真币水印由于是由纤维错落交叉“编织”而成的，因此轮廓边缘处线条的清晰度呈现自然过渡。通常这种“印刷水印”在紫外光下观察，也表现出与真币的明显差异，如图9-3所示。

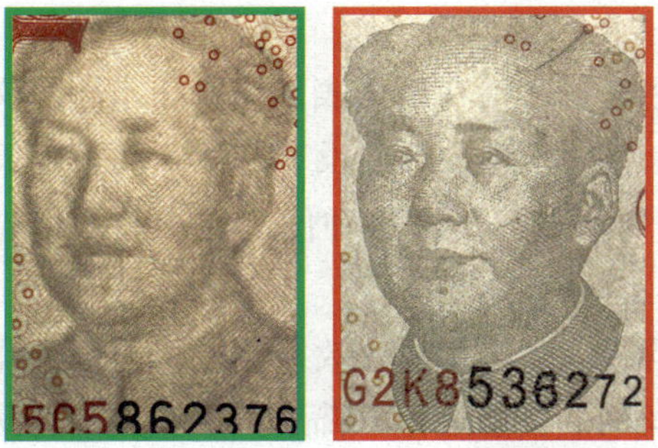

纸面印刷假币

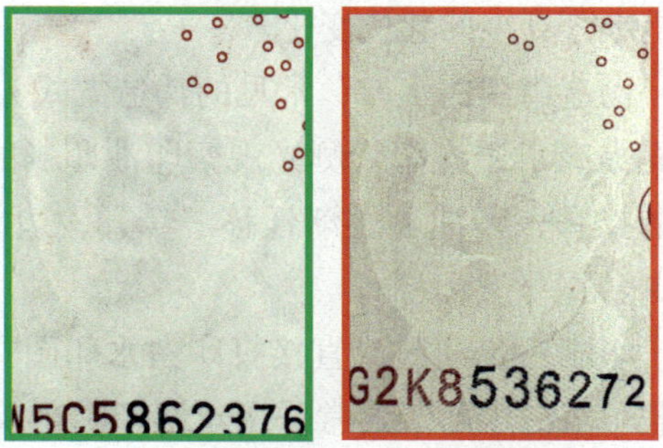

纸面印刷假币

注：加绿框的为真币，加红框的为假币。余同。

图9-1　真假币人像水印对比图（透光）　　图9-2　真假币人像水印对比图（白光）

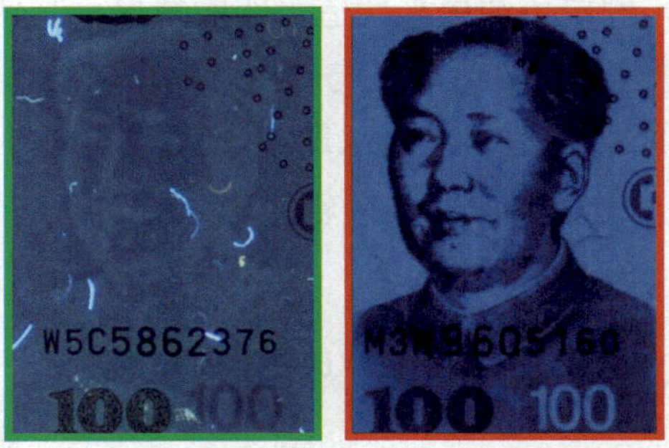

图9-3　真假币人像水印对比图（紫外光）

另一种是在纸张夹层中印刷白色油墨，透光观察时，水印所在位置纸张因油墨层的遮挡，透光度低于周边纸张，揭开夹层纸后，“水印”图文处可见印刷痕迹，如图9-4所示。夹层纸假币的纸张边、角处一般会留有明显缝隙，夹层内印刷“水印”的图案处正反两面侧光观察均无明显印迹，但透光观察可见“水印”图案，与真币水印相比差异明显。

图9-4　夹层纸伪造币印刷“水印”

（2）白水印。白水印形成的工艺及原理与固定水印相同，但白水印图案区域整体的透光率高于票面其他部分。到目前为止，未发现纸张纤维抄造形成白水印的伪造币。真币的白水印仍然是由纤维沉积而成的，无论透光还是侧光观察，所呈现的都是纸张纤维的起伏变化。

伪造币“白水印”常见的伪造方式为使用透明印油在纸张表面印刷白水印图文，从而提高了透光率，侧光观察印油印刷的假“白水印”，纸面没有起伏，而且随着时间的推移，印油会逐渐迁移、晕开，边缘模糊，因此使用这种伪造方式的假币越来越少。

印刷白色油墨或直接打印白水印图文（阳文），透光观察效果较差；而镂空印刷的假币“白水印”通常采用丝网印刷制成，丝网的网版近似于筛子，油墨从筛孔漏出印在纸上，因此印迹边缘常会留有丝网版的痕迹，外观像规律的点阵或格子。丝网印刷的“白水印”（阴文印刷）通常是在除“白水印”外的其他区域印刷油墨，而“白水印”处故意镂空，在“100”的边缘，点阵或格子更容易观察得到。

近年也发现了胶印印刷白色油墨来伪造水印的情况，其伪造方式为胶印印刷人像水印和白水印，其中白水印做阴文处理，与丝网印刷水印的伪造思路雷同。

最近发现有利用压印的方法，在白水印图文区域施加外力，使其图文区域的纤维压紧，以提高透光度，这种方法的效果较为逼真。伪造白水印的不同方式如表9-1所示。

表 9-1　伪造白水印的不同方式对比

光源	真币	透明印油假币	阴文印刷假币	阳文印刷假币	阳文打印假币	压印假币
白光						
透光						

2. 安全线

安全线是纸币在纸张抄造过程中加入的与纸张形成一体的线条状防伪元件。根据线体埋入方式可分为全埋安全线和开窗安全线。通常还可以集成缩微文字、磁性编码、荧光、光变等特征。人民币第四套1990年版50元券和100元券首次使用全埋式安全线，第五套1999年版10元券首次使用开窗磁性安全线，2015年版100元券首次同时使用全埋磁性安全线和光变镂空开窗安全线，2019年版50元券、20元券、10元券均采用双安全线的设计，除使用全埋磁性安全线外，50元券还采用了动感光变镂空开窗安全线，20元券和10元券使用了光变镂空开窗安全线。

伪造币安全线主要包括以下形式：

（1）无实物“安全线”，无磁性

即没有“安全线”的实物线，仅在正面表面使用油墨印刷一根深色线条，模拟真币安全线的外观，同时用烫印或丝网印刷模拟开窗效果，透光观察时，“安全线”为不连续的间断线。通常丝网印刷的“开窗”外观为银色，反光较弱，无变色效果；烫印的“开窗”仔细观察表面反光较强，“安全线”无磁性。如图9-5所示。

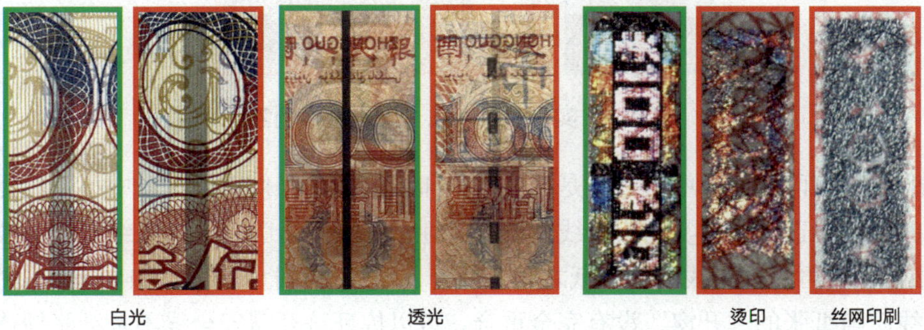

图9-5　2005年版真假币安全线对比图

（2）有实物“安全线”，无磁性

案例1：这种情况通常是将一根实物线夹入两张纸之间，然后再将纸张黏合后印刷，无磁性。“开窗”处用烫印等方式模拟开窗效果。如图9-6所示。

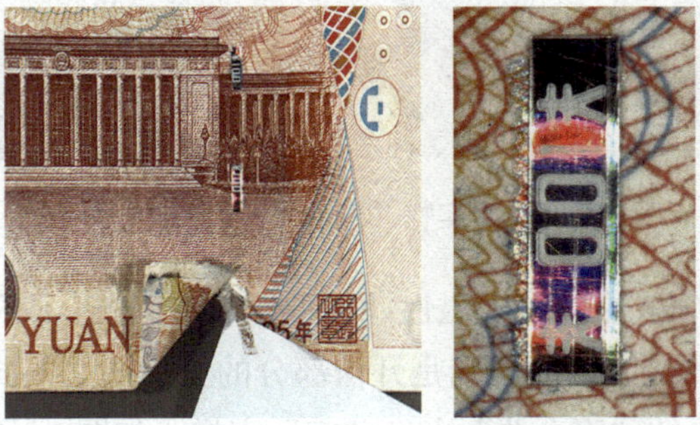

图9-6　假币实物“安全线”无磁性案例1

案例2：有实物线，无磁性，线体穿入纸张。这种情况通常是将一根线条通过纸的切口在纸面上下穿插，然后再将该纸张与另一张黏合。由于真币开窗部分是纸张抄造过程中形成的，因此开窗边缘的纤维呈现自然的参差不齐的效果，而伪造的“开窗”边缘光滑整齐，较易区分，如图9-7所示。

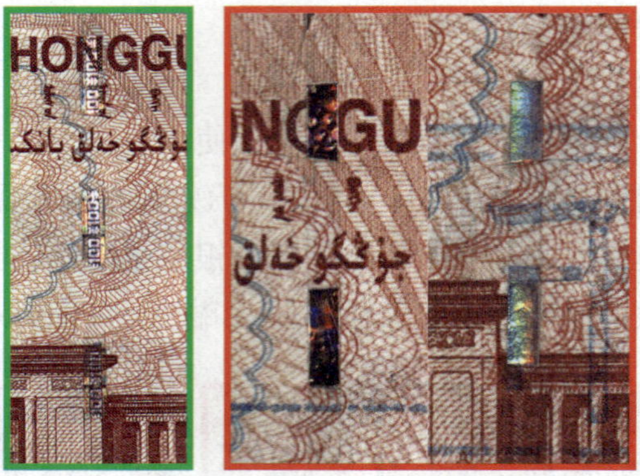

图9-7　实物“安全线”无磁性案例2

案例3：打印伪造币中有一类是用一张打印纸打印两张伪造币，以中小面额为主，也有100元券伪造币。有实物安全线，没有磁性，经分析认为其为两张纸复合而成，其中一张开窗，再将实物线夹在两纸之间并黏合，而后进行打印。如图9-8所示，图中的“安全线”与纸张的“开窗”没有完全重合，可以佐证该开窗安全线不是纸张抄造中形成的，如图9-8所示。

图9-8　假币实物“安全线”无磁性案例3

案例4：抄造“开窗安全线”无磁性。这种伪造币“安全线”是在纸张抄造过程中形成的，与真币安全线最明显的区别是开窗部分的全息图文差异较大，开窗形态略有差异，发现部分伪造币的“安全线”上有“00”字样，如图9-9所示。

（3）无实物安全线，有磁性

此类伪造币并没有实物安全线，在纸张表面印刷磁性油墨，模拟真币安全线磁性效果和开窗效果。

（4）有实物安全线，有磁性

这种情况通常是将有磁性的细条加在两张纸之间，然后将纸张黏合成假钞纸张印刷，再烫印全息图文模拟“开窗”。此种“安全线”整根线都有磁性，但是没有编码，如图9-10所示。

图9-9 实物“安全线”无磁性案例4

图9-10 假币有实物“安全线”有磁性

2015年版100元券伪造币没有发现实物安全线来模拟光变镂空开窗效果，但多数假钞都会针对此特征进行二次加工，通过印刷、烫印、粘贴薄膜等方式模拟真币开窗效果，但是均无颜色变化，如表9-2所示。特别是粘贴薄膜的假钞，可见其薄膜有脱落（表中红色箭头处）。

2015年版100元券和2019年版50元券、20元券、10元券的伪造币“安全线”开窗没有颜色变化也不具备动感效果。如图9-11所示。

表 9-2 2015 年版 100 元券光变镂空开窗安全线真假对比

真币	打印假币	印刷油墨假币	烫印假币	粘贴薄膜假币
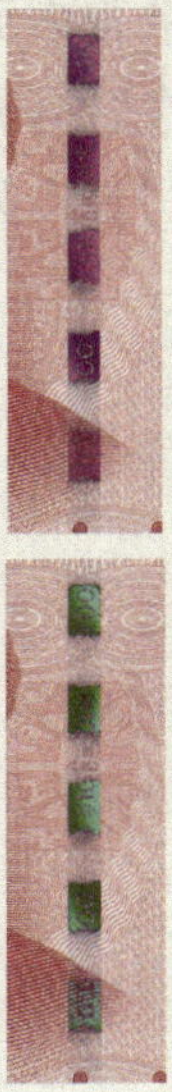	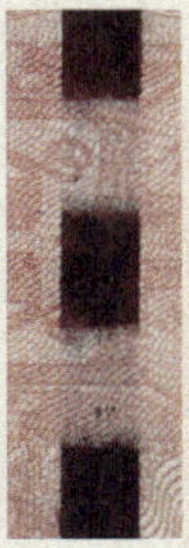	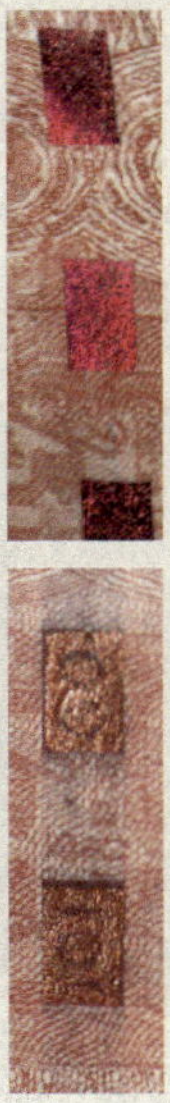	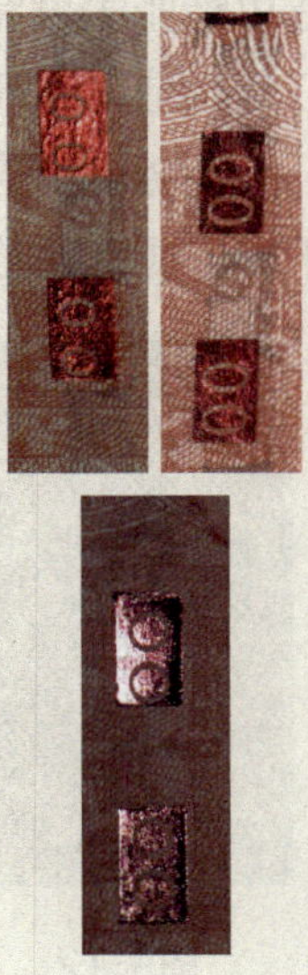	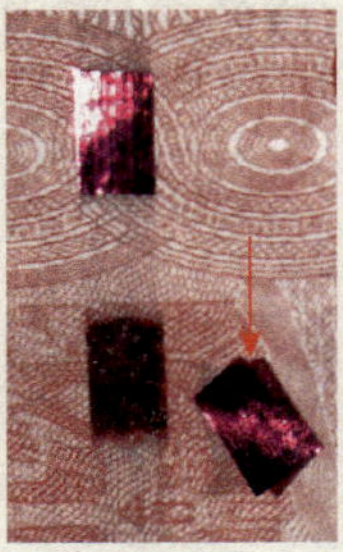

图9-11　2019年版假币开窗“安全线”

3. 专用纸张

人民币纸钞用纸是特定规格的棉纤维与其他植物纤维以一定比例混合制成的。在纸张抄造过程中形成的防伪特征除了水印和安全线外，还包括纸张自身的无荧光特性和防伪纤维。

（1）防伪纤维

防伪纤维不同于纸张纤维，具有特殊的形态及光谱特征，自第五套人民币开始使用。1999年版（除1元以外）人民币的防伪纤维包括红蓝纤维和无色荧光纤维两种。红蓝纤维的伪造案例较少，一般采用印刷模拟或化学合成纤维伪造。2005年版、2015年版改用无色荧光纤维。人民币的防伪纤维由特定材料制成，在抄造过程中将其加入纸浆，随机分布在纸张里。它具有自然弯曲的外观特点，在票面的分布数量比较稳定，每张钞票上防伪纤维的分布和形态都不相同。

无色荧光纤维的伪造方式有三种。一是制作纸张时，将无色荧光纤维与纸浆混合后同时抄造，虽然纤维特性与真币差异较大，但对于普通公众而言不易识别，具有一定的欺骗性；二是在伪造币纸张表面粘贴无色荧光纤维，这种伪造纤维在纸张表面附着不牢固，容易脱落；三是伪造者采用印刷方式伪造无色荧光纤维图案，在紫外光下观察，每一张伪造币的纤维位置、形态颜色都一样。抄造及粘贴防伪纤维与真币外观相似度较高。印刷荧光纤维与真币荧光纤维对比，差异明显，如图9-12所示。

图9-12　真假币荧光纤维对比

（2）纸张的荧光特性

人民币纸张使用专用钞票纸，其特点之一是真币纸张在紫外光照射下无荧光反应。部分伪造币使用普通纸张，其纸张成分中含有荧光增白剂，在紫外光下具有强烈的蓝色荧光反应，如图9-13所示。

近年出现了无荧光纸张，其荧光反应特征接近真币纸张，成本高于普通纸张，伪造者购置此类纸用于伪造人民币，具有一定的欺骗性。但是由于伪造币纸张的纤维成分等与真币不同，因此在紫外光下观察，存在一定差异，如图9-14所示。

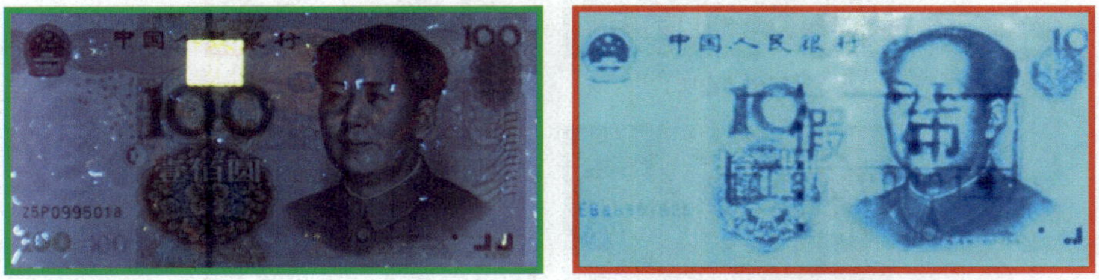

有荧光反应的普通纸张（伪造币荧光）

图9-13　真假币纸张荧光特征对比1

无荧光反应的纸张（伪造币荧光）

图9-14　真假币纸张荧光特征对比2

4. 光变面额数字

光变面额数字，颜色随观察角度不同而变化，白光下，随人眼视角的改变呈现不同的颜色。第五套人民币采用光变面额数字和光彩光变面额数字两种。

（1）光变面额数字

第五套人民币1999年版和2005年版的50元券和100元券采用了凹印印刷光变面额数字，位于票面正面左下角，具有光变效果和凹印触感。

伪造币通常使用两种方式伪造光变面额数字：

A. 普通油墨印刷或数码复制，面额数字没有任何光学变化效果，颜色无随人眼视角变化的特征，用手指触摸表面时无凹凸感，如图9-15所示。

胶印

图9-15　2005 年版真假币光变面额数字对比

B. 在普通油墨印刷或数码复制的基础上，套印珠光油墨。它的特点是只有闪光效果，变色效果不明显，用手触摸无凹凸感，如图9-16所示。

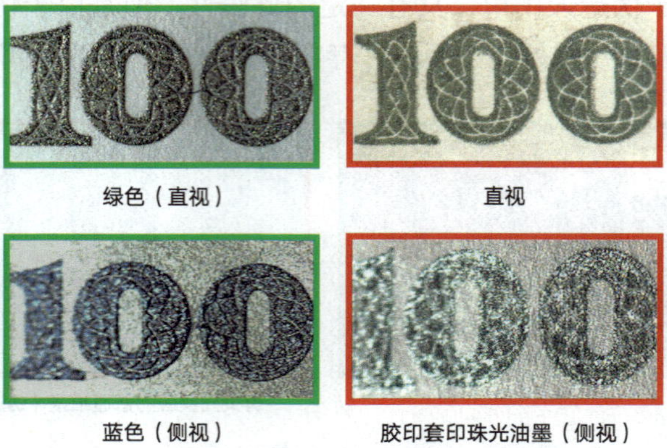

图9-16　2005年版真假币光变油墨对比

（2）光彩光变面额数字

光彩光变油墨面额数字具有两个特点：一是改变票面观察角度，面额数字中间的亮带上下移动，呈现滚动的视觉效果；二是改变票面观察角度，面额数字由一种颜色变为另一种颜色。

2015年版100元券，2019年版50元券、20元券、10元券，2020年版5元券均使用光彩光变油墨印刷面额数字。2015年版100元券光彩光变油墨不仅具有滚动效果，而且变色效果与光变安全线色调呼应。

2015年版人民币伪造币的光彩光变面额数字与票面其他图文一起印刷、打印形成，没有任何光学变化的效果；在印刷打印的基础上套印珠光油墨或者有金属光泽的油墨，面额数字有一定的反光效果，没有颜色变化和滚动条的动态效果，与真币的差异比较明显。如表9-3所示。

表 9-3　2015 年版 100 元券光彩光变面额数字真假对比

真币	
伪造币，打印，无二次加工	
伪造币，打印，套印珠光油墨或有金属光泽的油墨	

5. 雕刻凹印

雕刻凹印是雕刻凹版印刷的图文印迹，其特点是图文由纸张形变和油墨厚度共同形成立体效果，具有凹凸手感。这是钞票印制行业广泛使用的一种历史悠久的防伪技术。雕刻凹印的线条精细，高于纸面，并且随着线条粗细、油墨厚薄变化，印迹呈现色彩浓淡的自然变化。

到目前为止，尚未发现具有雕刻凹版印刷特征的人民币伪造币。目前，2005年版100元券的伪造币图文大多数是由胶印实线条印刷的，少数是打印的。胶印伪造币的图案多呈现连续线条，表面平滑无凹凸感，细节处图案清晰度差，线条颜色呆板，少变化。数码复制伪造币线条通常由疏密不同的墨点组成，在放大镜下可观察到不同颜色的墨点。表9-4列示了真币与胶印机制伪造币及数码复制伪造币的区别。

表 9-4　真假币凹印图文对比

	真币	胶印机制伪造币	数码复制伪造币
毛泽东像			
国徽			
接线处			
盲文示意图案			
隐形面额数字			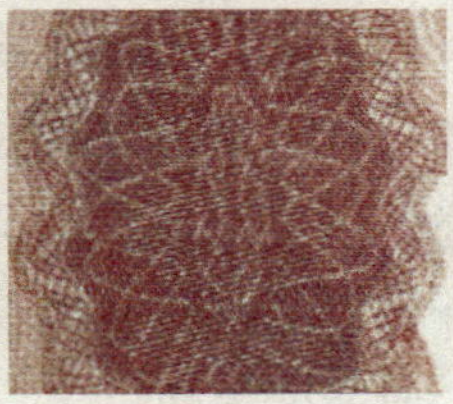

续表

	真币	胶印机制伪造币	数码复制伪造币
人民大会堂			
缩微文字			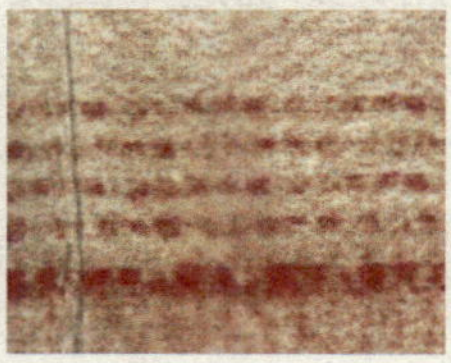

为了模拟真币凹凸的手感，伪造者利用模压方法对印刷或打印成品进行二次加工，制作凹凸纹路，如图9-17所示。

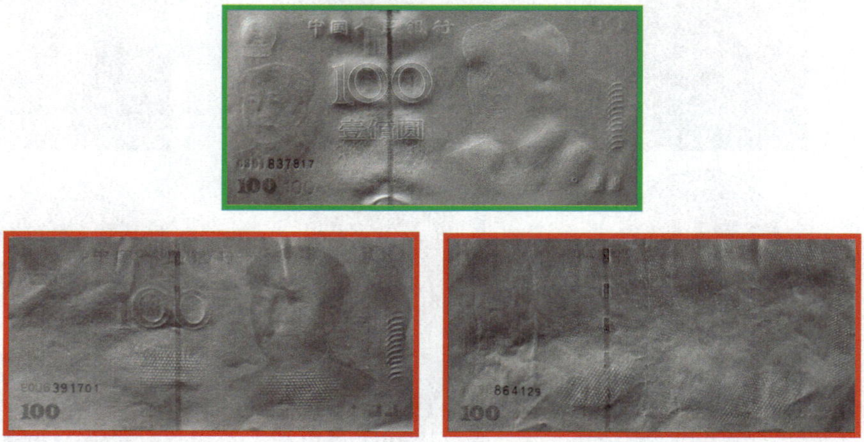

图9-17　真假币凹印效果对比

数码复制伪造币最早出现在第四套和第五套1999年版人民币发行之初。第五套人民币发行以来，2005年版中小面额伪造币、2015年版100元券、2019年版50元券、20元券、10元券以数码复制伪造币为主，其工艺不断提升，颜色与真币越来越接近，精细度较高。

2019年版中小面额假币均为数码复制。伪造手段与以往发现的数码复制伪造币类似。如图9-18所示。

近年来，数字印刷技术快速发展，成本不断降低，伪造者不需要具备印刷专业知识和技能，利用小型的数码复制设备（打印机、打复印一体机等），便可在更分散、更隐蔽的场所制作数码伪造币。而且制售假币的犯罪分子也趋于年轻化，他们善于利用计算机和网络从事假币犯罪，通过互联网发展销售下线，利用现代物流运输，使假币扩散速度更快。

图9-18 2019年版中小面额假钞

目前，2015年版100元券也出现了胶印实线条伪造币，也就是常说的胶印机制币，其伪造方式和效果与以往的机制币水平相当。如图9-19所示。

图9-19 2015年版胶印实线条假币

6. 缩微文字

缩微文字按照印刷方式可分为胶印缩微文字和凹印缩微文字。从近年来收缴伪造币的分析结果看，伪造币胶印缩微文字的清晰度已经越来越接近真币的水平。凹印缩微文字一般小于胶印缩微文字，有阳文和阴文两种，是体现雕刻凹印工艺精细程度的典型印迹，通常观察细节需要借助5倍以上的放大镜。在放大镜下，可见精细、清晰的图文，并且线条有明显的立体感。伪造币因受技术及工艺精度限制，通常其凹印缩微文字字形模糊，与真币差异较明显。如图9-20所示。

图9-20 真币与伪造币缩微文字对比

7. 隐形面额数字

隐形面额数字是由平行排列的凹印线条构成的防伪特征。当观察角度与线条平行时，线条组成的图案会“隐藏”起来；当观察角度与线条垂直时，则线条组成的图案会“显现”出来。这是体现凹版印刷特点的又一典型特征。

这个特征在第五套人民币1999年版和2005年版各面额均有使用。1999年版和2005年版各面额隐形面额数字的线条角度有所不同。多数情况下，伪造币在这个图文区域没有进行二次加工，但也有少量伪造币在这个区域用光油印刷面额数字。如图9-21所示。

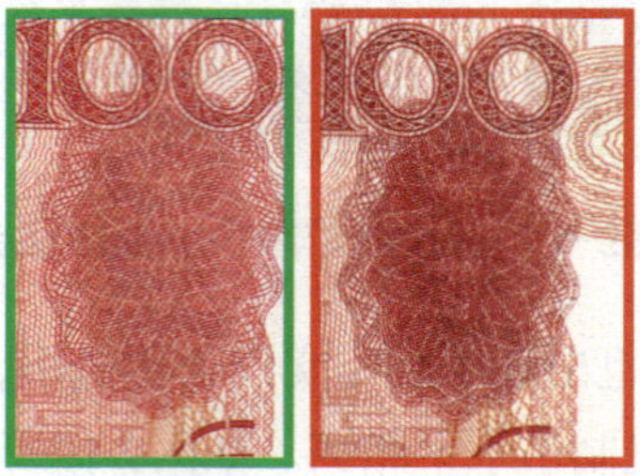

图9-21　真假币隐形面额数字对比

8. 接线印刷

接线指同一根线条或同一个印迹由两种不同颜色的油墨印刷而成，色彩变换处线条或印迹外观形状流畅完整、无间断，两种颜色之间几乎没有过渡区域。这是体现印钞工艺精度的又一典型印迹。接线印刷可分为胶印接线和凹印接线。

胶印机制伪造币的接线精准度较差无法达到两个颜色印刷同一根线条，因此制版时常将接线处处理成点状图案相接，用于掩盖由于精度不够造成的图文错位。随着数码复印伪造币越来越多，接线这一特征以网点的形式呈现出来，特别是在打印精度较高的情况下，可以模拟一定的接线效果。如图9-22、图9-23所示。

图9-22　真假币胶印接线对比

图9-23　真假币凹印接线对比

9. 对印图案

对印是在钞票的正反两面分别印刷一个完整图案的两个互补部分，透光观察，两部分重合为一个完整图案。对印分为胶印对印和凹印对印两种，也是体现印钞工艺精度的典型印迹。

通常伪造币受制作工艺限制，“对印图案”在透光观察时，横向、纵向或者两个方向同时出现明显的对印误差。透光观察伪造币，对印几乎都不能形成完整的图案，错位严重。如图9-24所示。

图9-24 伪造币的胶印对印

10. 冠字号码

冠字号码是真币唯一的识别编码，由冠字和号码两部分组成，凸印印刷，并且一钞一码。真币的冠字号码可见明显压痕及字迹边缘处的油墨溢出。伪造币冠字号码多为胶印或者打印形成，且伪造币的号码多数是与图文同时制版、印刷的，因此伪造币重号多。其字形、线条边缘均与真币存在明显差异，通常不具有磁性特征，如图9-25所示。

图9-25 真假币冠字号码对比

伪造币对磁性号码的模拟基本上是在印刷后的二次加工过程中完成的。包括在原有印刷号码上套印磁性油墨，或用磁性油墨或磁粉描画、涂抹印刷号码，如图9-26所示。

磁性油墨描画号码（伪造币）

磁性物质涂抹号码（伪造币）

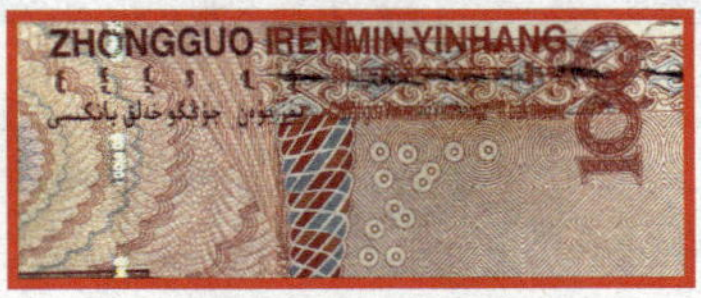

票面号码半区涂抹磁性物质（伪造币）

图9-26 真假币磁性冠字号码对比

1999年版100元券、50元券，2015年版100元券和2019年版50元券、20元券、10元券均采用横竖双号码，在辨识拼接变造币的时候比较容易识别。其中，2015年版100元券和2019年版50元券、20元券、10元券正面右侧的竖号码在紫外光下还具有绿色荧光。横号码的红色冠字和黑色号码部分都具有磁性，现金机具可以识读。

11. 荧光特征

钞票的荧光特征通常指紫外荧光特征，即钞票具有荧光物质的部分在常用紫外光源（365nm、313nm、254nm等）激发下，发出可见光图文。荧光可分为有色荧光和无色荧光。有色荧光指在可见光下有色，在常用紫外光源激发下发出可见荧光；无色荧光指在可见光下无色（不可见），在常用紫外光源激发下发出可见荧光。

自第四套人民币1990年版50元券和100元券开始使用无色荧光特征，第五套人民币纸币所有面额全部使用无色荧光和有色荧光特征。第五套人民币大多数伪造币的无色荧光图文的颜色与真币存在差异。部分伪造币的荧光图文为了追求在荧光亮度上接近真币，采用两种颜色的荧光油墨套印。如图9-27所示。

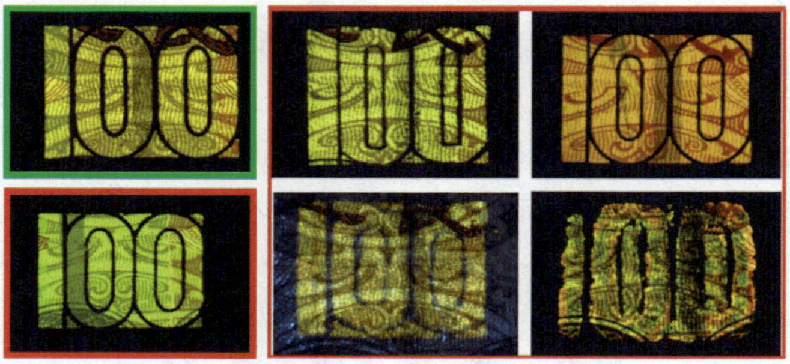

图9-27 真假币无色荧光对比

伪造币票面背面的有色荧光图案在紫外光下观察，通常都与真币存在较大差异，如图9-28所示。

图9-28 真假币有色荧光对比

12. 红外特征

2015年版100元券伪造币在背面的红外吸收区域涂抹红外吸收材料，模拟真币红外吸收的效果，如图9-29所示。

正面　　背面　　背面红外

图9-29　模拟红外吸收效果的伪造币

目前常见的大部分伪造币的伪造方式比较粗劣，肉眼容易分辨，它反映了目前已收缴的伪造人民币大多数制作水平较低。人民银行从各种渠道收缴的各面额伪造币也未发现所谓的“高仿真”伪造币。

（二）变造币

变造币是指在真币的基础上，利用挖补、揭层、涂改、拼凑、移位、重印等多种方法制作，改变真币原形态的假币。本节分别对现行流通的第五套人民币和其他旧版人民币变造币的情况作详细说明。

1. 第五套人民币的变造币

变造币中第五套人民币2005年版100元券的数量最多，以拼接为主，即由一部分真币和一部分伪造币拼接而成，最常见的是左右拼接和局部拼接，通常在接缝处线条不连续，图文有错位。有的变造币具有真币的公众防伪特征，能欺骗公众；有的变造币具有真币的机读特征，干扰现金机具的识读。

（1）左右拼接型。图9-30所示的变造币（左）中，左1/4为真币局部票面，带有真币的水印、光变油墨等特征，对公众具有一定的欺骗性；图9-30所示的变造币（右）中，右3/4为真币，带有真币的荧光、安全线等特征，会对部分现金机具造成干扰。

变造币（左1/4真）　　变造币（右3/4真）

图9-30　左右拼接变造币

（2）局部拼接型。局部拼接的类型非常多，主要有针对光变油墨、安全线、号码等部位的拼接。

案例1：光变油墨面额数字挖补。图9-31是一组典型的变造币，左边的票样在整体伪造的基础上，拼接了真币的光变油墨部分，以欺骗公众；右边的票样在整体真币的基础上，填补了假的光变油墨部分，干扰现金机具。

图9-31　光变油墨面额数字挖补变造币

案例2：安全线拼接。在图9-32中，A图变造币是将真币的安全线裁下，拼接到伪造币上；B图变造币是将真币安全线剥离出来，夹在伪造币的两层纸中间，一般此类变造币同时会在号码部位涂抹磁性材料。

案例3：其他拼接。其他局部拼接的情况很多，如号码、人像、水印、隐形面额数字拼接等，但是相对数量较少，不具有代表性。

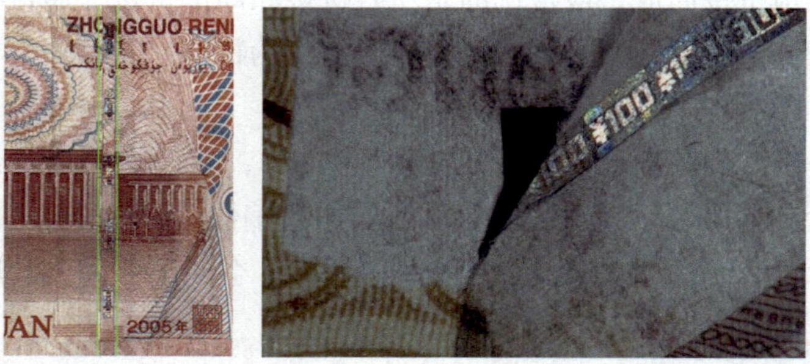

A　　　　　　　　B

图9-32　一组典型的安全线拼接变造币

2. 其他旧版人民币变造币

近年来随着钱币收藏行情的升温，钱币收藏者对一些特定的套系、面额、年版、冠字号码的人民币竞相追逐。也正是由于数量稀缺，这些钞票成为伪造者攫取不法利润的目标。针对旧版人民币变造的主要目的是提升其市场价值。主要手段包括：

（1）变造年版号。不法分子将市场价格较低的旧版人民币收藏品通过粘贴、涂改等手段，变造成市场价格较高的收藏品版本。如第四套人民币50元券，因为真币有1980和1990两个年版，不法分子将1990年版50元券的安全线抽出，在年号的位置粘贴上假的1980年版年号变造成市场交易价格较高的1980年版50元券，如图9-33所示。

图9-33　变造年版号打印、裁切痕迹

（2）变造冠字号码。此类变造币多见于成套系的钞票收藏品，不法分子通过涂改、挖补冠字号码，达到套系中各个票面冠字号码成系列的假象，以达到提升价格的目的，如图9-34所示，两张变造币均为最后一位号码涂改。有的是把号码从一张真币上挖下来，补在另一张真币上，如图9-35所示。

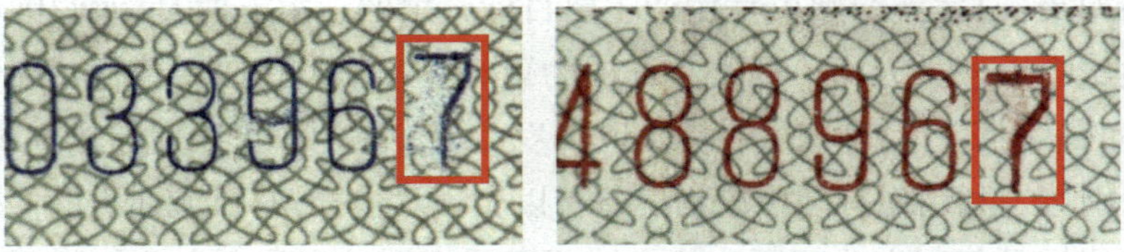

图9-34　修改冠字号码的变造币

图9-35　号码挖补

变造币的造假成本虽然较高，但同时也提高了它混入市场流通的概率，这对公众及现金处理设备都提出了新的挑战。因此，一方面要继续加大宣传力度，教育公众使用多个防伪特征综合辨识票面；另一方面也要不断提升现金机具的鉴伪能力，并逐步规范鉴别标准；同时要密切跟踪假币动向，寻求在未来的钞票设计中不断提升技术门槛。由此才能真正达到“人、物、技”的协同共防，有效挤压假币的生存空间。

钞券的鉴定应遵循先宏观后微观、先总体后局部的原则，全面、逐项地判断票面的各部分特征，如：纸张（包括水印、安全线、特种纤维等）的白光、透光、紫外光反应；凹印印迹的立体效果、接线、图文细部、缩微文字、对印等特征；胶印印迹接线、对印、线条等特征；凸印印迹特征等。判断各防伪特征的表现是否符合其原理及基本设计特点。一定要全面、多特征综合辨识，才能得到可靠的鉴别结果。

二、硬币假币

硬币假币也可以分为伪造币和变造币，伪造币主要包括流通币伪造币、纪念币伪造币，变造币通常见于改刻年号。下面分别就硬币伪造总体形势和各种伪造币类特点进行分析。

（一）硬币伪造概况

通过近年来对流通币和普通纪念币可疑币样品进行测试、统计和分析，当前硬币伪造总体形势如下：

1. 伪造对象。1元流通硬币是伪造主要目标，第四、第五两套1元假硬币呈现并存态势；普通纪念币假币方面，两类品种成为重灾区：一类是以“建行40周年”普通纪念币为代表的早期发行品种；另一类是以贺岁币为代表的、受欢迎的热点题材品种。

2. 可识别性。利用现有硬币识别设备可以实现对包括现行1元在内的假硬币进行有效识别。依据模具复制方式不同，公众对可疑币识别难度从电火花复制到数字化设计雕刻复制模式渐次增大。

3. 伪造工艺。模具伪造方面，电火花复制和浮雕专用软件设计加数控雕刻两种工艺路线并存；材质伪造方面，1元假币坯饼材质为钢芯镀铜电镀薄镍层，普通纪念币假币材质采用色泽一致的黄铜和锌白铜分别替代专用造币材料，实现色泽欺骗；防伪特征伪造方面，采用搓制工艺仿制边部防伪特征、图文面防伪特征（隐形雕刻、缩微文字）直接复制或采用近似结构替代。此外，压印、坯饼光饰和印模抛光效果较好。

4. 仿造设备。主要包括计算机（应用辅助设计软件）、通用数控雕刻设备、电火花机、液压机、曲柄压力机以及自行设计专用搓字机等。

（二）硬币假币实例分析

1. 流通币假币。流通币假币中假1元硬币占绝大多数，5角和1角假币数量极少。除了在清分环节挑出的规格相近的游戏币外，1元仿造币数量和类型都比较多。

（1）材质

流通币假币的材质有铁合金磁性材料、铝合金非磁性材料、铅合金非磁性材料等，也有铜锌合金和不锈钢等。其中，铁镍铜合金材料的假币数量较多，主要原因在于其色泽和真币较接近，存在一定的欺骗性，如表9-5所示。

表 9-5　1 元假硬币外观特点

表面色泽：泛黄（严重锈蚀） 主要化学成分：铁（Fe）- 镍（Ni）- 硅（Si）- 硫（S） 有镀层，但很薄		表面色泽：灰白（镍层脱落） 主要化学成分：铅（Pb）- 镍（Ni）- 锑（Sb）- 铁（Fe）- 钴（Co）有镀层，但很薄	
表面色泽：泛青 主要化学成分：锑（Sb）- 铅（Pb）- 铝（Al）- 硅（Si）		表面色泽：泛白 主要化学成分：铅（Pb）- 锑（Sb）- 锡（Sn）	
表面色泽：泛青 主要化学成分：锡（Sn）- 锑（Sb）- 铅（Pb）		表面色泽：偏白 主要化学成分：锡（Sn）- 锑（Sb）- 铅（Pb）- 铜（Cu）	
表面色泽：青 主要化学成分：铅（Pb）- 锑（Sb）- 铝（Al）- 硅（Si）		表面色泽：亮白 主要化学成分：铜（Cu）- 锌（Zn）- 铁（Fe）- 硫（S）	
表面色泽：亮白 主要化学成分：铁（Fe）- 铬（Cr）		表面色泽：亮白 主要化学成分：铁（Fe）- 镍（Ni）- 铬（Cr）	
表面色泽：泛黄 主要化学成分：铁（Fe）- 镍（Ni）- 铜（Cu）- 锰（Mn）- 硫（S） 有镀层，但很薄		表面色泽：镍白色上泛黄 主要化学成分：铁（Fe）- 镍（Ni）- 铜（Cu） 有镀层，但很薄	

不同假币材质中元素的种类和含量不一致，一般是铁元素最多，镍元素次之，铜元素最少，有些假币还镀有较薄的镍层。受材质所限，假币镀镍层薄，经过短时间磨损即会出现锈蚀现象。已收缴的1元假币普遍存在不同程度的锈蚀。同时，机读性能也与真币存在一定差异，目前的硬币机读设备可以区分。

（2）制作技术

早期的流通币假币主要是通过电火花仿型制模，随着造假者仿制手段的不断改进，目前已能够采用扫描仿制、数控雕刻的方法来制作模具，然后用冲床、搓板式光边机、油压机等分别轧制正背面及边缘的图案、花纹和文字，如图9-36所示。

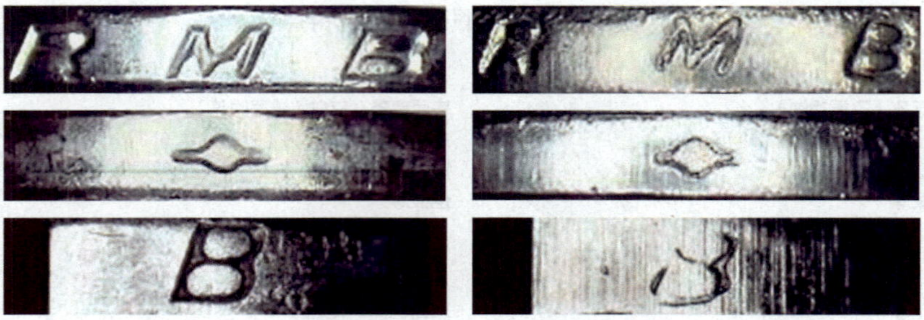

真币　　　　　　　　假币

图9-36　搓板式光边机仿制的1元硬币边缘滚字效果

（3）图文

从目前收缴假币的整体情况来看，真币与假币的图文细节存在明显差异，假币图文精细程度较差，细节比较模糊或扁平。在假币表面磨损或腐蚀不严重的情况下，可以目视判断真伪。以部分第五套1元假币和第四套1元假币为例，与真币进行图文比对结果见表9-6和表9-7。

表 9-6　第五套 1 元真币与假币图文比对分析

类型		整体	局部1	局部2
正面图文	真币			
	假币			
背面图文	真币			
	假币			
边部特征	真币			—
	假币			—
	真币			—
	假币			—

表 9-7　第四套 1 元真币与假币图文比对分析

类型		整体	局部1	局部2
正面图文	真币			
	假币			
背面图文	真币			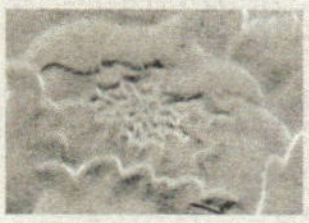
背面图文	假币			

（4）物理指标

在假币鉴定方面，通常针对硬币的直径、边厚、单枚质量、镀层厚度、电磁特征等主要技术参数进行检测，通过数据对比分析鉴定真伪。从2020年初某批人民币1元假币鉴定情况来看，第五套1元假币在几何尺寸和单枚质量上伪造水平较第四套1元假币均有所提高，单项指标符合的达到50%以上。但在镀层厚度和电磁特征方面，假币单项指标符合的仅达到15.36%和3.4%。一方面，说明多数造假者出于成本考虑或因工艺技术能力不足，在关键物理指标上还很难准确模仿；另一方面也体现出造假者制假水平在不断提升。

第五套人民币1元硬币发行初期，由于边缘滚字增加了造假难度，造假分子选择未退出流通的第四套1元硬币进行伪造。后期，第五套1元假硬币的数量有所增长，与第四套1元假硬币呈现并存态势。从收缴假币的版别来看，目前尚未发现2019年版1元假硬币。通过对当前假币整体形貌进行观察，无论是第四套还是第五套1元假硬币，压印饱满度和图案细节均有所提高，说明假币的制模和压印技术水平在提高，流通币反假形势依然严峻。同时，市场上制售的游戏币水平正在逐步发展提高，值得关注。

2. 纪念币假币

利益是造假者最大的导向标。随着钱币收藏热的升温，纪念币的增值空间扩大，因此，近几年针对普通纪念币和贵金属纪念币的造假案件明显增加。

（1）普通纪念币假币。目前收缴的普通纪念币假币，主要呈现两大特征，一是主要集中在市场溢价水平较高的一些品种，二是主要集中在前期防伪技术应用较少的品种。从收缴总量来看，普通纪念币假币数量明显少于流通硬币；从收缴产品品种来看，2016年后发行的普通纪念币暂时还未发现假币产品。这表明，现阶段防伪技术集成应用的普通纪念币品种依然发挥着突出的防伪优势。

a. 材质。通过对假币进行成分分析和测试，结果表明，一方面，造假者能够在市场上买到色泽与真币相近的一些铜合金材料，具有很强的欺骗性；另一方面，假币材料的化学成分与真币存在差别，主要由于造币专用材料采用独特成分配比的专用牌号，无法从市场上直接获得。

b. 图文。普通纪念币假币仿制的工艺水平参差不齐，但从近年鉴定情况来看，图文精细度与真币相比仍存在较大差异。现通过2012年贺岁普通纪念币和庆祝香港回归普通纪念币两个案例的图文细节在放大镜下进行对比观察鉴别，如表9-8、表9-9所示。

表9-8　2012年贺岁普通纪念币真假对照

正面		背面	
真币	假币样品	真币	假币样品

1		1	
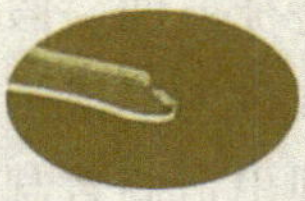			
汉字“中”竖线尾部轮廓不同		龙尾纹粗细和间隔不同	
2		2	

年号中的“1”根部结构不同		眼眶轮廓不同	
3		3	

面值“1”横隔线粗细不同		左下角“铜钱”纹理不同	

表 9-9　“庆祝香港回归”双色普通纪念币真假对照

	真币	假币
实物照片		
边部情况		
	两者间隔不一致，真币14齿，假币15齿，且假币有重纹	
图纹		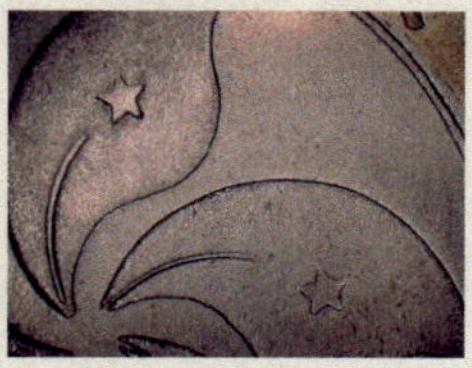

	真币图纹清晰饱满，假币图纹模糊	

c. 规格。与流通币假币情况类似，普通纪念币假币的几何尺寸参数与真币较为接近，如表9-10所示。表明造假分子的制假水平在逐步提高。但从大部分假币检测结果来看，假币的关键参数与真币明显不同。

表 9-10　普通纪念币真假币规格比较

技术指标 / 产品名称	真币		假币	
	单枚质量（克）	直径（毫米）	单枚质量（克）	直径（毫米）
2012年贺岁普通纪念币	6.75	25.00	7.01	25.14
“庆祝香港回归”普通纪念币	7.80	25.50	7.65	25.84

d. 防伪特征。通过对收缴的普通纪念币假币进行检查和分析，下面对部分防伪特征的仿制特点进行介绍。

①隐形图文：造假者所使用的雕刻机精度和雕刻工艺与现行造币工艺存在差异。从2012年“和”字书法币和航天币假币伪造情况来看，“和”字币模具雕刻线条较粗，且隐形图文是通过加粗隐形图案处的条纹来实现的，航天币则通过雕刻底纹而非通过隐形图文加工工艺来实现，与真币的实现方式均不同，很难达到与真币同样的加工质量和目视效果。如表9-11所示。

表 9-11　真假币隐形图文防伪特征对照

	真币	假币
实物图片		

②缩微文字：由于缩微文字设计尺寸细小，造假者所使用的数控雕刻机在雕刻工艺方面与造币工艺存在差异，很难达到与真币同样的加工质量，在放大镜下观察，缩微文字一般呈现为字符模糊或不全的形貌特点。如图9-37所示。

图9-37　真假币缩微文字防伪特征对照

③边部防伪：通过对普通纪念币假币进行分析研究，造假者采用自行研制的专用造币设备进行制假，假币在滚制加工质量方面存在明显的差异。如表9-12所示。

表 9-12 真假币边部防伪特征对照

品名	真币	假币
“中国航天”普通纪念币		
	丝齿间距明显不同；假币的丝齿齿形外观目视模糊	
2012年贺岁普通纪念币		
	边部字符的外形轮廓和位置明显不同；外形轮廓光滑程度不同	

	真币“RMB”笔画饱满、齐全；假币样品“RMB”笔画偏细、缺失	
“庆祝香港回归”普通纪念币		
	边部齿形有明显不同；边部齿数有明显不同（假币存在断齿、缺齿现象）	

④电磁特征防伪：从近年来发现的少数普通纪念币假币来看，由于造假者无法直接获得造币专用复合材料和电镀包覆材料，受制于材料加工因素的影响，其仿制的假币电磁参数与真币有明显区别。

（2）贵金属纪念币假币

a. 材质。大部分假币均以铜锌镍合金表面电镀金、银来造假，但也发现有的产品直接采用纯金、纯银来制作贵金属纪念假币，曾经检测到假币银含量甚至高达99.76%，值得引起注意。

b. 重量与规格。伪造贵金属纪念币的材料密度一般会比金、银低，因此假币规格往往与真币有一定差别。

c. 设计效果。从假币情况来看，其喷砂效果层次感不强、喷砂效果与真币存在差异是较为常见的问题。图9-38以1盎司牛年生肖银币为例，对比真假币的正反面特点。

真币　　假币

图9-38　牛年1盎司银币真假比较

d. 图文细节。从图文细节上来看，假币图案立体感不强、字符轮廓不清晰，国徽的五角星、华表、麦穗等细节处理都较为粗糙。图9-39以2012年熊猫银币为例，介绍假币的外观特点。

真币："1oz"字样清晰可见　　假币："1oz"字样较为模糊

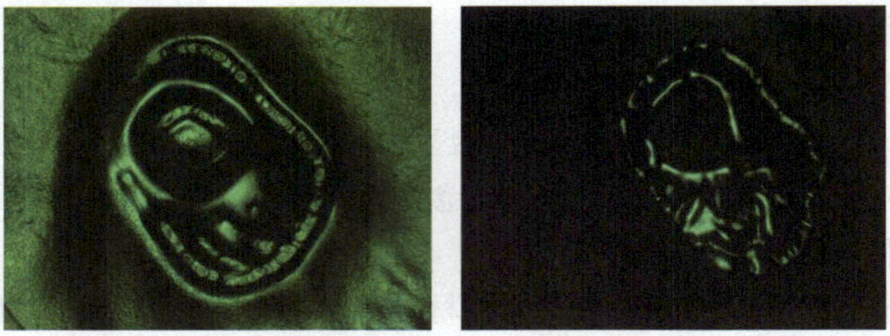

真币：熊猫眼睛轮廓清晰　　假币：熊猫眼睛混沌不清

图9-39　1盎司真假熊猫银币主要特征对比

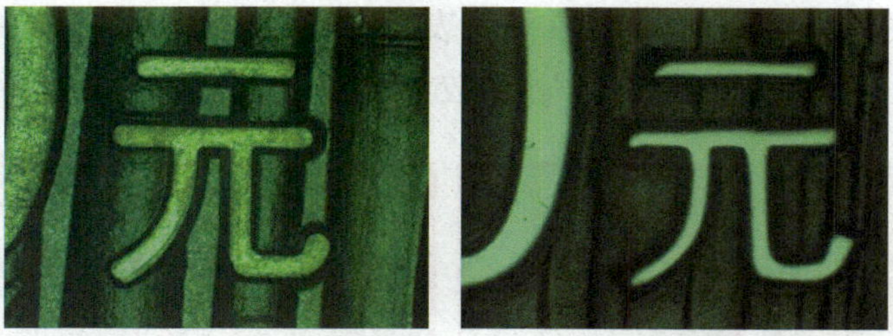

真币："元"字笔画深峻清晰　　假币："元"字笔画模糊

图9-39　1盎司真假熊猫银币主要特征对比（续）

第三节　主要外币假币伪造特点

一、假美元

假美元分为普通版（胶印和数码复制）和凹印版两大类。

（一）普通假美元

数码复制假美元纸张光滑，图文模糊，易于识别。胶印假美元线条较为光滑，没有荧光安全线，或者在表面、夹层印刷水印和安全线，多数没有磁性，如图9-40所示。有个别票样表面涂抹磁性物质，部分假钞做了压凸处理模拟凹印手感。部分假美元压印的线条基本与真币凹印的线条一致，图文吻合度高，具有一定欺骗性，个别票样如果不借助放大镜仔细观察，容易与真币的凹印效果混淆。

图9-40　普通假美元

1. 水印。假美元水印通常印刷在纸张表面，如图9-41所示，还有一种是在纸张夹层中印刷假水印，此种方式制作的假水印较为逼真，如图9-42所示。

图9-41　表面印刷假水印

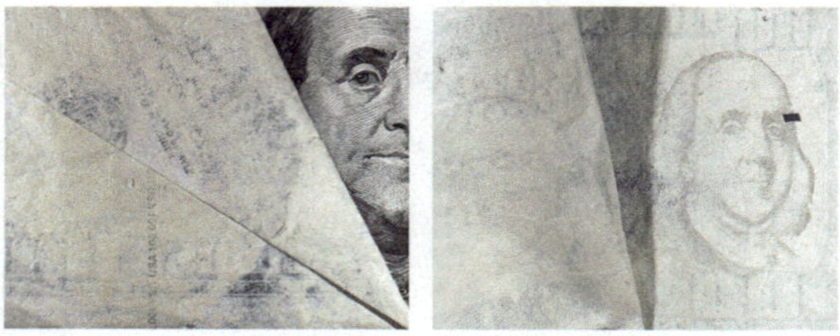

图9-42　夹层印刷假水印

2. 安全线。多数假美元没有实物安全线，“1996版”假美元通常在表面或者夹层印刷荧光文字，模拟真币安全线荧光特征，比较容易识别，如图9-43A所示。“2004版”真币使用了动感安全线，目前发现该版假美元的安全线是随图文一起印刷的，没有动态效果。如图9-43B所示。

A.“1996版”真假安全线对比　　B.“2004版”100美元真假安全线对比

图9-43　普通假美元安全线

3. 雕刻凹印。假美元图文印刷主要以胶印和数码复制为主。如图9-44所示。

图9-44 真假凹印局部放大对比

假美元常会对应真钞凹印图文做压凸手感的处理，模拟真币的凹印手感，其模压痕迹与印刷的图文有些重合较好，但有些肉眼可见重合不好。如图9-45所示。

图9-45 假美元模压痕迹

4. 光变面额数字。假美元的光变面额数字采用普通油墨印刷或数码方式复制，面额数字没有任何光学变化效果，或在此基础上套印珠光油墨，只有闪光效果，变色效果不明显。如图9-46所示。

图9-46 真假美元光变面额数字对比

5. 冠字号码。美元真币冠字号码采用凸版印刷，假美元采用胶印印刷或者数码复制方式印刷，与其他图文同时完成，如图9-47所示。

图9-47 真假美元冠字号码对比

（二）凹印假美元

凹印假美元纸张特征和印刷方式基本与真币相同，其采用凹印印刷方式，公众很难鉴别，未及时升级的现金机具也会出现误判。目前，凹印假美元以“1996版”100美元为主，另外还有“1996版”50美元的凹印假币，如图9-48所示。

图9-48　真币与凹印版假美元对比

1. 雕刻凹印。将凹印假美元局部放大与真币对比，图文细节存在差异，且差异图文相对比较稳定。凹印人像衣领处线条的结构层次，真假美元略有不同，如图9-49所示。字母“N”（箭头所指区域），真币为实心的，凹印假币为空心，如图9-50所示。

图9-49　衣领凹印图文线条真假对比

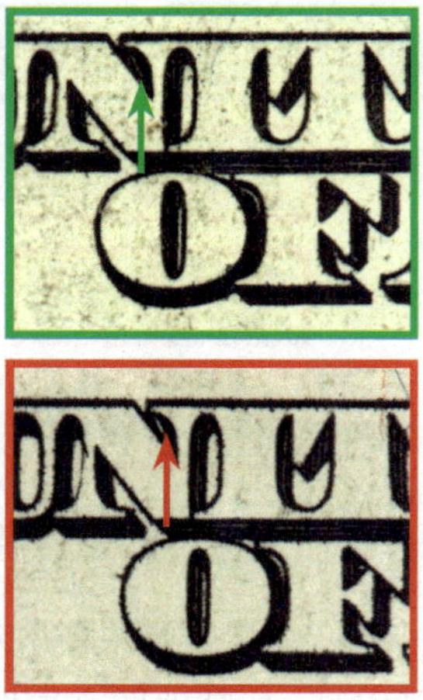

图9-50　“N”的一角真假对比

2. 安全线。真币安全线的透光率较高，微文字清晰可见几乎看不到安全线的基材。凹印假币的安全线基材透光率较低，透光观察可以看到一条“黑带”，对比观察，差异明显，如图9-51所示。

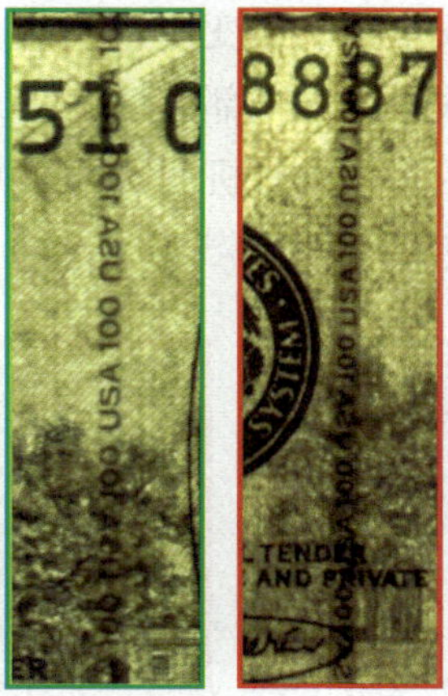

图9-51　真假安全线透光对比

3. 冠字号码。凹印假币采用与真币相同的凸印工艺印刷冠字号码，真币冠字号码排列整齐，在一条直线上，有些凹印假币的冠字号码不能完全在一条直线上，且假币冠字号码的字间距、字形等都与真币存在细微差异，如图9-52所示。

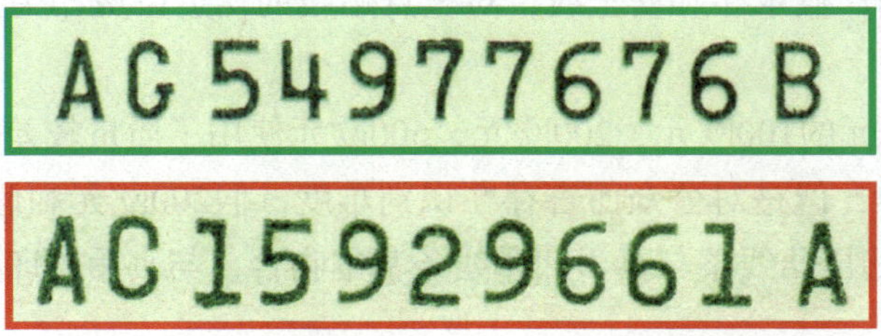

图9-52　真假美元冠字号码对比

（三）变造币

1. 涂改变造币。由于美元各面额纸币的大小、色调相同，设计风格一致，给变造者可乘之机，出现了低面额变造成高面额纸币的情况，如图9-53所示，将1美元变造成100美元。

图9-53　涂改变造币

2. 拼接变造币。将真币中安全线、光变面额数字、含光变自由钟的墨水瓶从纸张正面切下来粘贴在假币上，将假币的这三部分粘贴在原真币上，使得一张真币和一张假币拼接成两张变造币。原来的真币具有机读特征，原来的假币具有真币的公众防伪特征，不法分子在不同场景中使用，如图9-54所示。

图9-54　拼接变造币

二、假欧元

我国境内发现的假欧元纸币，其图文主要以胶印和数码复制为主，用表面印刷或夹层印刷的方式制作假水印和安全线，对全息贴膜的伪造以烫印为主，多数假钞没有做压凸手感的处理。

部分第一版欧元的100欧元、200欧元、500欧元使用了质量较差的全息贴膜，虽然与真币相比有差异，但是对公众而言存在识别难度，假200欧元和假500欧元有实物安全线，假200欧元的压凸线条与真币凹印线条基本吻合，与真币凹印效果相似，对公众具有一定欺骗性。

（一）水印

常见的假欧元水印为白色油墨印刷在伪造币表面，与真币差异明显，如图9-55所示。

图9-55　假欧元水印

还有一种在纸张夹层中印刷假水印，如图9-56所示，此种方式制作的假水印较为逼真，如图9-57所示。

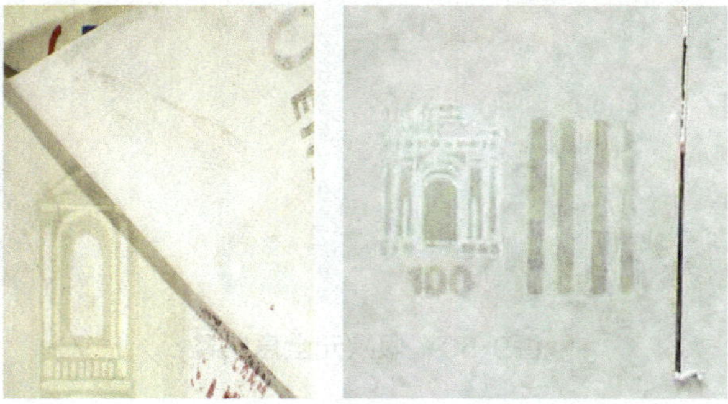

图9-56　假欧元水印

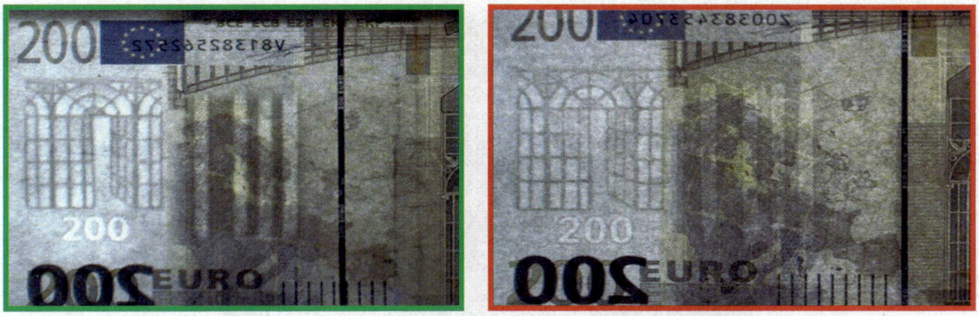

图9-57　真假欧元水印对比

（二）全息贴膜

假欧元通过烫印等手段模拟真币的全息贴膜，对公众有一定欺骗性，如图9-58所示。

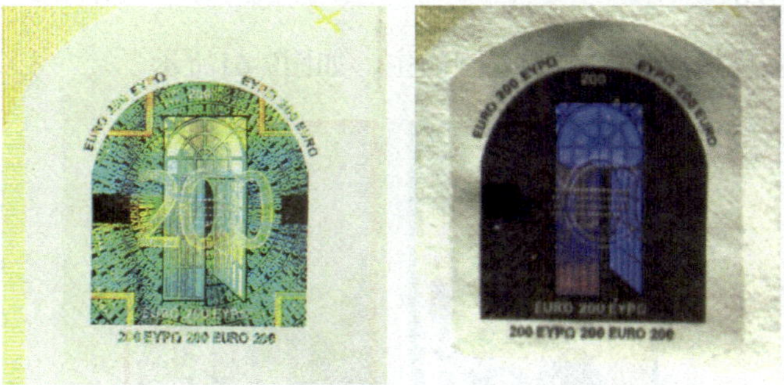

白光　　侧光

图9-58　200欧元假钞全息贴膜

伪造者采用无全息设计的银色薄膜来伪造真币的全息贴条，与真币差异明显，容易识别，如图9-59所示。

图9-59　假欧元全息贴条

新版50假欧元在纸张上模切开窗，其全息贴条的精细程度与真钞差异明显，如图9-60所示。

图9-60　假欧元开窗全息贴条

（三）雕刻凹印

假欧元图文主要以胶印和数码复制为主，如图9-61所示。

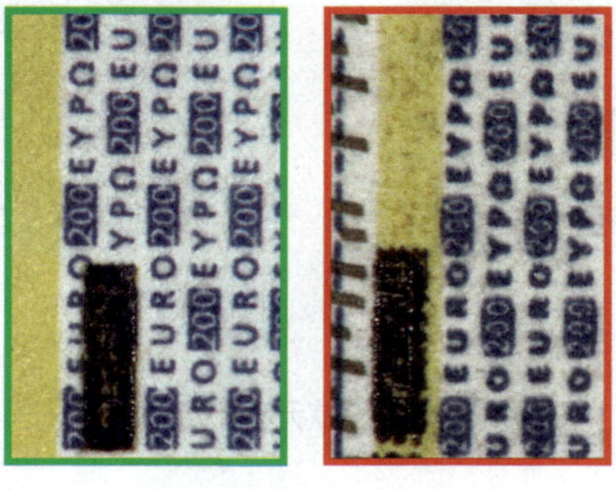
图9-61　真假欧元图文对比

假欧元常会仿照真钞凹印图文做压凸手感的处理，模拟真钞的凹印手感，其压凸痕迹与印刷的图文重合较好，如图9-62所示。

整体侧光　　　　局部放大

图9-62　200欧元假钞的模压痕迹

（四）光彩光变面额数字

伪造方式之一是直接印刷或打印绿色油墨，另一种常见的伪造方式是印刷珠光油墨，具有一定的反光效果，但是都没有真钞独有的变色和亮带滚动效果，如图9-63所示。

图9-63　真假欧元光彩光变面额数字对比

（五）有色荧光特征

部分假欧元模拟了真钞的有色荧光特征，在紫外光条件下，亮度与真币相比略有差异，如图9-64所示。

图9-64　真假欧元有色荧光特征对比

三、假港元

（一）以低价值外币冒充的港元

这类假币应当属于变造币类型，一般是将面额1000或500的低价值外币加印香港发钞行名称和港元字样，欺骗对港元不熟悉的公众，此类假币易于识别。如图9-65所示。

图9-65 低价值外币冒充的港元

图9-65 低价值外币冒充的港元（续）

（二）常见假港元

常见假港元以数码复制为主，无实物安全线，表面烫印安全线开窗，表面印刷水印，易识别，如图9-66所示。

A. 透光、白光下烫印安全线开窗　　B. 透光、白光下表面印刷水印

图9-66　常见假港元特征

（三）有特点的假港元

有少部分假港元有实物安全线，夹层印刷水印较为逼真，图文有一定的凹印特征，对公众具有一定的欺骗性。

该类型假港元并不是凹版印刷，而是在胶印或数码复制图文的基础上，针对真币凹印图文印刷一层半透明的材料，视觉上具有一定的立体感，具备一定手感。如图9-67所示。

白光　　侧光　　紫外光

图9-67　不同光源下的假港元图文形貌

该类型假港元具有实物安全线，侧光观察可见安全线在纸张中的形态，如图9-68所示。

透光　　侧光

图9-68　假港元安全线在不同光源下的形貌

该类型假港元水印在白光下立体感强，透光下图文边缘过于清晰，紫外光下具有明显的荧光反应。如图7-69所示。

白光　透光　紫外光

图9-69　假港元水印不同光源下的形貌

四、假日元

假日元数量较少，造假水平不高，公众易识别。日元水印较为精细，常见假日元水印为纸张表面印刷，如图9-70所示。日元使用了全息标，假日元用烫印的方式模拟全息标效果，如图9-71所示。

透光水印　白光水印

图9-70　圣德太子10000日元假币水印透光和白光观察对比

图9-71　假日元全息标

五、假英镑

假英镑以打印为主，表面烫印开窗和银色贴膜模拟真币安全线和全息贴膜，容易识别，如图9-72、图9-73所示。

图9-72　20英镑假钞全息贴条

图9-73　10英镑假钞全息贴标